Pas si PERCHÉE !

ISBN : 978-2-8132-3010-2

Note de l'éditeur : l'auteure et l'éditeur déclinent toute responsabilité provenant directement ou indirectement de l'utilisation de ce livre. Les déclarations faites par l'auteure concernant les produits, les processus ou les méthodes de traitements ne sauraient se soustraire à un avis médical.

www.editions-tredaniel.com
info@guytredaniel.fr

www.facebook.com/tredaniel.reflexion

@tredaniel_reflexion

Christelle Crosnier

Pas si PERCHÉE !

Comment s'ouvrir à l'invisible pour garder le cap au quotidien

Guy Trédaniel éditeur
19, rue Saint-Séverin
75005 Paris

«Je suis la femme qui tient le ciel au bout de ses bras.
L'arc-en-ciel traverse mon regard.
Le soleil se fraie un chemin jusqu'à mon ventre.
Mes pensées épousent la forme des nuages.
Mes mots, eux, restent à venir.»

PRIÈRE SIOUX

Sommaire

Témoignages

Claire Verneil

Comme beaucoup, je pense être plutôt cartésienne, rationnelle. Mais avec une envie latente de me rassurer et de trouver un moyen de deviner, anticiper de quoi sera fait demain en trouvant des réponses où elles peuvent apparaître.

Ce qui est étonnant avec Christelle, c'est cette part de sensibilité, de connexion avec l'invisible, ces intuitions et émotions qu'elle ressent et dont elle vous fait part quand elle sait que c'est le moment parfait et nécessaire pour vous de les recevoir.

Les pieds sur terre, mais les yeux tournés vers le ciel, sans délire ésotérique nébuleux, mais tout en nuances et en délicatesse.

Des mots choisis avec prudence pour retranscrire ses ressentis.

Des visions et des chemins possibles évoqués, jamais imposés, pour nous aiguiller vers ce qui nous correspond.

Nous inviter à rester attentifs aux signes auxquels on ne prête pas attention.

Signes qui se révèlent à nous si l'on prend la peine de s'y intéresser et de s'ouvrir.

Claire Verneil, finaliste MasterChef,
ancienne avocate, cheffe pâtissière

Estelle Meyer

L'invisible, quel mystère ! Quel mot bien grand pour nos épaules humaines. Quel mot beau, voilé et attirant et un petit peu trop vaste. C'est comme si l'on se prenait toute la galaxie d'un coup. Je pense à la sculpture du *Christ voilé* à Naples où sous des longs voiles semble respirer encore un être. À la fois présent et absent. Caché et révélé. L'invisible c'est par essence ce que l'on ne voit pas, ce qui se dérobe.

Nous sommes souvent des saint Thomas qui ont besoin de voir pour croire. On pense immédiatement aussi à la phrase du Petit Prince : « L'essentiel est invisible aux yeux. On ne voit bien qu'avec le cœur. »

Alors, qu'est-ce qu'on ne voit pas et qui est si important à la vie ?

L'amour, la foi, la fécondité du monde, l'espoir, la prière, le silence, la gratitude, la joie, les êtres partis qui veillent sur ceux et celles qui restent, les gardiens, les anges. Toutes ces pépites cachées dans nos plis profonds et dans les fils d'or qui nous relient au mystère. Dans les rencontres. Avec une âme qui te semble déjà familière, amie. Une âme qui te connaissait déjà. Quelle grâce de croiser ces âmes sur la terre et de sentir que le langage et le rythme cardiaque semblent battre dans un même souffle. On se sent tellement moins seuls sur la terre quand on rencontre nos jumeaux cosmiques, des chercheurs d'or commun, des allumeurs de réverbères, des chanteurs de nuit et de jour. J'ai eu la joie de croiser Christelle qui porte elle aussi deux ailes dans son nom, dans sa gravure, avec la facilité et la joie de rencontrer un visage déjà aimé. Une avec qui dans le silence et dans le sourire chuchotent déjà quelques fées. Comme au début d'un chemin où tu te réjouis de cheminer main dans la main avec une sœur retrouvée. L'âme fraîche et renouvelée, le monde s'apprête à chanter.

Estelle Meyer,
comédienne de la série *Dix pour cent*, chanteuse

Florence Belkacem

Toutes les deux journalistes et auteures, nos chemins ne s'étaient pourtant jamais croisés. Ce dimanche 27 juin 2021, jour du festival Des livres et des stars au pied de la tour Eiffel, nous aurions pu, nous aurions dû nous rencontrer... J'y présentais *Coccinelle*, un récit très personnel sur la mort de maman et les signes qu'elle m'envoie depuis l'au-delà avec constance. Christelle avait pour mission d'interviewer « des célébrités et journalistes qui ont pris la plume pour raconter leur histoire », mais on l'a prévenue à la dernière minute qu'elle devrait m'interviewer parmi d'autres. Elle refusa par conscience professionnelle, parce qu'elle n'aurait pas eu le temps de lire mon livre.

Je me suis dit, « dommage » !

Le lendemain, je découvre sur mon portable un message envoyé dans la nuit à 4 h 17 et dont le numéro m'est inconnu : « Bonjour Florence, nous ne nous connaissons pas. Je devais vous interviewer hier au salon du livre et j'ai refusé. Vous allez trouver cela étrange (moi aussi), mais lorsque j'ai commencé les entretiens, une coccinelle s'est longuement posée sur ma joue et je n'arrivais pas à la déloger, elle était très insistante. Je me suis rendu compte plus tard que votre livre s'appelait *Coccinelle*. Bref, je suis quelqu'un qui prête attention aux signes de l'invisible et je pense que nous devons – pour je ne sais quelle raison – nous rencontrer. »

La semaine suivante, nous nous retrouvons autour d'un café. Elle me confie qu'elle a le pouvoir de communiquer avec les âmes défuntes et que c'est bien ma maman qui l'a poussée à nous rencontrer. D'où la coccinelle. L'histoire s'arrête-t-elle là ? Non, car au moment de se quitter, Christelle me lance : « Tu sais, depuis que tu es arrivée, une lettre s'est imprimée sur ton front. La lettre T. Elle doit faire écho à ta vie. Cherche bien, car ce T va te mener sur un chemin. »

Grâce à la lettre T, j'ai compris que je devais redonner vie à ma grand-mère kabyle morte à la naissance de mon père et dont je n'avais jamais entendu parler. Elle s'appelait Tassadit. Deux ans après notre rencontre, je lui redonne vie dans un nouveau livre, *Ces libellules qui me font signe.* Merci Christelle, et continue à recevoir des messages si poignants et si personnels !

Florence Belkacem,
journaliste, auteure

Introduction

Peut-on tout dire ? Je ne crois pas.

C'est pour ça que j'ai décidé de tout dire.

Longtemps, j'ai eu l'impression que ma vie n'était faite que d'incohérences… jusqu'à ce que les pièces du puzzle prennent peu à peu forme pour dévoiler une œuvre majeure.

Il m'aura fallu de l'audace, beaucoup de patience, du lâcher-prise, de l'optimisme, de la sagesse et un brin de folie pour l'assembler pièce par pièce, minutieusement.

Quarante ans ont passé avant que je ne consente à reconnaître que ma vie tenait bien plus de *Ma Sorcière bien-aimée* et de *Harry Potter* que du chemin tout tracé que me montrait mon entourage. Cette dissemblance m'a semblé être pendant très longtemps une tare profonde tant j'assimilais cela à une forme de folie, même si elle était douce…

Je crois dans la nécessité d'être alignée entre la personne que l'on est à l'intérieur et celle que l'on montre à l'extérieur. Même si cela revient à accepter de montrer cette part d'insaisissable en soi.

Je suis née dans une famille cartésienne, composée de scientifiques aux opinions ancrées et de littéraires un peu plus philosophes. Petite, j'ai très vite ressenti le rôle que je devais endosser. Il était double et ses deux faces étaient diamétralement opposées : celui de me rebeller et celui de me taire.

La souffrance intérieure m'a d'abord conduite à la mutinerie, puis je me suis repliée sur moi-même pour me protéger. Par la suite, je me suis adaptée en devenant une enfant modèle. Mais ni l'enfant recroquevillée, ni la jeune frondeuse, ni la petite fille modèle ne sont vraiment les besoins de ma nature profonde. Je suis autre.

Alors j'ai rendu à l'univers mon costume d'enfant parfaite et j'ai remis de l'oxygène et du mouvement là où tout était figé. J'ai transcendé mes peurs… J'en avais tant ! J'ai foncé dans le tas en fermant les yeux et en me bouchant le nez tout en tentant de me rassurer : *Ne t'inquiète pas, ça va bien se passer.*

C'est l'histoire de ma vie. *Ça va bien se passer.* J'en ai pris, des gadins en partant comme cela, et des sévères. La vie ne m'a pas épargné les épreuves, mais j'ai appris à les transformer en opportunités.

J'ai fait un très long voyage jusqu'à moi-même. Je me suis perdue, j'ai eu peur, j'ai ri, aimé, je me suis sentie étouffée, j'ai crié. Parfois, j'ai cru mourir. J'ai pleuré souvent.

Lorsque je cherchais à comprendre ce qui m'arrivait et pourquoi j'avais tous ces ressentis qui me paraissaient saugrenus et insolubles, j'aurais aimé trouver un guide pour m'expliquer ce qui se jouait en moi. La vocation de ce livre est de vous apporter un apprentissage et un moyen d'évoluer. Il vous rassurera également sur votre santé mentale lorsque vous vous retrouverez confronté à des visions particulières ou à cette petite voix intérieure qui cherche à se faire entendre. Il vous permettra d'appréhender votre vie non seulement à travers vos cinq sens, mais aussi en vous servant du potentiel infini de votre intuition et de vos perceptions extrasensorielles, ce fameux « sixième sens » que beaucoup négligent. Il vous aidera à accueillir avec justesse l'invisible s'il se présente à vous. Comme une béquille pour tous ceux qui luttent contre eux-mêmes, contre leurs familles ou leurs croyances limitantes.

Aujourd'hui, je me sens alignée avec moi-même. J'essaie d'avancer avec honnêteté. Je me suis parfois trompée sur des personnes, j'en ai mal jugé d'autres, il m'est arrivé de mal me comporter. À mon grand désespoir, certaines m'ont blâmée. Mais le chagrin passe, et la vie finit par sourire au bout du chemin.

La route est lumineuse, les amis. Il faut s'y engouffrer d'un seul trait, de toutes nos forces. On n'a qu'une vie, dit-on… Je crois avoir dit cela dans toutes mes vies… Aujourd'hui, j'ai choisi de vous raconter ce que j'ai appris de toutes ces existences parallèles.

Bienvenue dans le monde enchanté des sorcières 2.0… ou des fées, ou encore des magiciennes ? Je préfère ces mots, ils sont plus doux.

Laissez la magie entrer dans vos vies…

*

Les animaux, le chamanisme… et moi !

Dialogues accordés avec mon enfant intérieur

Moi : J'aimerais maintenir un lien avec toi pour ne pas te perdre.
Elle : Pourquoi ? *(Elle a l'air de se méfier.)*
Moi : Que risques-tu ?
Elle : Qu'on viole mes rêves…
Moi : Comment l'éviter ?
Elle : Je me serre contre Paprika, mon chien aux yeux sombres, et Noisette, mon chat rouquin. Ils ne se plaignent pas et ne sont jamais tristes. Avec eux je me sens vivante.
Moi : Il est des êtres avec qui le cœur bat plus libre et qui font pivoter une existence.

*

C'est à Bali, l'île des dieux (dit-on), que j'ai changé ma façon de voir les choses et réorienté radicalement mon existence.

Là-bas, avec des amies chères, j'emprunte le chemin des Guérisseuses sur le mont Agung.

Nous montons silencieusement les mille sept cents marches qui nous séparent de la porte du temple Pura Pasar Agung, située sur le flanc du volcan du même nom. À mes côtés, mon amie Kim, chamane, et Mama Ati, une grande prêtresse qui sourit tout le temps. Cette dernière a soixante-cinq ans, mais reste parfaitement alerte, s'arrêtant en chemin pour aider ceux qui ont du mal à gravir les marches jusqu'au sommet.

Là-haut règne un silence incroyable. Sitôt que vous passez l'immense porte – semblant flotter dans les airs – qui mène au temple, vous vous sentez comme hors du temps. Quelques Balinais s'arrêtent, çà et là, profondément absorbés dans leur méditation.

Au son des cloches et des bols tibétains, nous déposons, selon la tradition, des offrandes au volcan.

Les Balinais sont d'une grande spiritualité. Très pratiquants, ils croient en une forme d'harmonie entre l'homme et la nature. C'est peut-être ce qui leur donne cette énergie si particulière ainsi que l'accès privilégié à des mondes plus subtils. Une grande générosité se dégage de leurs visages avenants, résultant de la sacralité qui imprègne leur vie quotidienne à travers les offrandes qu'ils préparent et déposent devant leurs maisons, des bâtons d'encens qu'ils font brûler sur leurs perrons ou de leurs pratiques de guérison dites « spirituelles »...

Ce jour-là, nous sommes installées pour la cérémonie de la terre, l'un des processus de purification familiers aux Balinais. Le prêtre local nous tourne le dos et psalmodie des mantras pendant près d'une heure. Je commence à trouver le temps long... lorsque, tout à coup, un orage se déchaîne. Derrière le prêtre se trouvent, assises en tailleur, les personnes les plus spirituelles du groupe. C'est une place de choix que de pouvoir siéger à cet endroit. Moi qui ne suis pas spécialement religieuse, je les envie, avec le sentiment de me sentir un peu exclue du cercle des « élus ». En même temps, je ne m'en estime pas à la hauteur pour le moment.

J'entends au loin les mantras et la cloche dont le retentissement est censé faciliter notre capacité à nous relier aux dieux. Je me sens profondément apaisée. Je songe : *Tiens, ça ferait une jolie photo pour les réseaux !* J'ai envie de partager cet instant d'infinie douceur avec le monde entier... et je prends soudain conscience du ridicule de ma situation : le moyen auquel je songe pour mettre en valeur cette cérémonie si profondément spirituelle est le sanctuaire de la superficialité : les réseaux sociaux. Je me reprends sévèrement : *Tu es dans un lieu merveilleux et unique au monde et tu penses à quêter le regard des autres !* Tout en me sermonnant, j'essaie de recentrer mon esprit sur ce que je vis. J'ai du mal à me concentrer sur le service divin, car lorsque je veux m'y relier, mon esprit s'envole ailleurs, loin, bien loin de là, où pourtant je me sens paisible... Un peu agacée par mon indiscipline mentale, je me dis : *Stop, tu n'es quand même pas venue jusqu'ici pour penser à ta vie parisienne... Vis ce moment, ressens-le pleinement !* Après quarante minutes de mantras, mon esprit reste toujours aussi engourdi lorsque je décide de me concentrer sur la nature qui m'environne. Je regarde le volcan. Et c'est à cet instant que se produit un événement qui me semble étonnant et invraisemblable. Tout à coup, le ciel se déchire et fait place à un panneau noir, tel un écran de cinéma. Sur ce paravent d'images grandeur nature se dessine au feutre blanc un œil de tigre qui me regarde fixement. Puis, progressivement, dans un zoom arrière, le tigre m'apparaît dans son entièreté. C'est à la fois drôle et surprenant. J'ai l'impression d'être dans un dessin animé réalisé à l'encre de Chine blanche. Puis l'animal disparaît au profit d'un oiseau « qu'on » me dit être un phœnix. J'entends distinctement le mot *phœnix* dans ma tête... Surgit ensuite une tortue, à qui succèdent un renard, un serpent, un éléphant et un dragon. Je me moque de moi-même : *Ta créativité et ton imagination te jouent des tours, comme d'habitude !* Je m'autorise malgré tout à vivre cet instant de sérénité.

La cérémonie à laquelle j'assiste dure près de deux heures. Moi qui déteste rester en place, je me sens parfaitement calme. J'aime le son de la cloche qui tintinnabule. Tout comme le murmure incessant des mantras qui revient comme des vagues sur le sable. Je me sens profondément requinquée. Au sortir de la méditation, je m'amuse de moi-même : *Quel incroyable petit film intérieur ! J'ai toujours eu une imagination débordante...* Jusqu'à ce que mon amie Johanna s'approche de moi : « C'est trop bizarre, me souffle-t-elle, j'ai vu des animaux dans le ciel. » Je tends l'oreille. Elle poursuit : « J'ai clairement aperçu un tigre, un phœnix, une tortue, un renard, un serpent, un éléphant et un dragon... » Je suis stupéfaite : comment a-t-elle pu voir, dans le même ordre et de façon aussi précise que moi, les mêmes animaux ? Sommes-nous liées par un fil invisible ou en train d'expérimenter une certaine forme de télépathie ? Nous nous rapprochons des personnes qui nous entourent pour leur demander s'il y a un écran d'hologrammes destiné à projeter aux touristes ce livre de la jungle... Mais pas de projectionniste aux alentours. La réponse des Balinais est simple et évidente : « Vous venez de voir les Esprits du volcan. » Ils n'en semblent pas surpris le moins du monde. Tout cela fait partie de leur quotidien. Nous, un peu moins... Cela vient ébranler nos convictions bien ancrées d'Européennes tout à fait cartésiennes.

Je crois que c'est à partir de ce moment-là que quelque chose s'est ouvert dans mon esprit. Comme un verrou cadenassé qui sauterait en une seconde. De façon inouïe, comme si j'avais des hallucinations, des animaux circulent en toute liberté dans ma tête... que ce soit lorsque je regarde un paysage, mais également lorsque je me concentre sur une personne. Cette étrange arche de Noé m'envahit. Je suis pourtant loin d'être une spécialiste des animaux ; je les connais, évidemment, mais dès que l'on entre dans les caractéristiques de chacun, je suis un peu perdue.

On semble se moquer doucement de moi. Comme lorsque je me concentre sur l'homme qui est alors dans mon cœur et que je vois apparaître sur lui un animal dont je ne connais pas le nom. Celui-ci ressemble à un sanglier au pelage noir et blanc. Lorsque je distingue un animal aussi clairement sans le reconnaître précisément, mon ami Internet vient à la rescousse : je tape sur le clavier « bête au pelage noir et blanc », puis je tente de retrouver l'animal que je visualise. Ce jour-là, je tombe rapidement sur l'animal en question : il s'agit du... blaireau ! Pourtant, la symbolique des blaireaux n'est pas négative : il est dit que

celui-ci « envoie un message qui signifie que tout est possil
nous puisons dans nos facultés créatrices intérieures ». Mon
du moment s'en tirera cette fois-ci à bon compte !

Depuis que je suis rentrée de Bali, mon esprit s'entraîne inlassablement et malgré moi à se concentrer sur mon entourage et à identifier, comme superposées à ces personnes, de nouveaux animaux. Lorsque je visualise des espèces que je ne connais pas, je passe beaucoup de temps à tenter de retrouver sur Internet la copie conforme de ce que j'ai « vu » et qui me sert de référence. Parfois, je n'en ai même pas besoin, car une voix intérieure me souffle directement leur nom.

Il y a des animaux aux patronymes compliqués… « On » me montre différentes espèces inconnues de moi. Elles sont parfois plus insolites les unes que les autres, comme la pipistrelle, une espèce de chauve-souris européenne, ou le serval, un petit félin à la robe tigrée ; ou encore le xylocope violet, ou abeille charpentière, et le chinchilla, un rongeur à la fourrure gris clair.

Je visualise ou entends également toutes sortes d'oiseaux tel le jacamar, un piaf à bec pointu réputé pour avertir l'homme de la présence d'un jaguar ; la huppe fasciée, un oiseau avec une crête huppée ; le colibri, capable de voler en arrière, ou encore le bengali rouge, un petit passereau…

Je me concentre sur les différentes catégories de chaque espèce qui reviennent très souvent dans mes visions…

Prise au jeu, et pour avancer dans mon apprentissage, j'affiche autour de moi des listes d'animaux.

Les animaux ont souvent une signification spéciale. Par exemple, l'aigle représente la spiritualité, les cygnes symbolisent l'amour, la panthère est associée à la protection, l'éléphant incarne la sagesse, le cheval suggère la liberté, le chat est lié à la réussite et à l'argent, le colibri exprime la bienveillance et la joie, la chouette évoque l'intuition et le hibou la tristesse. Ces significations peuvent varier selon les cultures et les croyances. Les animaux peuvent apparaître sous forme de signes ou de symboles lors de séances de médiumnité. Comprendre leur symbolique permet d'interpréter les messages transmis. Par exemple, si vous percevez la présence d'un aigle, vous pouvez associer cela à un appel à élever votre conscience.

Je découvre également l'existence et la signification particulière des animaux totems : selon la tradition amérindienne, nous serions reliés aux esprits de certains animaux ; neuf animaux totémiques nous protégeraient, nous encourageraient, nous montreraient la route à suivre, tels des guides spirituels, dans toutes les étapes de notre existence. Communiquer avec notre animal totem apporterait beaucoup de sagesse et de force. Alors, pourquoi s'en priver ?

L'animal totem est considéré comme un guide spirituel ou un protecteur. Il peut offrir des conseils, des enseignements et un soutien dans notre vie quotidienne. En l'identifiant, nous pouvons puiser dans ses qualités et ses attributs pour nous aider dans nos choix, nos défis et notre développement personnel.

Pour trouver votre animal totem, c'est par ici :

https://www.animal-totem.fr.

Comme la vie fait bien les choses, elle finit toujours par apporter les réponses aux questions que l'on se pose. On dit que lorsque l'élève est prêt, le maître apparaît. Je dois être fin prête, car je fais dès lors de nombreuses rencontres qui me permettent chaque jour d'évoluer davantage sur le plan spirituel. Ainsi, mon chemin croise celui d'une chamane d'une grande sagesse qui m'explique que ce que je vis intérieurement correspond à une initiation totémique. Pour mieux comprendre ce qui m'arrive, je participe également avec mon amie Kim à différents stages de chamanisme, méditations groupées et séances en pleine nature autour du feu... Il m'arrive d'assister à des situations cocasses, voire de temps en temps franchement inquiétantes ! J'ai parfois, je l'avoue, l'impression d'avoir rejoint le monde des fous. Il va me falloir apprendre à démêler ce qui est juste et relié à la sagesse du cœur, de ce qui relève « d'allumés perchés du bocal »... Comme cette fois où, les yeux fermés, j'écoute le son du tambour valser au rythme du hochet utilisé dans les rites amérindiens, destiné à attirer les esprits et à éloigner nos peurs les plus profondes et qui permettrait de passer d'un niveau de conscience à un autre : tandis que je commence, comme en plein mirage, à voir défiler des images dans ma tête, j'entends tout à coup les hurlements d'une bête sauvage. Je n'arrive pas à distinguer de quel animal il s'agit, mais celui-ci semble être pris d'une rage folle et destructrice. Je le sens prêt à s'élancer d'un bond, toutes griffes dehors, pour agresser « l'esprit » qui se trouve devant lui. Je ne peux m'empêcher d'ouvrir les yeux pour voir d'où provient ce cri. Quelle surprise de me rendre compte qu'il a été poussé par la frêle vieille dame assise en face de moi ! D'ordinaire toute douce et tremblante, elle semble s'être transformée en une bête sanguinaire. Une autre fois, une jeune femme se retrouve comme paralysée, incapable de bouger le bras droit et la main... jusqu'à ce que la chamane la « dépossède » de l'être maléfique qui semble envahir son corps physique.

Le chamanisme réserve bien des surprises... On dirait qu'il réveille aux tréfonds de chacun des énergies insoupçonnées.

Je mène mon petit bonhomme de chemin, tentant d'extraire de ces expériences le positif, sans me laisser envahir par ma peur de l'invisible… et des tordus. Peu à peu, je découvre avec étonnement que lorsque je « vois » des animaux particuliers sur une personne, cela semble avoir une signification précise. Je me rends compte que je peux poser des questions sur quelqu'un ou au sujet d'une situation et que les animaux que j'entrevois m'apportent un éclairage de plus en plus détaillé et complet. Et puisque l'invisible choisit de me parler par ce biais, je décide d'apprendre à en décrypter le sens et à en décoder les symboles. Puisqu'on veut me faire jouer, jouons…

« Nous sommes encadrés d'invisible », remarquait en son temps l'écrivain Rainer Maria Rilke…

Bientôt, je vois bien plus que des animaux… La nature tout entière semble se passer le mot pour communiquer avec moi : je pose les questions et elle me répond à travers la symbolique des animaux, mais aussi des arbres, des fleurs, des fruits et même des légumes !

Le fonctionnement est toujours le même : je pose une question sur un sujet précis, puis mon esprit s'emballe, m'offrant alors d'innombrables images. Dans un état de semi-hypnose, les yeux mi-clos, je les note sur un papier blanc placé devant moi. Le plus intrigant est que non seulement des images m'apparaissent, mais que j'entends des mots précisant mes ressentis.

Vais-je bientôt devenir une spécialiste de la faune et de la flore ? Je découvre avec étonnement que chaque élément a sa propre symbolique. Lorsque je cherche à interpréter mes visions, tout cela prend alors des allures de chasse au trésor.

L'invisible – ou est-ce mon esprit qui me joue des tours ? – semble prendre un malin plaisir à communiquer chaque fois avec humour. Un jour, alors que je médite au cours d'un stage au son des tambours amérindiens (je viens de me découvrir une véritable passion pour leurs battements organiques), allongée en pleine nature, je visualise un grand loup blanc, pacifique et rassurant, s'approcher de moi. Je demande intérieurement à recevoir un signe pour m'indiquer que je ne deviens pas folle... et c'est alors que j'ai la sensation de percevoir une langue râpeuse laper ma joue... J'ouvre les yeux et je me retrouve soudain – cette fois-ci physiquement – nez à nez avec un grand chien blanc qui me fixe avec douceur et qui ressemble étrangement au loup que je viens d'entrevoir ! Il s'agit du chien d'un promeneur qui se trouvait dans le coin. Toutes ces coïncidences heurtent à nouveau mon esprit cartésien.

Je vais bientôt comprendre que ces « ouvertures » sont destinées à s'élargir au-delà de cette première prise de conscience, loin, bien plus loin que je n'aurais pu l'imaginer...

Les fleurs, les fruits et les légumes ont toujours eu des significations symboliques dans l'histoire et les différentes cultures. Par exemple, la rose est considérée comme le symbole de l'amour, tandis que le tournesol est associé à la vitalité et à la joie. Les pommes représentent la connaissance ou la tentation, le citron l'énergie de purification et de clarté, et les carottes la santé et la vitalité. Une fraise symbolise la douceur et le plaisir, tandis qu'un cactus évoque la résilience et la protection. En connaissant ces symboliques, un médium interprète mieux les messages reçus, tout en ayant aussi des associations personnelles en fonction de sa propre expérience et de ses connexions intuitives.

TÉMOIGNAGE

« Le jour où j'ai ouvert une porte sur le monde de l'invisible » par Johanna Mender, hypnothérapeute quantique

« Bali est un pays gorgé de spiritualité, les gens sont d'une gentillesse et d'une chaleur incroyables. Toutes ces couleurs, ces odeurs et tous ces paysages merveilleux en font un vrai coin de paradis… J'y ai de nombreux souvenirs intenses, mais l'un d'entre eux est particulier. C'était lors d'une cérémonie hindouiste, au pied d'un volcan. Ce volcan m'impressionne. Il semble être le poumon dans l'immensité de la nature environnante. Je sens mon corps enveloppé dans un vortex d'énergie aux magnifiques couleurs (du bleu, du vert et du rose) qui sont comme saupoudrées sur la montagne. Je me laisse emporter par les chants de prière et l'odeur de l'encens. Mon corps, comme en pause, laisse alors mon esprit se balader, et c'est une sensation particulièrement agréable. Soudain, sur ce fond noir, je vois des dessins comme réalisés à main levée. Incroyable ! Plus les minutes s'écoulent et plus ces traits blancs sur ce fond noir prennent forme. Je vois à présent un phœnix qui vole… Ma première pensée est : *c'est quoi ce drôle d'oiseau ?!*, et j'entends : *le phœnix*. Je vois ensuite un éléphant, un dragon… et ça ne s'arrête plus. Les animaux défilent : tortue, renard, abeille, souris, serpent… Ils arrivent les uns à la suite des autres et, par moments, apparaissent de manière très proche ; je peux voir chaque détail de leur corps comme si je les regardais au microscope. Je ne fais que les observer les yeux fermés et je me demande bien comment cela est possible ! Puis le phœnix réapparaît et m'enveloppe dans ses ailes immenses. Le temps s'est comme arrêté. Je pourrais rester ainsi très longtemps. Je redeviens une petite fille dans les bras de son papa. Je vis l'instant comme si nous étions seuls au monde, je ressens de l'amour, du réconfort, de la tendresse, tel un moment intime avec quelqu'un qui me connaît tout entière, qui m'insuffle du courage et me protège. Puis l'oiseau pose délicatement ses griffes sur mon avant-bras pour me dire au revoir.

La cérémonie terminée, j'ose difficilement parler de ce que je viens de voir, mais je me dis *on est là pour partager*, donc j'ose. Je vais vers Christelle, ma jumelle de cœur, et je lui raconte. À peine ai-je commencé qu'elle m'arrête en me disant qu'elle a vu exactement les mêmes animaux ! Je prends alors conscience qu'il s'est passé quelque chose de plus grand que nous, qui nous dépasse… Comment trouver les mots pour décrire ce que nous venons de vivre ? Cette expérience m'a ouverte à une voie multidimensionnelle. En tant qu'hypnothérapeute, je savais déjà que l'inconscient joue un rôle très important dans notre construction personnelle. Mais c'était dû pour moi au rôle de notre cerveau, à l'échelle du corps humain… Ce jour-là, mes croyances ont volé en éclat. Je me suis rendu compte qu'il n'y a pas seulement "l'inconscient" ou notre corps, mais qu'il y a beaucoup plus que cela : il y a l'esprit, l'âme, et nous ne sommes pas seuls…

J'ai ouvert une porte sur le monde de l'invisible. »

« De ce qu'un fait vous semble étrange, vous concluez qu'il n'est pas. […] Ce qui est puéril, c'est de se figurer qu'en se bandant les yeux devant l'Inconnu, on supprime cet Inconnu », fait remarquer Victor Hugo dans *Contemplation suprême*, où il disserte sur l'enchantement du monde et sur le rôle décisif de l'artiste dans la compréhension du monde…

Dans l'éclat doré des rizières et des temples millénaires de Bali, j'ai entrepris une aventure qui a résonné en moi comme un appel sacré. Chaque pas m'a ouvert les portes d'une conscience élargie, m'invitant à explorer les mystères de mon être intérieur.

Suivez-moi, âmes curieuses, dans les méandres de l'intuition, où le monde extérieur scintille en harmonie avec nos aspirations les plus profondes. Embrassez à mes côtés l'inexploré avec curiosité et courage. Que chaque pas dans l'inconnu nous rapproche ensemble de la compréhension et de la connexion avec les mondes invisibles. Que ce voyage soit une source d'enseignements précieux pour découvrir notre véritable essence. Que les leçons commencent…

Mon odyssée intérieure

Dialogues accordés avec mon enfant intérieur

Elle : Qu'est-ce que tu fais là, pourquoi tu me poursuis ?
Moi : Je voudrais discuter.
Elle : À quoi ça sert, tout est parfois très gris.
Moi : Je connais tes chagrins. Sais-tu que tu pourrais les éviter si tu ne voulais pas sauver ceux qui t'entourent ?
Elle : Je dois les protéger. Je suis plus sage qu'eux.
Moi : Peut-être, mais tu es une petite fille.
Elle : Oui, mais je suis plus forte et mon âme est plus ancienne.

*

J'ai dix ans. Ce soir-là je me couche comme d'habitude. Mon lit, niché dans une jolie alcôve, est un baldaquin en bois clair avec des rideaux blancs et vaporeux comme dans les dessins animés de Walt Disney. J'y rêve et réinvente le monde à ma manière. Sous les draps aux motifs colorés, je deviens une fée. Je m'y réfugie pour lire des heures durant. J'y transforme mon existence, je la peins de paillettes, je la sublime…

Le lendemain matin, je me réveillerai à l'hôpital… mais je ne le sais pas encore.

Je me remémore sous ma couette le mariage de mon cousin la veille. J'étais demoiselle d'honneur, habillée de blanc, et je me disais que ce jour-là, la vie valait vraiment la peine d'être vécue. Avec une autre petite fille, j'avais la responsabilité de tenir le voile de la reine du jour et le privilège de monter dans la voiture aux côtés des futurs époux. Je me sentais pour une fois pleinement aimée, considérée, protégée.

Je n'ai jamais été une petite fille insouciante. Bien au contraire. D'aussi loin que je me rappelle, l'existence m'est toujours apparue comme un passage difficile. J'ai eu très tôt le sentiment que mon âme était dissociée de mon corps, et qu'il me faudrait m'élever progressivement pour parvenir à réconcilier les deux. J'ai souvent pris la mesure de ce qu'il me fallait chaque jour accomplir pour aider les personnes qui m'entouraient, une tâche indispensable, mais un poids lourd sur mes épaules. Héritière des souffrances de mon entourage et peut-être de celles de mes ancêtres à travers eux, impuissante face au désarroi ambiant qui m'enveloppait, mon arme antidouleur a été d'en faire « trop ». J'étais trop pleine de vie, d'énergie, d'amour. J'ai tenté de combler les trous béants de mon existence avec les fleurs de l'optimisme. Je désirais à tout prix embellir la vie de ceux que je voyais s'enfoncer autour de moi, afin d'oublier l'insondable détresse qui m'envahirait si je les abandonnais à leur sort.

Cette nuit-là, le trop-plein de bonheur emmagasiné lors de cette journée festive mena probablement une rude lutte avec mes démons intérieurs. Mon frère cadet me trouva inanimée dans la chambre au petit matin, lorsque, désobéissant aux consignes parentales, il entra dans la pièce pour récupérer un jouet. Pendant la nuit, de façon incompréhensible, ma circulation sanguine s'est brutalement interrompue, ce qui s'est accompagné de problèmes ventilatoires. Notre chat, ayant repéré qu'il se passait quelque chose de bizarre dans mon corps, avait cherché à me protéger en se blottissant contre mon visage, accentuant malgré lui mon propre étouffement. Je gisais donc inerte sur mon lit, voguant malgré moi vers ce qui semblait être un dernier voyage anticipé. Au fond, quelle plus belle mort que de finir mes jours dans ce lit d'enfant qui me plaisait tant ? Mais le destin en décida autrement.

Ma mère, alertée par mon frère, me déposa inconsciente dans sa voiture. Direction les urgences de l'hôpital de Cimiez à Nice.

La première chose dont je me souviens lorsque j'ai ouvert les yeux, c'est de mon cousin, marié depuis peu. Il me sourit en me tendant un fraisier qu'il vient d'acheter pour moi. Je l'adore. Géologue émérite épris de nature, il a toujours soufflé sur mon enfance un vent de liberté et de poésie qui m'accompagne encore aujourd'hui. Doux rayon de soleil après la longue et étonnante traversée intérieure que je viens de faire.

Pour l'instant, je ne me rappelle rien, mais je sais qu'il s'est passé quelque chose de grave. Comment ma mère a-t-elle fait pour me transporter inerte ? Qui m'a sortie de ma léthargie ? Pourquoi ne me suis-je pas réveillée avant de me retrouver dans cette chambre d'hôpital ? Où sont les médecins ?

Comment suis-je restée en vie ? Mystère.

Quel que soit le traumatisme qui a enclenché cette réaction de mon corps et toute la situation qui s'est ensuivie, j'ai vite décidé de l'oublier. Peut-être par peur d'un nouveau danger qui ne manquerait pas de me guetter si je m'appesantissais sur cette affaire. Je sentais que se produisait subtilement quelque chose en moi, mais j'ai choisi de mettre tout cela sous le boisseau. Je suis donc redevenue la petite fille modèle qui suit à la lettre ce qu'on lui dit de faire, la poupée qui dit oui : oui, rassurez-vous, je suis sage, je reste bien sur le chemin que vous m'avez tracé ; oui, je ne ferai pas de vagues ; oui, je continuerai à faire attention à tout le monde, ne vous inquiétez pas.

C'est ainsi que durant les vingt années suivantes, j'ai accompli des rêves qui n'étaient pas les miens. J'ai obtenu de gros postes dans de grandes entreprises – comme le souhaitait ma famille. J'ai participé au lancement et à l'évolution de plusieurs chaînes de télévision avec des missions d'encadrement des rédactions et de management des équipes.

J'ai appris à maîtriser les processus de fabrication de chaînes généralistes et thématiques, j'ai été l'interlocutrice privilégiée de producteurs, j'ai réfléchi à l'optimisation des budgets et des systèmes de production, j'ai participé à nombre de comités de direction, j'ai partagé des moments d'exception avec tout un tas de personnalités… Ma vie se fractionnait entre les plateaux de tournage, les studios d'enregistrement, les réunions avec des dirigeants, les voyages de presse… Mon téléphone n'arrêtait pas de sonner… Tellement que je ne décrochais plus. Responsable des services d'information, responsable des magazines et des programmes de flux, directrice des magazines et des divertissements… Les titres claquaient sur mes cartes de visite, en français d'un côté, en anglais de l'autre ; j'en imposais, même à moi-même… J'avais l'impression d'être importante. Je me mentais.

Pourtant j'ai aimé ces années, vraiment, sur le plan artistique et créatif. Même si j'avais du mal avec le masque social derrière lequel tout le monde – moi y compris – se cachait. Intérieurement, j'étais en demande de sincérité et d'authenticité, mais je me cassais sans cesse les dents sur la superficialité des coulisses des médias. C'est pourquoi un jour, j'ai décidé de prendre un plan de départ et de m'évader de la prison dorée. Me serais-je crue au poker ? J'ai mis en jeu toute ma carrière sur la table, d'un seul coup.

Je ne savais pas jouer au poker. Mais j'étais avide de profondeur, d'humanisme et de rencontres qui pourraient m'apporter des réponses. J'avais besoin d'apprendre et de comprendre. Alors j'ai décidé de repartir sur les routes. Mais mes routes à moi, cette fois.

J'ai d'abord souhaité m'initier à tous les rouages des différents métiers dont j'avais managé les équipes. J'avais, comme beaucoup dans ce milieu, le fameux « syndrome de l'imposteur ». J'ai ainsi appris à filmer, monter des reportages, mixer, interviewer, présenter… J'ai par la suite animé et chroniqué différentes émissions culture, *lifestyle*, business et média. J'ai également réalisé de nombreuses interviews pour la télévision, la radio ou la presse écrite. Je voulais me prouver que je pouvais tout maîtriser et je me mettais chaque fois la barre plus haut. Je parvenais à rencontrer ceux qui étaient réputés impossibles à atteindre, je me lançais dans la découverte incessante de nouvelles techniques, j'essayais de me mettre à la place de chacun, de penser et de vivre comme eux... Bref, je me cherchais... autant que je me fuyais.

En parallèle, je traversais de nombreuses expériences que je qualifierais aujourd'hui de « paranormales ». Mais à l'époque, je me trouvais de bonnes excuses pour ne pas y prêter grande attention : *J'ai toujours tellement d'imagination !* Je mettais un couvercle sur la marmite bouillante de mes émotions et de mes sensations pour ne pas remettre en cause le château de cartes bien ordonné que j'avais construit durant toutes ces années.

Mais lorsqu'on ne veut pas affronter quelque chose, la vie ne nous laisse pas de répit. Aussi, de nouvelles douleurs se sont chargées de ranimer en moi la flamme que j'éteignais pourtant si méticuleusement chaque fois qu'elle tentait de se raviver.

Mon amie d'enfance Mathilde, que je connais depuis la maternelle, est par la suite tombée malade d'une tumeur au cerveau.

Ce jour-là, j'avais quarante et un an et je lui ai rendu visite. Sa fille de sept ans, ma filleule, jouait avec ses poupées dans la pièce à côté. Ses éclats de voix ne résonnaient déjà plus de l'insouciance de l'enfance, bien sûr. Au fond de l'appartement, son fils s'était terré dans sa chambre pour ne plus avoir sous les yeux la vision souffrante de sa mère. Sur un coup de tête, j'ai alors fait cette proposition à Mathilde : « On ne sait pas qui de toi ou moi mourra en premier ; je peux me faire écraser par une voiture en sortant de chez toi, et toi tu n'es malheureusement pas au mieux de ta forme... Instaurons un signe entre nous afin que la première qui partira se manifeste depuis là-haut à l'autre, veux-tu ? » Malgré l'étrangeté de mon assertion, Mathilde qui conservait toujours en dépit de sa maladie un esprit facétieux accepta de relever le défi, peut-être aussi parce qu'elle sentait bien qu'elle ne tiendrait plus longtemps. Elle choisit comme signe un symbole qui lui ressemblait, en grande romantique : un cœur dans les nuages.

Le lendemain, alors que je travaillais à mon bureau d'une chaîne de télévision, sans raison, mon téléphone se mit soudain à vibrer d'une musique que je ne connaissais pas. J'eus la certitude que Mathilde était en train de mourir. Je n'ai sur le moment rien trouvé d'autre à faire que de lancer une application pour savoir quelle était cette musique qui investissait malgré moi mon téléphone. Il se trouve que c'était une chanson d'un certain Randy Newman qui parlait de l'amour comme de la seule chose véritablement importante dans la vie. Troublée et inquiète, ne sachant pas si je devais croire ou non en mes funestes intuitions, je pris une pause et montai sur la terrasse pour observer les nuages. J'aperçus un cœur dans le ciel au moment même où le mari de Mathilde m'envoyait un texto pour me prévenir qu'elle était décédée. J'ai passé la journée à ressasser notre conversation de la veille... Sur le chemin de retour chez moi, j'aperçus à nouveau un cœur dans les nuages... Mais je ne voulus pas le prendre pour un nouveau signe. Je craignais de passer pour folle en pensant que l'invisible nous entoure.

Le soir, en attrapant une tasse de thé je m'éclaboussai malencontreusement d'eau chaude. Alors que j'essuyais ce qui me brûlait, mon attention s'est trouvée attirée par une double tache : l'une sur le canapé, l'autre sur ma chair. Aux deux endroits, c'est à nouveau un cœur qui se dessinait... Je les pris en photo. Clichés que je montrerai timidement à tous ceux que je croiserai le lendemain en leur demandant : « Que vois-tu là ? » La réponse sera unanime : « Un cœur »...

À quarante-cinq ans, ma vie a volé une fois de plus en éclats lorsque j'ai divorcé. La princesse de contes de fées qui épouse le prince avec lequel elle aura beaucoup d'enfants n'existait plus. Lui s'était enfui sur son cheval blanc comme si rien de ce qui nous avait unis n'avait vraiment existé.

Accablée et poursuivie par un énorme sentiment d'échec, je n'arrivais plus à travailler. Ni à être une bonne maman. Ni à tout prendre en main comme on me l'avait enseigné.

Que faire ?

C'est alors que l'enfant qui continuait de vivre à l'intérieur de moi m'a rattrapée. Dans mon lit à baldaquin, la vie était simple… J'étais une magicienne. Chaque nuit je m'envolais et je sauvais le monde ; j'avais toutes les capacités pour mener à bien cette grande aventure, j'en étais persuadée. Dans les sphères célestes, j'avais confiance en moi, je me sentais épaulée, pleine d'amour et connectée à l'univers tout entier.

Comment recontacter celle que j'avais perdue en chemin ? Cette enfant intérieure devait bien se cacher quelque part, mais où ?

Comment retrouver la paix qui m'habitait alors ?

Les questions se bousculaient dans mon esprit : Pourquoi suis-je vivante ? Comment donner un sens à ma vie ?

J'ai cherché à analyser les obstacles qui s'étaient dressés sur mon chemin. À quel moment avais-je failli ? Je poursuivis mon autoflagellation. Pourquoi fallait-il toujours que, quoi que je fasse, je finisse par sortir des sentiers battus ? Que devais-je guérir de si profond en moi ? Face à tous ces questionnements, je me sentais profondément démunie.

Alors, faute d'avoir obtenu des réponses sur le plan rationnel et logique habituel, j'acceptai de m'abandonner à cet appel de l'invisible. Celui-là même que j'avais étouffé depuis l'accident de mes dix ans… Une forme d'enseignement nouveau commença progressivement à se dévoiler. Au fil d'expériences qui me semblaient surnaturelles et de rencontres bluffantes, j'élargis chaque jour un peu plus ma vision de la vie. Cela me mit en chemin de découvertes extraordinaires.

Lorsque j'y repense, moi qui ai un organisme à toute épreuve, mes problèmes de santé sont liés à des événements bizarres.

À l'âge de dix ans, j'ai donc fait un arrêt respiratoire qui a occasionné ce que l'on nomme une EMI, ou expérience de mort imminente. Je me rappelle la froideur du tunnel, du noir qui m'effrayait, puis de la lumière bienveillante et de l'immense amour dont je me suis sentie entourée. J'en suis redescendue différente, avec quelques connexions supplémentaires qui doivent être à l'origine de ma réceptivité aux visions qui ne manquent pas désormais de me submerger.

À l'âge de cinq ans, je me suis presque empalée sur un coin de la table du salon de ma grand-mère… pile au niveau du troisième œil ! C'était une jolie table indochinoise sculptée avec des pointes en relief sur lesquelles j'ai malencontreusement atterri en trébuchant. Je m'en tirai avec plus de peur que de mal et quelques points de suture. J'en garde encore aujourd'hui une légère cicatrice entre les deux yeux…

Ces liaisons invisibles, je sens indiciblement que chacun peut les trouver en soi, pour autant qu'on accepte de s'abandonner et de ne plus donner la seule priorité à son mental.

Alors, êtes-vous prêt pour le voyage ?

Leçon n° 1 : Mon EMI (expérience de mort imminente)

- Il me semble utile d'apprendre à lâcher prise par rapport à ce qu'on est censé apprendre de la vie, afin de se laisser traverser par toutes les possibilités que l'existence nous présente.
- On parle beaucoup de faire quelque chose de sa vie, et si c'était plutôt la vie qui faisait quelque chose de nous ?
- Lorsqu'on accepte de tomber le masque, les idées reçues et d'ouvrir son cœur, l'invisible se manifeste à nous.
- Les phénomènes paranormaux sont bien plus fréquents qu'on ne le croit.
- À chacun de trouver sa place spirituelle dans le monde pour pouvoir accéder à son unité personnelle.

Les jolies petites lumières

Dialogues accordés avec mon enfant intérieur

Moi : Que regardes-tu ?
Elle : Je vois des lumières briller au-dessus des têtes.
Moi : Est-ce que ça te fait peur ?
Elle : Non, c'est beau comme des éclats de vie.
Moi : Sont-ils différents d'une personne à l'autre ?
Elle : Oui, ils varient comme des étoiles en mouvement.
Moi : Chaque être a son propre flamboiement…

*

Ce printemps-là, avec l'une de mes amies, Marion, nous observons pendant des heures le soleil depuis sa large terrasse arborée. Et cela m'apaise infiniment. Sentir la caresse des rayons lumineux sur mon visage, le souffle du vent qui me soulage de la chaleur, avoir l'impression de n'avoir rien d'autre à faire que d'être là, profiter du moment présent sans anxiété ni arrière-pensées. Nous avons établi ce rituel au retour de Bali. Là-bas, les paysages étaient si beaux et l'air si pur que nous passions beaucoup de temps à méditer. Nous tentons de retrouver ces sensations de douceur à Paris… sans l'époustouflante vue sur les rizières et la nature en fleurs…

Petit à petit, je suis intriguée par les images qui semblent s'y dessiner. Encore un nouveau mirage ? J'ai d'abord le sentiment d'apercevoir comme des milliers de tubes entrelacés formant une immense architecture. J'ai du mal à décrire précisément ce que je vois, alors je le dessine sur un papier pour ne pas l'oublier. Quelques jours plus tard, je finirai par trouver à quoi ces tubes ressemblent : il s'agit de molécules enchevêtrées les unes dans les autres. Dès lors, sitôt que je regarde un paysage ou un objet, j'ai le sentiment de percevoir l'énergie qui le compose à travers cette infinité de molécules entremêlées les unes aux autres. Puis je distingue progressivement dans le soleil des visages, des animaux, des détails particuliers… À quoi cela sert-il ? Pour voir ces images plus précisément, je dois me concentrer, car elles sont relativement floues. Parfois, c'est comme si « on » me faisait zoomer sur certains détails : le fragment d'une bouche, un œil qui me fixe, une personne de dos ou bien son profil… Avec Marion, nous avons établi une technique pour ne rien oublier : je regarde le soleil, je me concentre et je prononce à voix haute les noms de ce que j'aperçois. À côté de moi, munie d'un papier et d'un crayon, elle note. Nous consignons cela pour tenter de comprendre de quoi il s'agit précisément… Je n'en suis qu'au début du voyage.

Je commence aussi à percevoir des lumières sur les personnes que je croise… et même sur les objets ! C'est très surprenant. Les couleurs que j'aperçois sur les gens se situent la plupart du temps au niveau de leur tête, juste au-dessus du crâne, presque au milieu des cheveux. Parfois il s'agit d'une seule couleur, d'autres fois il y en a plusieurs. « On » m'expliquera plus tard que ce que j'entrevois seraient des auras, ces auréoles de couleur qui entoureraient les êtres. Lorsque j'en prends conscience, je tente de comprendre la signification des teintes que je perçois. Tout cela m'apparaît comme un jeu : grâce aux couleurs que je « vois », j'arrive à décoder l'humeur de la personne que j'ai en face de moi.

La valse des couleurs

«Je lègue à mes amis
un bleu céruléum pour voler haut
un bleu de cobalt pour le bonheur
un bleu d'outremer pour stimuler l'esprit
un vermillon pour faire circuler le sang allègrement
un vert mousse pour apaiser les nerfs
un jaune d'or pour la richesse
un violet de cobalt pour la rêverie
un ocre jaune pour accepter la terre
un vert Véronèse pour la mémoire du printemps
un indigo pour pouvoir accorder l'esprit à l'orage
un orange pour exercer la vue d'un citronnier au loin
un jaune citron pour la grâce
un blanc pur pour la pureté
un noir somptueux pour voir Titien
une terre d'ombre naturelle pour mieux accepter la mélancolie noire
une terre de Sienne brûlée pour le sentiment de durée»

Maria Helena Vieira da Silva,
Testament pictural

Une aura est un champ énergétique subtil qui entoure le corps d'un être vivant, qu'il s'agisse d'une personne, d'un animal ou d'une plante. Elle est composée de vibrations émanant de différents plans énergétiques, et sa couleur, sa forme et son intensité peuvent varier d'une personne à l'autre. Symboliquement, l'aura est considérée comme une manifestation de l'énergie vitale, de l'esprit et de la conscience d'un individu. Elle est souvent perçue comme une représentation de l'état émotionnel, mental et spirituel de quelqu'un, reflétant sa santé, ses émotions, ses pensées et son niveau d'évolution spirituelle.

Les couleurs de l'aura sont particulièrement significatives :

Le BLEU indique une personne attentionnée, communicative, qui aime délimiter son territoire, son espace, qui a des habitudes très ancrées, vit dans l'instant présent et est intuitive.

Le VERT parle d'une personne proche de la nature, équilibrée, avec le sens des responsabilités et des capacités de guérisseur.

Le ROSE dénote une personne pleine de douceur, sensible, positive et aimante, qui prend soin d'elle-même et est très psychologue.

Le ORANGE évoque une personne créative, sensuelle, altruiste et chaleureuse.

Le JAUNE désigne une personne charismatique, confiante, motivante, efficace et qui rationalise beaucoup.

Le ROUGE signale une personne passionnée et dynamique, qui se soucie de la sécurité des autres et reste dans une vigilance permanente dans le monde matériel.

Le VIOLET annonce une personne charismatique, visionnaire et spirituelle.

Le BLANC représente une personne pure et très évoluée, ouverte au monde spirituel et divin.

Mon amie Kim me parle alors des « douze rayons sacrés », des énergies pures dont tout être humain serait censé se servir et se nourrir pour pouvoir évoluer en conscience. Parmi ces douze rayons, il y en aurait sept qui seraient en nous depuis toujours et que nous devrions en permanence équilibrer et activer pour notre évolution spirituelle.

Si vous regardez un arc-en-ciel, il est lui aussi composé de sept rayons au symbolisme puissant : celui de garder espoir et de ne pas douter que les plus grandes bénédictions s'ouvriront à vous lorsque vous suivrez votre cœur. Et c'est exactement ce que je fais…

Les rayons sacrés sont des énergies spirituelles qui sont associées à des couleurs spécifiques et qui portent une symbolique profonde. Chaque rayon sacré est souvent lié à un maître spirituel ou à une énergie divine particulière, et véhicule des qualités et des enseignements spécifiques.

À la base, je ne suis pas spécialement attachée à une religion en particulier. Je crois surtout profondément dans l'humain et dans les énergies au sens large. Mais si par un heureux hasard cultiver ces rayons me permet d'évoluer positivement, je ne vois pas pourquoi je n'essaierais pas… S'il y a bien une chose que la vie m'a apprise, c'est qu'il faut faire preuve d'ouverture d'esprit…

Sur ce chemin spirituel qu'« on » me dessine peu à peu, il semblerait que je commence à percevoir les énergies. Bientôt, je ne tarde pas à voir d'autres éléments qui viennent heurter mon esprit cartésien… Alors que je suis allongée sur l'herbe du bois de Boulogne avec mon amie Marion et que nous profitons du soleil en discutant, elle m'interroge soudain : « Tu ne vois rien au-dessus des gens ? » Cette fois, c'est elle qui a distingué une chose à laquelle je n'avais pas prêté attention… et allez savoir pourquoi, j'aperçois au-dessus des passants une sorte de long filet de lumière partant de leur tête et filant vers le ciel. C'est tellement beau à voir que nous restons toutes les deux en contemplation, bouche bée, pendant près d'une heure.

Évidemment, nous effectuerons le soir chacune de notre côté des recherches afin de trouver des réponses… Nos explorations respectives concordent : les cordons de lumière que nous avons aperçus sont décrits comme des fils d'or qui relieraient chaque personne au divin… Tout cela devient de plus en plus étrange.

J'ai mis longtemps à accepter que ce que je voyais puisse être une autre partie de la réalité et non le simple fruit de mon imagination. Après tout, si nous sommes loin d'utiliser toutes les capacités de notre cerveau, ce qui m'apparaît comme incroyable pourrait être créé par une zone encore inconnue de cet organe très complexe bien loin d'avoir dévoilé tous ses mystères…

Souvent, je n'ai pas voulu croire ce que mes yeux observaient, mais, en revanche, j'ai toujours trouvé bizarre que quelqu'un d'autre voie la même chose que moi sans que nous en ayons parlé auparavant. Il m'a fallu bien des preuves pour comprendre et accepter que ce que je ressentais pouvait avoir une part de vérité.

« Écrire la Vérité ou ma vérité ? Ma vérité. Et si ce n'est pas la Vérité ? Alors écrire l'erreur, mais la mienne », écrivait Imre Kertész dans son *Journal de galère*…

À ce stade, j'en suis là : accepter « ma vérité », lui reconnaître une possibilité d'existence, puis tenter d'avancer ainsi.

Ce qui devient curieux, c'est cette capacité que j'ai à visualiser immédiatement et avec une facilité déconcertante ce sur quoi on attire mon attention.

Je m'entraîne pendant quelques semaines à regarder les couleurs que j'aperçois autour des gens. Cela devient mon nouveau jeu : *Que me réserve-t-il celui-là ? Que vais-je pouvoir apprendre, quel secret va-t-il involontairement me dévoiler ?* Cela m'amuse beaucoup. Néanmoins, mon intellect continue à lutter avec mon âme pour expliquer ces manifestations de façon rationnelle. Je découvre l'existence du mot « phosphène », un phénomène qui consiste en la sensation de voir une lumière ou des taches de lumière dans son champ visuel, qu'on ait les yeux ouverts ou fermés. Le phosphène est une sensation familière aux cosmonautes qui l'éprouvent fréquemment en observant les particules du « vent solaire » (un flux de plasma constitué d'ions et d'électrons éjectés de la haute atmosphère du Soleil) passant au travers de « l'humeur aqueuse » (liquide transparent qui maintient la pression intraoculaire et la forme du globe oculaire).

Ai-je des visions ou bien des phosphènes ? Je me sens submergée par toutes ces questions auxquelles je n'ai pas de réponse précise.

Évidemment, mes « hallucinations » ne s'arrêtent pas là… Je me rends bientôt compte que lorsque je regarde fixement quelqu'un, j'aperçois peu à peu des dessins ou des symboles sur son front : si je me concentre sur la zone entre ses deux yeux, juste un petit peu au-dessus, des images se dessinent soudain. C'est très ludique, car je ne vois jamais les mêmes choses. Tantôt un diamant, tantôt une échelle, une lettre, le signe du yin et du yang, un losange, un point d'interrogation…

Je ne comprends absolument pas ce que tout cela veut dire jusqu'à ce que je rencontre une de mes amies, à qui je narre ces visions. Je viens de voir sur son front une maison. Ancienne directrice de production, elle s'est reconvertie en designer d'intérieur holistique. Elle attire mon attention sur le fait que ce que je vois sur le front des gens pourrait correspondre à leur mission de vie, ce vers quoi ils tendent, ces accomplissements futurs qui vont leur permettre d'exercer leur plein potentiel. Je découvrirai plus tard que cela peut correspondre soit à leur mission de vie, soit à leur préoccupation importante du moment.

Ce qui est un peu compliqué, c'est que pour voir tout cela, je dois regarder la personne en me concentrant intensément… cela peut vite devenir gênant, autant pour l'autre que pour moi : peu de gens se regardent dans les yeux et encore moins dans le troisième œil ! Aussi, je vais vite mettre de côté cette nouvelle « faculté », en me disant que je l'utiliserai certainement plus tard…

Exercices pour faire travailler et ouvrir son troisième œil

1. Dessiner au feutre noir un rond entre les deux yeux. Regarder fixement ce cercle pendant au moins une minute dans un miroir grossissant. Le faire le plus souvent possible jusqu'à sentir que votre troisième œil se « réveille ».
2. Prendre une image devant soi, sans la regarder, la cacher et dessiner ce que vous pensez qu'il se trouve sur cette image.

TÉMOIGNAGE

Témoignage de Marion Desmaison, coach & énergétique

«C'est en voyageant que j'ai pris conscience que tout était énergie, que l'Univers est un Tout et que nous faisons partie de ce Tout. Sur place, mon mental s'est mis en sourdine. Comme s'il me laissait en paix et profitait simplement du moment présent. Je n'avais aucune contrainte, aucune décision à prendre, simplement à me laisser guider. Alors que j'étais auparavant déconnectée de mon cœur, là je commençais à me sentir sereine, bien dans mon corps et dans ma tête.

Installée au bord de la piscine, j'ai regardé les hirondelles voler. Leurs ailes rasaient la surface de l'eau et projetaient des gouttelettes qu'elles buvaient en plein vol. C'est à ce moment-là, avec le soleil couchant, à travers la lumière rayonnante, que j'ai vu. Comme si mes yeux voyaient enfin ce qui avait toujours été dans la matrice et auquel je n'avais jusqu'alors jamais voulu prêter attention : les étincelles d'énergie. Celles-ci bougeaient sans ordre précis, tels des "spermatozoïdes" se mouvant dans tous les sens. Le panorama de l'univers est devenu pour moi comme un quadrillage de courants d'énergie.

J'ai compris par la suite la technique qui permettait d'avoir accès à cette matrice : choisir un jour particulièrement ensoleillé, regarder au loin sur un horizon dégagé, par exemple un ciel uni, ou l'horizon au-dessus de la mer. En fixant du regard un point précis, laissez votre vision autour se dégager. Peu à peu, vous verrez toutes ces énergies virevolter, de couleur blanche à noire en passant par le gris.

Plus tard, dans la soirée, j'ai compris que mes yeux étaient ouverts d'une nouvelle manière. Je voyais avec mon "troisième œil". C'est en discutant avec mes amies que j'ai découvert d'autres dimensions : autour de leurs pupilles je voyais des halos de lumière. Chaque halo était différent selon la personne : du bleu ciel jusqu'au marron.

Plus tard, j'ai eu accès une nouvelle fois à l'énergie. C'est en regardant des joggeurs que j'ai vu leurs connexions à l'Univers. Chaque personne était comme reliée au ciel par un filament assez dense de couleur blanc argenté qui suivait leurs mouvements. Ces liens sont translucides, lumineux, et on peut remarquer certaines différences de couleur et de forme : si la personne parle, le lien sera bleuté, comme le chakra de la gorge, celui de la communication. Le lien qui unit les êtres au ciel est toujours vertical, mais un peu en diagonale et plus ou moins épais.

J'ai compris que j'avais vu le lien entre l'être, le ciel et la terre, ce qu'on nomme la "corde d'argent" ou le "fil d'or". Il semblerait que ce cordon spirituel se brise au moment de la mort. »

Leçon n° 2 :
Découverte des énergies

- Tout est énergie en nous et autour de nous.
- Accepter qu'il puisse y avoir une réalité différente permet de développer ses visions.
- Il serait possible de percevoir les auras de ceux que nous croisons en observant longuement le haut de leur tête.
- On peut s'entraîner à faire usage de son troisième œil en regardant longuement un point.

Je méditE ET JE RÊVE…

Dialogues accordés avec mon enfant intérieur

Moi : Comment se fait-il que tu connaisses autant de choses ?
Elle : Je ne sais pas. C'est en moi comme un cerf dans le bois.
Moi : Merci de mettre de la poésie dans ma vie.
Elle : La poésie est partout. Tu dois sortir des clous pour réaliser tes rêves.
Moi : C'est dangereux…
Elle : Je suis souvent sortie des clous.
Moi : Tu n'as pas souffert ?
Elle : Si, j'ai beaucoup souffert.
Moi : Si tu me donnes la main, nous pourrons mieux réussir à deux.

*

Je déteste méditer. Je suis une personne plutôt pressée, incapable de rester en place à observer mes pensées. Méditer me fatigue rapidement, et m'énerve… J'ai tout de suite envie de me dégourdir les jambes, de bouger, de commencer un tas de nouveaux projets. Pourtant, depuis que je perçois ce flot discontinu d'images dans ma tête, méditer devient amusant. Il y a du suspense et des découvertes inattendues. Et cela me plaît.

Je mets une belle musique ou je m'accompagne d'une relaxation guidée sur des thèmes variés, et je tente de suspendre le flot de mes pensées. J'observe comme une enfant ce qui vient à moi. Je suis là, spectatrice muette d'une représentation qui se déroule sous mes paupières closes. Étonnamment, pas une seule fois je ne pense à me questionner intérieurement sur ce que je vois. J'accueille simplement, en silence, les images que l'« on » veut bien me faire parvenir. Elles défilent à une vitesse folle dans ma tête. Je sors de ces séances souvent vidée et désorientée.

Je plisse les yeux, j'essaie de reconnaître les formes que je discerne.

Il s'agit souvent d'animaux inconnus ou de personnes que je ne reconnais pas : ma principale difficulté est que je me retrouve soit directement en zoom sur leurs yeux, soit que je les entrevois de dos ou de profil, soit que je ne perçois que quelques détails de leur morphologie... ce qui n'est pas très pratique pour les identifier...

Au fur et à mesure de mes entraînements, je vais comprendre qu'il me faut aider mon âme et mon esprit, en leur fournissant des instructions précises sur ce que j'ai envie de voir afin de pouvoir ordonner les informations que je reçois. Petit à petit, je resserre de plus en plus les méditations en les limitant à un périmètre et à des questions précises.

Je doute toujours de mes ressentis. Pendant ces méditations, il y a une partie de moi qui juge : *Pourquoi vois-tu ces images, cela ne veut rien dire ! Ton imagination te joue encore des tours.* Sitôt que j'émets une critique intérieure, mon esprit se referme et je suis incapable d'obtenir une vision claire et précise. Comme si un rideau noir se refermait sur mes doutes.

Heureusement, je ne suis pas seule dans cette aventure. Je suis aidée et entourée. Mes amies de Bali s'entraînent à méditer avec moi. Nous nous réunissons et apprenons ensemble, pas à pas. Je commence avec mon amie Johanna. Elle est aussi novice que moi en matière de visions, mais plus téméraire. Lorsque je médite, je la vois comme faisant partie intégrante des images qui me viennent. J'utilise à son insu son courage afin d'aller plus loin. Au départ, je n'ose pas poser des questions et je suis simplement spectatrice de mes visions : mais avec ce binôme, peu à peu, j'envoie mentalement Johanna poser les questions à ma place.

Cela m'apaise de la savoir à mes côtés dans la 5D – cette
dimension qui ouvrirait vers la multidimensionnalité, là où
moins présent, et signerait le début du véritable chemin spiritue
peux ainsi me risquer dans ce monde invisible qui me terrifiait jusqu'à présent.

Dans la « cinquième dimension », ma conscience semble se trouver au centre de ce monde multidimensionnel, comme en connexion avec les autres et un Moi supérieur. C'est assez enivrant comme sensation.

Parfois je me raisonne : *Que veux-tu fuir ici ? À un moment tu vas devoir te confronter à nouveau aux réalités du monde et cela va faire mal. Le retour risque d'être brutal, prépare-toi…* Mais rien n'y fait, une force irrésistible me pousse en avant. Pour la première fois de ma vie, je me sens alignée sur celle que je suis profondément.

À ma grande surprise, ce que j'observe dans cette sorte d'univers parallèle se révèle souvent très juste, en phase avec ce que vit la personne sur laquelle je me concentre. « On » me dit : « Si tu as la parole vraie, on t'entendra. »

Mon ex-mari et moi avons souvent plaisanté à propos de mon désintérêt pour les chiffres. Ceux-ci ne me parlent pas. Ils sont comme inertes, sans consistance. Lui jongle avec eux comme s'il avait une calculatrice intégrée dans la tête.

Peu à peu, des nombres viennent me hanter. Ils apparaissent à tout moment, que ce soit dans mes méditations ou lorsque je suis dans la rue, tel un rébus qui m'indiquerait une marche à suivre. Je me lance alors dans des recherches pour approfondir le sujet… J'apprends que chacun d'eux aurait sa propre signification. Étrangement, les chiffres que je vois correspondent systématiquement à une situation que je suis en train de vivre ou bien à quelque chose que va bientôt traverser quelqu'un de mon entourage. Je me penche alors sur les travaux du physicien Grabovoï avec ses séquences de chiffres et sur ceux d'Hélène Laporte qui ont étudié l'impact des suites des chiffres sur notre existence et la possibilité de les utiliser pour se guider, avancer sur son propre chemin, voire se soigner… Une théorie un peu folle, mais intéressante.

Grigori Grabovoï est un scientifique dit « clairvoyant », d'origine russe, docteur en physique et mathématiques. Son histoire est étonnante. Il n'aurait jamais été malade de sa vie et, dès l'âge de trois ans, une seule idée aurait occupé ses pensées : sauver le monde. Il décide alors de mettre en équation ce que les sages transmettraient à l'humanité depuis des millénaires. Selon lui, il serait possible de contrôler notre réalité en structurant et en développant notre conscience. Au fil de combinaisons chiffrées précises, il pense que l'on peut accéder aux connaissances permettant d'augmenter la durée d'une vie saine en exploitant les structures de la conscience. Il a fait de nombreux travaux sur la matérialisation, la dématérialisation, la téléportation, la résurrection, et la régénération de la matière détruite.

Pour en savoir plus sur Grigori Grabovoï : www.grigori-grabovoi.world.

Toutes ces découvertes me passionnent. Pendant des années, j'avais eu le sentiment d'avoir eu un regard un peu étriqué sur les choses, et tout à coup ma vision s'élargissait. Lorsque je suis dans la rue, tout devient magique. Les chiffres valsent devant mes yeux et sont autant de signes que je ne voyais pas jusque-là. Il suffit que je me pose une question pour que l'environnement se mette en mouvement pour me répondre.

La symbolique des chiffres est une forme de langage qui serait utilisée par les anges et les guides spirituels pour communiquer avec nous. Chaque chiffre porte une signification spécifique et est considéré comme un message « divin ». Cela permet de décoder les messages qui vous sont transmis et de mieux comprendre les signes et les synchronicités qui se manifestent dans votre vie quotidienne.

> Pour en savoir plus sur la symbolique des chiffres angéliques : https://www.nombresdesanges.com/signification/.

Moi qui n'ai pas un caractère très joueur, je suis servie ! On ne me parle plus que par énigmes, rébus et charades... Je pose une question précise, et on me répond : panthère/cerise/abricot/17. Débrouille-toi avec ça... Commence alors une chasse au trésor pour en comprendre la signification. Je recherche la symbolique de chacun de ces indices, puis c'est une voix intérieure qui me fournit l'éclaircissement. Cela vient tout seul, sans effort...

Parfois, j'essaie de modifier les informations que je « reçois ». Ainsi, lorsqu'une de mes amies me demande si sa relation amoureuse va fonctionner, j'ai tellement envie de lui annoncer que tout se passera bien que je me retrouve ennuyée quand « on » m'envoie des informations plutôt décevantes... Le problème est que ce que « j'entends » sur son cher et tendre n'est pas très positif. Or je n'ai pas envie de lui annoncer des nouvelles de mauvais augure... Bref, je m'empêtre un peu dans mes explications ; mon amie ressent mon embarras. Je m'en sors par une pirouette et un « tu sais, parfois, la "connexion" est un peu difficile. Je ne peux pas te répondre pour l'instant ». Son compagnon partira un mois après avec une autre... Et je me trouverai désolée de valider les informations que j'avais reçues. Je me rends compte que je suis un simple messager et que je ne peux modifier le cours des choses...

Parfois, je respire des parfums. Comme ce matin par exemple, où une douce odeur de bougie à la vanille se promène dans mes narines. Je viens pourtant de me réveiller et suis encore allongée dans mon lit. Pas de bougie à l'horizon. Quel message veut-on encore me faire passer ?

Souvent, en plus des visions, j'entends des choses qui n'ont pas de sens immédiat pour moi, mais qui se révèlent être significatives pour la personne sur laquelle je me concentre. Par exemple, on me dit sur

Marion : « Dégagez les cloportes. » Incertaine, je lui répète ces mots et elle me regarde bizarrement : c'est ainsi que son grand-père les appelait, son frère et elle, les « cloportes ». J'entends aussi : « Dans mes bras te donner une réglisse, tu es pleine de malice, je bois un verre d'anis. » Les larmes lui viennent aux yeux : son père décédé lui offrait des bâtons de réglisse quand elle était petite…

Des mots virevoltent dans ma tête que je ne connais pas ou crois ne pas connaître – les ai-je déjà entendus auparavant ou croisés au fil de mes lectures ? Impossible pour moi de m'en assurer. Je me dis qu'ils n'existent pas, pourtant, je les découvre dans le dictionnaire :

- Exégèse : interprétation philologique et doctrinale d'un texte dont le sens, la portée, est obscur.
- Didascalie : indication de jeu, dans une œuvre théâtrale, un scénario.
- Palimpseste : parchemin dont on a effacé la première écriture pour pouvoir écrire un nouveau texte.
- Apostasie : 1. reniement de la foi chrétienne. 2. abandon (d'une doctrine, d'une opinion, d'un parti).
- Anathème : du grec *anathêma*, offrande votive. Dans l'Antiquité grecque, l'anathème était une offrande religieuse que l'on déposait dans les temples. Il pouvait s'agir également d'un sacrifice offert à un dieu ou à une déesse en vue d'expier une faute. Cela avait une double signification, car l'anathème représentait ainsi à la fois un don, mais également ce qui sera livré à sa volonté, voire à sa vengeance.

Je sais donc des choses que je ne sais pas. Kim m'explique que je suis reliée à la bibliothèque akashique et que je peux consulter chacun des livres de cette mémoire. Akashique ? Encore un mot que je ne connaissais pas. En me renseignant, j'apprends que les annales akashiques seraient un concept créé par des théosophes de la fin du XIXe siècle, reprenant l'ancestrale philosophie hindoue et qui désignerait la mémoire cosmique qui, telle une pellicule sensible, enregistrerait tous les événements du monde. Un cinquième élément, la « quintessence », qui viendrait en plus des quatre éléments traditionnels, une sorte d'éther emmagasinant en permanence toutes les pensées et actions réalisées au cours de tous les siècles. Il existerait des archives pour chacun d'entre nous, pour tout ce que nous vivons individuellement comme au niveau de la planète depuis des siècles. Y avoir accès et pouvoir lire ces dossiers akashiques est donc un privilège qui m'aiderait à avancer et à parvenir à débloquer des situations pour moi-même comme pour les autres.

Mes amies ne tardent pas à m'appeler « Vicky » en référence à l'encyclopédie en ligne Wikipédia, tant elles sont surprises de tout ce que je peux leur raconter sur elles comme sur d'autres. Je m'étonne souvent moi-même au passage.

Je ne sais pas trop comment ni pourquoi, mais mon troisième œil, que Descartes appelait la « glande pinéale » pour symboliser le siège de l'âme, semble vraiment avoir décidé de s'ouvrir progressivement... Désormais, il ne me laisse plus en repos. Moi qui ne suis jamais malade, je me retrouve avec des maux de tête profonds : mon cerveau ne cesse de fonctionner et n'arrive plus à se reposer. Il tourne sans arrêt sur lui-même, me donnant à voir des milliers d'images circulant à une vitesse folle, me faisant entendre des centaines de sons et de voix, et partir à l'aventure dans de nouveaux univers. J'ai l'impression d'être stimulée en permanence. D'ailleurs, sitôt que je ferme les yeux pour m'endormir, un flot d'images m'envahit, je ne parviens plus à échapper à cette reliance à plus grand que moi, comme si je me connectais à un univers parallèle et que ceux que je pourrais appeler mes « guides » sautaient de joie en s'exclamant : « Ah, elle a enfin trouvé le chemin jusqu'à nous, maintenant on va lui en mettre plein la tête ! »

Voilà qu'on se met à me parler en rimes... Ce que j'entends ressemble à de courts poèmes, un peu comme des haïkus. Le plus cocasse, c'est que le langage utilisé semble ancien, inusité. L'on me dicte ces petits aphorismes d'une traite. Je sais que je n'ai pas pu les inventer, car il m'aurait fallu réfléchir un bon moment avant de pouvoir trouver les rimes adéquates et la bonne cadence, alors que là, les mots fusent dans ma tête. Parfois, j'emploie des termes que je ne connais pas, comme si je parlais en vieux français. Ces petits poèmes me surprennent par leur contenu, leur sens et leur portée, si différents de ceux que j'aurais pu écrire en conscience et en me reliant à mon mental.

Je pose des questions, et l'on me répond ainsi, de cette étrange façon… :

— Que dois-je faire ?

Mesurer des syllabes
Arrêter les palabres

Dépasse ton chemin de croix
Et les pins parasols
Pour recevoir ton obole

Préserve-toi
Souviens-toi
Ne regarde pas en bas
Au-dessus élève-toi
Ne regarde pas en bas
Viens vers moi

Récupère ta mémoire
Souviens-toi de qui tu es

— Que faire pour éditer mon livre ?

Nage dans le fleuve
Où tu t'abreuves
Et n'oublie pas de faire tes preuves
Même assise, tu te lèveras
Si tu fais marcher ton bras

— Des conseils pour moi ?

Ton Dieu est plusieurs
Apprends-les par cœur

— Qu'est-ce qui peut m'encourager ?

Jusque dans tes yeux
Découvrir le bleu
Et te sentir mieux

Dieu
D'une part de moi tu es faite
Ne te laisse jamais tromper
Car ce que tu veux tu es

— Qu'est-ce qui va m'arriver ?

De la joie à ne plus savoir qu'en faire en hiver

À tout cela s'ajoutent des lettres que je vois apparaître peu à peu, sous forme de signes ou de panneaux lumineux. Je découvre que chaque lettre a une signification dans les grands rébus qu'on veut bien m'envoyer.

La symbolique des lettres permet de décoder les significations cachées des mots et des phrases. Chaque lettre a sa propre énergie et son symbolisme, et nous pouvons ainsi obtenir une compréhension plus profonde de ce qui est exprimé. Certains systèmes d'écriture et alphabets sont considérés comme sacrés selon des traditions spirituelles. En connaissant la symbolique des lettres dans ces alphabets, on peut se connecter à la sagesse et à la spiritualité qui leur sont associées.

Pour en savoir plus :

A : Avoir/amour/fécondation sexuelle/possession.

B : Être/associé au chiffre 13/passage de la mort à la Vie.

C : Représente la partie féminine, la perte de mémoire pour être capable de récréer ensuite, la culpabilité.

D : Représente la partie masculine, Dieu.

E : L'homme et ses cinq sens/esprit.

F : Force/faire/énergie/développement continuel/lumière en mouvement/associé au chiffre 6.

G : Mourir pour renaître/régénération/associé au chiffre 7.

H : Élévation/échelle/ascension.

I : Conditionnement extérieur de l'esprit/initiation/symbole phallique.

J : Je/jeu/curiosité.

K : Capitalisation, croissance, phénomène de création par la pensée/associé au chiffre 11.

L : Rectitude/franchise/précision/lumière/lucidité.

M : Amour absolu/passage de la mort vers un autre état/transmutation.

N : Négatif/contradiction.

O : Étape d'évolution/plénitude/potentiel/accomplissement.

P : Père/pouvoir.

Q : Nouveau départ.

R : Retour/une reconnaissance de l'origine.

S : Déformations nécessaires pour arriver au but/l'esprit va chercher dans sa mémoire.

T : Temps/pouvoir divin/équilibre.

U : Unité.

V : Verbe de Dieu/victoire/symbole christique.

W : Verbe humain.

X : Croisement/sexualité/accomplissement du couple/mystères.

Y : Capacité à faire des choix quand on est confronté à une alternative : le bien et le mal.

Z : Rien n'est jamais terminé.

Je marche dans la rue, et soudain tout me parle.

J'entends par exemple : « KSO 35 » et je vois un serpent, ce qui en d'autres termes signifie : *tu peux créer (K) ce que tu veux pour parvenir à ton but (S) et t'accomplir (O) ; les changements positifs arriveront dans ta vie d'ici peu et seront bénéfiques sur le long terme tout en s'alignant avec ton objectif et ta mission (35). Tu vas renaître après avoir eu l'impression de mourir (serpent).*

Parfois, c'est une musique ou des paroles de chansons qui me parviennent. Ainsi, lorsque je me concentre sur l'une de mes amies, je vois du vert (qui correspond pour moi à la couleur de la guérison) et j'entends en boucle la chanson *Walking on the Moon*, avant d'apprendre que cette dernière est fan du groupe The Police. « *We could walk forever* (Nous pourrions marcher pour toujours) / *Walking on the Moon* (Marcher sur la Lune). » La semaine suivante, j'apprends qu'on vient de lui annoncer qu'elle n'a plus aucune trace de son cancer… et c'est le jour de la pleine lune.

De la même manière, je me rappelle cette fois où je me demande intérieurement ce que je dois faire de ma vie, car je comprends que je suis à un carrefour et que je vais devoir prendre des décisions importantes. Or je me sens alors figée dans une situation qui me dépasse. Je suis en train de m'apitoyer sur mon sort quand mon téléphone sonne (tout seul !) avec Seal qui chante *A change is gonna come*. Merci la vie…

Je ne tarde pas à me rendre compte combien cela est pratique de pouvoir entendre et voir des choses, ou même « entrer » dans la tête des gens. Quand je veux avoir des renseignements sur des personnes, il m'arrive de poser à distance des questions, par exemple à quelqu'un qui leur est proche pour éclaircir le mystère. Je tente parfois un : *Toi qui es son ami, peux-tu lui passer un message pour moi ?*

Souvent, avant de m'endormir, je pose des requêtes précises. Le matin, je prends conscience que des réponses m'apparaissent clairement. Je prends l'habitude de placer un cahier à mon chevet pour pouvoir écrire tous mes rêves et les consigner pour qu'ils ne s'envolent pas avec mes nuits.

Sous couvert de m'entraîner, je demande tout et n'importe quoi sur mes interrogations du moment : *Pourquoi suis-je toujours fatiguée à 18 heures et comment y remédier ?* (Ma guidance hypoglycémie !) *Sur quelles croyances dois-je travailler pour soigner tel ou tel symptôme ? Ma réunion de travail va-t-elle être fructueuse ?…*

Plus je pratique, plus le dialogue avec « ceux » qui m'envoient des informations devient fluide. Lorsque les images me parviennent, j'apprends que je peux les ralentir, zoomer, faire tout ce qui me permet d'en avoir une meilleure compréhension. Mes visions s'avèrent donc de plus en plus complètes.

TÉMOIGNAGE

«Les conseils pour développer ses pouvoirs», par Florence Basille, médium

«Comment faire pour développer son don?

Il s'agit d'être vraiment à l'écoute de ce qu'on ressent tous les jours et de valider dans son vécu ses intuitions en conscience. Si on a l'intuition que telle ou telle personne va nous appeler ou que telle ou telle chose va évoluer dans un sens précis, et que tout cela se produit vraiment, il faut le noter. Le fait de pratiquer les cartes tous les jours m'a aussi beaucoup aidé: mettre de la conscience sur nos perceptions permet de les développer.

Comment s'éveiller plus rapidement?

Il ne faut pas forcer, et apprendre à faire la différence entre ce qui vient de notre mental et ce qui vient de notre ressenti. Passer du temps dans la nature aide beaucoup, car celle-ci nous montre comment revenir aux choses avec simplicité.

Quels sont les signes les plus significatifs?

Ils peuvent s'exprimer de manières différentes. Souvent, je reconnais les gens avec lesquels j'ai eu d'autres vies sur d'autres plans. Je suis très attentive aux synchronicités. Parfois quand je vois une personne, j'ai le sentiment que je vois tout au ralenti, comme s'il y avait une superposition d'une autre réalité sur la vie quotidienne, que l'énergie changeait, et que j'avais accès à une autre dimension en train de se transformer comme dans un film et que j'observais tout ce qui se passe. Il y a toute une palette d'émotions que je peux ressentir et qui échappe à beaucoup de gens. Ces émotions sont des portes d'entrées qui vont me donner des informations. Comme si j'étais une sorte d'antenne.

Quand vous êtes-vous aperçue que vous étiez cette antenne ?

Je dirais que je l'ai toujours été. Petite, j'étais déjà mystique. Je me suis aperçue en grandissant que les autres n'avaient pas les mêmes perceptions. Pour moi, toute la difficulté a été d'accepter la confirmation de mes intuitions et ne plus me sentir limitée dans mon corps physique ; je n'avais qu'une quête, ouvrir des portes pour aller vers quelque chose qui me semblait plus grand. Lorsqu'une personne ment, je le sais tout de suite. Je trouvais le monde absurde, il y avait beaucoup de comportements que je ne comprenais pas. Le mensonge me blesse énormément.

Avez-vous mis en place un protocole pour recevoir des informations ?

En général, ce sont mes émotions et mon ressenti qui me donnent accès à l'invisible. Dès que j'ouvre mon tarot, j'envoie l'information à mes guides, que j'appelle mes "collègues à la verticale", que ça y est, je suis prête à travailler. Ce sont de petits rituels : le fait d'allumer une bougie, de me connecter à mes guides, de prier, me permet de me mettre dans un état où certaines ondes font que je vais pouvoir capter davantage.

Priez-vous beaucoup ?

Oui, je prie énormément et cela n'a rien à voir avec une démarche religieuse. C'est une façon d'envoyer de l'énergie qui va être réutilisée sur ce plan-là.

Sous quelle forme recevez-vous des informations pour les autres ?

Cela dépend. Je vois beaucoup les nombres, qui sont pour moi de grands êtres. Lorsque je reçois quelqu'un, il y a plein de choses que je saisis tout de suite parce que son inconscient ou ses guides vont déjà poser des choses signifiantes. Cela peut être quelque chose que je vais remarquer : s'il porte une broche spéciale, une couleur particulière, autant d'informations qui me sont données et que je retransmets, car elles me traversent pour répondre aux questions que la personne se pose.

Avez-vous des rituels ?

Oui, cela passe par la prière, allumer une bougie, me réaligner : je fais une visualisation au cours de laquelle je vois tous mes différents corps en train de se réaligner et quelque chose qui me traverse d'une manière verticale, comme un rayon.

Quelles sont les expériences les plus étranges que vous avez pu avoir en rapport avec l'invisible ?

Je suis allée au Ladakh, et c'était magique. C'est en Inde du Nord, à la même latitude que le Tibet. Je suis entrée dans de nombreux temples et j'ai vraiment vécu des choses qui se sont manifestées de manière concrète, que ce soit dans le ciel ou à l'extérieur. L'invisible s'est dévoilé à travers des dessins dans le ciel. C'est difficile à expliquer, mais c'est une réalité : il peut se montrer parfois de manière tangible à travers les éléments et la nature.

Dernièrement, j'ai accompagné mon père vers sa mort. Ça a été très fort de le voir retourner dans l'autre monde et de vivre toutes les étapes de ce départ avec cet être qui m'était si cher. C'était merveilleux. J'ai vraiment senti son souffle quitter son corps et son âme quitter son véhicule physique. Puis il y a eu ces signes qu'il m'a envoyés pour me dire qu'il était bien passé de l'autre côté, notamment une petite plume dans la lumière, venue de nulle part, qui s'est mise à tourbillonner dans l'église au moment même où le prêtre parlait de résurrection. Pour moi, les plumes ont toujours représenté les anges et j'ai vraiment senti la joie de mon père qui me disait : “ça y est, j'ai fait le passage !” Je me suis sentie baignée d'une joie qui m'est tombée dessus comme dans un état de grâce alors que je vivais un événement très douloureux. Ce passage-là, on le retrouve notamment dans *Le Livre des morts tibétain*, où sont décrites les différentes étapes que j'ai retrouvées en accompagnant mon père.

Par exemple, il faut compter au moins trois jours lorsqu'on abandonne son corps physique pour passer dans l'autre monde. Puis vient le tour du corps émotionnel et du corps mental ; il faut au total quarante jours pour retrouver son corps causal, celui qui est chargé de recueillir les fruits karmiques de notre existence et d'en conserver la quintessence. Quand j'étais petite, je me suis beaucoup ennuyée… Parce que pour moi il n'y avait qu'une chose importante : c'était la vie avant la vie et la vie après la vie. Je me disais qu'il était réducteur de s'enfermer dans cette notion de néant après la mort. L'absurde, c'est notre surdité, nous qui faisons en sorte de ne pas entendre cette intelligence de la vie. Pour moi l'invisible est partout présent, il est permanent, communique tout le temps avec nous. L'erreur serait de penser qu'il utilise des mots, alors qu'il entre en contact avec nous plutôt sous forme de ressentis, de sensations et de symboles. Je prends de plus en plus conscience que la vie elle-même ne peut pas mourir. Le jour où nous nous serons affranchis de la peur de la mort et que nous verrons la vie comme une continuité, nous irons vers la vraie dimension de l'être humain, en l'occurrence spirituelle.

Quel serait le premier conseil que vous donneriez à quelqu'un qui s'éveille ?

Je lui dirais qu'on est tout le temps éveillé. Il n'y a pas d'un côté les éveillés et de l'autre ceux qui ne le sont pas. C'est tout simplement la conscience qui est en train de faire l'expérience de ce qu'est "être humain".

Et que pour cela, on doit parfois aussi faire l'expérience de vivre comme en sommeil et d'oublier ce que c'est que d'être éveillé. Certains sont conscients du jeu, d'autres ont besoin de l'oublier pour savoir qu'ils sont en train de jouer. Je crois que le véritable éveil, c'est d'être dans l'acceptation du jeu et dans l'acceptation même de ne pas être éveillé et d'avoir oublié volontairement ce que c'est que d'être éveillé. Chacun se demande : *Est-ce que je remplis ma mission ? Est-ce que je ne suis pas en train de gâcher ma vie ?* Ce n'est pas nous qui faisons quelque chose de nos vies, c'est la vie qui fait quelque chose de nous. »

Chaque jour, je demande : « Dieu (si tu existes et qui que tu sois), que veux-tu de moi ? Que dois-je apprendre à travers toutes ces expériences ? Peux-tu me donner des preuves que mes visions sont justes ? »

Même si j'ai des doutes, je commence à prendre peu à peu confiance en moi. Et lorsque je me pose trop de questions, mon amie Marion me rassure : « Ton regard est époustouflant de douceur et de certitude. Il n'y a plus de place à la peur ou à l'effacement. Oui tu as le "*power*", et tu ne l'as pas que pour les autres. Il est temps que tu le fasses aussi tien. »

Leçon n° 3 :
La méditation

- Méditer est amusant lorsqu'on se laisse aller et qu'on commence à voir des images dans sa tête.
- Chaque image a une symbolique et une signification particulière, qu'il s'agit de décrypter.
- Commencer par des méditations guidées aide à débloquer ses visions.
- Nul besoin pour méditer d'une procédure particulière. On peut aussi bien le faire en marchant dans la nature qu'en regardant par sa fenêtre ou en écoutant une belle musique.

Je redécouvre la nature

Dialogues accordés avec mon enfant intérieur

Moi : Aimes-tu la nature ?

Elle : J'aime l'odeur de l'herbe coupée quand papa tond la pelouse à la campagne et cueillir des fruits sur le framboisier qui longe le mur de la maison.

Moi : Te sens-tu proche de cette nature ?

Elle : La plupart du temps elle m'ennuie ou m'effraie. Elle me fait peur quand je dresse la tente au fond du jardin pour y dormir avec mes frères. Bien souvent, je réintègre la maison familiale tant les bruits de la nuit m'affolent. Alors je reste à lire bien au chaud, pour faire passer le temps avant de retrouver mes amies parisiennes.

*

Je n'ai jamais été une grande fan de nature.

Lorsque j'étais enfant, mes parents nous emmenaient mes frères et moi tous les week-ends dans leur maison de campagne, alors que je n'avais à l'époque qu'une envie : rester à Paris pour sortir avec mes amis. Au lieu de cela, je me retrouvais dans la campagne, juchée sur le tracteur de mon père à tondre le gazon ou à cueillir les fruits et légumes du jardin. Avec mes frères, nous nous inventions mille vies. Nous construisions des cabanes dans les arbres et des avions imaginaires… Les années passant, je suis devenue de plus en plus citadine.

J'ai préféré m'élancer dans le jeu continu des badauds qui se croisent comme des pions sur les trottoirs parisiens. La foule des magasins et des restaurants m'enveloppait, m'empêchait de trop penser ou de me relier à celle qui était enfouie en moi et qui me faisait peur par la liberté de son esprit.

Désormais, tout vient se permuter dans mon existence depuis que les méditations remplissent cette peur fondamentale de me sentir seule et vide, mais aussi de ne pas être comme tout le monde et de me tromper en suivant des chemins peu ou pas empruntés. La pandémie de la Covid-19 a parachevé ma métamorphose.

Des heures durant, pendant les confinements successifs, je suis restée allongée au pied d'un arbre au bois de Boulogne, à travailler sur mon ordinateur portable et à rêver. Chaque fleur, chaque arbre, chaque insecte qui venait se poser près de moi me faisaient me sentir en lien avec ces formes de vie. Tous les jours, le même oiseau, un merle rieur (symbole de protection et de puissance) accompagné de papillons blancs (signes de transformation) me rendaient visite. La nature entière s'est mise à me parler. La première fois, j'étais en train de regarder les arbres autour de moi, lorsque j'ai vu des visages se dessiner peu à peu dans les feuillages. Comme si j'entrais en connexion avec les arbres et qu'ils me transmettaient un message tout en me procurant calme, solidité, ancrage et enracinement. Je me sentais en communion ; j'avais l'impression de respirer en rythme avec le bruissement du vent dans leurs feuilles, de savoir quel âge ils avaient, et même de comprendre s'il s'agissait d'un arbre mâle ou femelle.

Je découvre les symboliques de chaque mot ou image qu'on m'envoie, mais avant tout, j'entends un message qui l'accompagne et qui m'aide à décrypter tout cela. Un peu comme lorsque, enfant, j'utilisais l'encre invisible : les lettres dessinées minutieusement apparaissaient aussitôt que j'approchais la feuille d'une source de chaleur. Cette fois-ci, c'est le monde qui peu à peu semble m'ouvrir de nouvelles portes. Sont-ce celles de la folie ?

Il me faudra encore du temps avant de parvenir à déchiffrer pleinement ce que l'on veut me dire. Cela part encore dans tous les sens. Sont-ce des hallucinations ? Voir des images et entendre des voix dans sa tête sont-ils des signes pathologiques ? Pourtant, fidèle à mon encre invisible interne, je décide de mettre mon mental de côté et de continuer à me laisser aller aux sensations nouvelles que j'éprouve.

Je rencontre la nature à ma manière. En plein état « d'éveil sensoriel », je m'y immerge de plus en plus, en essayant par exemple ce que certains appellent des « bains de forêt » (*shinrin-yoku* en japonais, ou sylvothérapie). Les arbres me ressourcent. Je m'allonge à leur pied, le regard tourné vers le haut. Un apaisement immédiat m'envahit ainsi qu'une grande énergie vitale. J'ai l'impression de me reconnecter à l'essentiel. Mon stress est inexistant et ma pression artérielle semble baisser. J'apprendrai qu'il aurait été constaté scientifiquement que le taux de cortisol dans le sang (l'hormone marqueur du stress) diminuerait dès qu'on est en forêt. Les arbres émettent dans l'air des molécules de protection contre les micro-organismes toxiques (ou phytocides) qui activent également le système immunitaire.

Tout ce vert qui m'environne semble avoir de fortes propriétés de guérison : j'expérimente l'apaisement profond que procure cet environnement.

Au fil de ces sorties contemplatives en pleine conscience, mes sens et mon cœur s'élargissent et changent mon regard sur la vie.

J'apprends que des scientifiques étudient en profondeur ce que j'expérimente par ressentis éclairs. Selon les experts, les arbres et les plantes seraient reliés les uns aux autres par leurs racines entourées de champignons qui leur permettraient d'être en réseau. Les plantes communiqueraient ainsi de diverses façons : par des échanges gazeux, des fréquences hertziennes, mais aussi des signaux électriques. Les Japonais se seraient rendu compte que les arbres percevraient les tremblements de terre. On pourrait ainsi prévenir les ondes sismiques en leur posant des électrodes.

Les arbres émettraient des sons à des fréquences proches de nos fréquences cérébrales. Sont-ce ces connexions que j'intercepte télépathiquement ?

Je découvre aussi que chaque arbre a un langage et une symbolique précise.

La symbolique des arbres est fascinante et riche en significations et nous invite à nous connecter à la nature qui nous entoure. Les arbres sont souvent considérés comme des « ponts » entre le ciel et la terre, reliant les mondes spirituels et physiques. Ils symbolisent la connexion avec le divin, les énergies supérieures et les royaumes spirituels. Leur présence rappelle l'importance de trouver l'équilibre entre les différentes forces et énergies en nous-mêmes et dans le monde qui nous entoure.

À lire pour en savoir plus :

- *La Vie secrète des arbres* de Peter Wohlleben (Les Arènes) : ou comment voir les arbres comme des êtres sociaux. Ils peuvent compter, apprendre et mémoriser, se comporter en infirmiers pour les voisins malades. Ils avertissent d'un danger en envoyant des signaux à travers un réseau de champignons appelé ironiquement « Bois Wide Web ».
- *Penser comme un arbre* de Jacques Tassin (Odile Jacob) sur la communication végétale, incitant à prendre l'arbre pour modèle : « L'arbre semble vouloir s'adresser aux grands primates irrévérencieux que nous sommes devenus. Des primates aujourd'hui perdus au bord du chemin pour avoir sottement oublié qu'ils vivaient sur la planète des arbres. »

– *L'Intelligence des plantes* de Stefano Mancuso et Alessandra Viola (Albin Michel) : comme tous les êtres vivants, les plantes discernent formes et couleurs, mémorisent des données, communiquent. Elles ont une personnalité et développent une forme de vie sociale basée sur l'entraide et l'échange.

Les arbres m'enseignent peu à peu leurs mystères et m'étonnent chaque jour davantage. Je m'emplis de la résilience de ces êtres qui, pour certains, traversent les siècles. J'entrevois leur intelligence et leur énergie inépuisable.

TÉMOIGNAGE

« Le pouvoir caché de la nature », par Coralie Bruder, responsable développement chez L'Oréal

« D'aussi loin que je me souvienne, je me suis toujours sentie chez moi lorsque j'étais au milieu des arbres et des fleurs… Puis quand j'étais adolescente, c'est à ces paysages que je confiais mes tourments lors de longues balades qui apaisaient mes états d'âme.

Aujourd'hui, je trouve que la nature rend témoignage du fait qu'il existe quelque chose de plus grand que nous, que j'appelle "le Créateur" : comment une telle beauté et une telle harmonie seraient-elles possibles autrement ?

Quand je m'assois dans l'herbe et que je ferme les yeux, ma respiration se calme, mon rythme cardiaque s'apaise : mon cœur se cale sur celui de la terre-mère. Tout a l'air plus vivant. Les couleurs sont plus vives et je vois plus de détails comme la fourmi sur son brin d'herbe à la recherche de nourriture.

Mais là où je sens encore plus ce lien à la nature, c'est quand je me connecte aux arbres. Il suffit de poser ses deux paumes sur un arbre ou de s'asseoir le dos contre son tronc, et de fermer les yeux. En fonction de votre sensibilité, vous ressentez un apaisement, un ancrage, des picotements… Il faut aussi comprendre l'arbre. Moi, quand j'y pose les mains, je sens des picotements qui traversent mon corps : c'est son énergie qui coule à travers moi.

Puis, après quelques instants passés à faire connaissance, je peux ressentir dans mon corps quel chakra est puissant chez cet arbre. Ainsi, en fonction aussi de votre état, vous pouvez trouver l'arbre qui vous aidera à travailler sur vos chakras ou celui qui vous apportera sa force.

Je me souviens de cette randonnée au Pérou dont le but était de découvrir les lacs des glaciers. Dès qu'il y avait un arbre au bord du sentier, je posais ma main dessus en lui demandant la force d'arriver en haut. Et j'y suis arrivée ! Aussi, pendant la descente, je disais merci à tous ceux qui m'avaient aidée.

Une fois que cette connexion existe, elle peut être rétablie à distance, car elle est toujours quelque part en vous. Oui, cela peut paraître bizarre, mais en fermant les yeux vous pourrez appeler la force de votre arbre et la ressentir en vous. La Nature vous parle : il suffit d'écouter. »

Chaque jour, je choisis un élément : terre, eau, feu, vent, éther et je décide de focaliser une méditation dessus. Je prête attention à tout ce qui m'entoure, les arbres, les fleurs, les plantes, les brins d'herbe, les pierres. Un immense respect m'envahit et je me sens en communion avec la nature comme si elle me voyait elle aussi, m'entendait, me ressentait, que nous étions liées de mille façons et que chaque mouvement que je faisais dans le microcosme avait un impact sur le macrocosme, tel un effet papillon amplifié.

Chaque fleur porte sa propre signification et ses attributs symboliques. Ainsi, le lotus représente la pureté, l'illumination et la croissance spirituelle ; la tulipe est considérée comme un symbole de renouveau et de printemps, évoquant la fraîcheur et le renouvellement. Le lys évoque la pureté et l'élégance, et la marguerite exprime l'innocence, la pureté et la simplicité. Les fleurs peuvent être utilisées pour communiquer des sentiments et des émotions, aident à se connecter à des énergies spécifiques et favorisent un état méditatif ou contemplatif.

TÉMOIGNAGE

«Mon amie la nature», par Marie-Hélène, ex-paysagiste des jardins des Palaces parisiens, formée à l'architecture végétale

«Avant même d'apprendre les arbres et les plantes, je les ressentais comme un univers riche et intrigant. En effet, durant toute mon enfance la forêt et les espaces naturels étaient d'inépuisables terrains de jeux. Mes découvertes progressives n'ont fait que m'émerveiller et attiser encore plus ma curiosité pour tout ce qui concernait le règne végétal.

Pourquoi est-il si régénérant, apaisant?

Peut-être parce qu'il réveille et touche notre essence, notre être profond, authentique.

Peut-être parce que nous nous sentons reliés à l'essentiel, à la vérité.

Parce que la magie opère devant nous dans ce qui contient des valeurs immuables.

Travailler dans son jardin devient un échange intime, chaleureux où notre énergie se renouvelle au contact de la Nature. Nous nous dépensons tout en puisant dans une mer de jouvence, de joie et de beauté.

La Nature est l'intelligence à l'état pur, simple et d'une richesse infinie.

On peut aimer les fleurs, les arbres, les plantes, sans pour autant désirer les comprendre. Tout comme on peut les aimer de plus en plus en les étudiant et les comprenant. Le règne végétal est source de vastes bienfaits tout autant que d'inspiration créative.

Dans les grandes tristesses ou les grands bouleversements émotionnels, le règne végétal peut guérir nos plaies de l'âme. Une communication intime s'opère et vient rééquilibrer ce qui doit l'être. Plus je le côtoie et l'affectionne, et plus je ressens sa douce puissance. Le pouvoir des plantes est considérable, tant chimiquement que spirituellement. »

Dans la nature, on peut trouver des créations humaines surprenantes. Les chamans y élèvent des lieux sacrés en hommage aux éléments (air, feu, eau, éther) ainsi qu'au système terre/soleil/lune et à l'énergie universelle. On les appelle les « Roues médecine », car elles auraient un pouvoir guérisseur. Elles seraient la manifestation physique de l'énergie spirituelle. Là, les mondes visibles et invisibles semblent se rejoindre. J'ai pu avoir accès à de tels lieux, notamment dans un domaine dans le sud de la France, près de la ville de Rocamadour. L'énergie y est très particulière. Avec des amies, nous marchons alors dans la forêt, derrière Karine, une chamane. Elle s'arrête devant deux arbres qui marquent l'entrée de la partie la plus énergétique du lieu, et se met pieds nus afin de ressentir le contact avec la nature. Il fait froid, il pleut, mais rien ne semble pouvoir atteindre la foi que je ressens si profondément ancrée en elle. Karine salue le majestueux arbre qui se trouve sur le chemin et qu'elle appelle affectueusement « le grand-père » : il a plus de six cents ans et il est le maître de ces lieux. Sitôt dans cet espace, je sens instantanément que l'énergie a changé. Elle semble plus profonde et pénétrante. L'atmosphère se charge à la fois de douceur et de puissance. Karine nous emmène à la Roue médecine qu'elle a construite avec l'aide de douze autres chamanes, selon la tradition lakota. La Roue médecine est un dispositif en forme de cercle, délimité par de légères barrières en bois sur lesquelles sont accrochés des drapeaux de prière. Il est d'usage de marcher et de tourner autour de ce cercle dans le sens des aiguilles d'une montre. On peut y entrer par quatre portes placées aux quatre points cardinaux.

La porte nord représente l'hiver, les ancêtres, la purification, le nettoyage et le renouveau.

La porte est symbolise le printemps, la renaissance, la clarté et l'illumination.

La porte sud, c'est l'été, le féminin sacré, les émotions, l'amour, la croissance et la confiance.

La porte ouest représente l'automne, la force et l'introspection.

Chaque porte correspond aussi à un animal totem. Lorsque je pénètre par la porte sud, je perçois des images d'animaux dans ma tête : il y a d'abord un loup puis un chien, on dirait un chien-loup… J'apprendrai par la suite que l'animal de la porte sud est le coyote ! Mon esprit me mettait donc sur la voie… Le coyote est le symbole de la magie profonde de la vie et de la création. Il est habile, innovant et farceur, il possède une sagesse cachée et vient nous rappeler que tout est possible. Il nous apprend l'équilibre entre sagesse et folie et désigne leur complémentarité. C'est le « fou sage ». Il vient nous aider à développer en nous la paix au milieu du chaos de la vie, réveille notre enfant intérieur, et par ricochet notre créativité, notre intuition et notre sens de l'humour.

La porte ouest est celle de l'ours grizzli, la porte est celle de l'aigle et la porte nord celle du bison blanc.

À l'intérieur de la roue, on avance dans le sens des aiguilles d'une montre. Des pierres provenant de lieux énergétiques du monde entier y sont déposées selon des rituels très précis. On peut se recueillir à l'intérieur de la roue, tenir en main certaines pierres qui nous attirent, en ressentir l'énergie à la fois cosmique (du ciel) et tellurique (de la terre). Alors que l'on pénètre dans la Roue médecine emplis de nos tristesses, nos colères et nos interrogations, on en ressort étonnamment purifiés, nettoyés… C'est si étrange d'y entrer ainsi, avec toute notre supériorité d'humain, et de se laisser ensuite emplir par la douceur et la sérénité qui y règnent. On peut demander à la Roue d'aider l'un de nos proches, mais aussi formuler des vœux. On peut y déposer un certain temps des objets ou des pierres qui nous sont chers pour les recharger. Puis on en ressort par la même porte par laquelle on y est entré.

À lire : le livre de Sun Bear, un chaman contemporain qui s'inspire de la sagesse traditionnelle amérindienne : *La Roue de la médecine, une astrologie de la Terre Mère* (Albin Michel).

Leçon n° 4 : Le pouvoir ressourçant de la nature

- Prendre du temps dans la nature participe à notre éveil sensoriel.
- Rester au contact des arbres permet de se ressourcer et de sentir pleinement son énergie vitale.
- Chaque arbre et chaque fleur a son propre langage.
- Il est possible de guérir de blessures très anciennes à l'aide d'une Roue médecine.

Je prends des cours d'histoire

Dialogues accordés avec mon enfant intérieur

Moi : Crois-tu aux vies antérieures ?

Elle : Je ne sais pas. Souvent, je vois une longue route qui se transforme dans un tourbillon noir comme si je m'enfonçais très loin.

Moi : Quel âge as-tu ?

Elle : J'ai dix ans.

Moi : En quoi crois-tu ?

Elle : Je crois dans les princesses et les chevaliers, je crois que la vie peut être différente. Je crois que la vie n'est pas ce qu'elle est.

*

Plus j'avance, plus mes visions deviennent fréquentes. Je profite souvent de l'ombre d'un arbre pour entrer en état de méditation et accéder à toute cette incroyable bibliothèque d'images qui déferlent en cascade. C'est à la fois intrigant, fascinant, passionnant et didactique.

Tantôt « j'assiste » à des situations, en spectatrice, tantôt il s'agit de visions que j'ai l'impression de vivre vraiment de l'intérieur, comme si une caméra était placée à l'intérieur de moi et que je devenais l'actrice principale de scènes dont je ne connaissais pas la finalité. Ces nouveaux rôles que je découvre sont très agréables. Ils semblent si réels qu'ils me font l'effet d'un livre d'histoire dans lequel je sauterais à pieds joints et où j'évoluerais d'une page à l'autre, d'un pays à l'autre, d'une époque à la suivante, avec un regard chaque fois plus intrigué. Telle Alice au pays des merveilles, ou les enfants Pevensie dans *Les Chroniques de Narnia*, j'ai l'impression de pénétrer un monde fantastique qui m'était auparavant inaccessible. Suis-je à nouveau en train de virer schizophrène ou me permet-on, pour une raison que j'ignore, d'utiliser une partie de mon cerveau jusqu'alors en friche ? Je n'en sais rien, mais peu importe pour le moment, ma curiosité l'emporte sur la peur d'être jugée.

J'entre ainsi dans des lieux que je suis certaine de n'avoir jamais visités dans ma vie actuelle, et pourtant tout me semble vivant et j'y évolue avec une grande facilité comme en terrain connu.

Différents pays défilent ainsi sous mes yeux emplis d'intérêt…

L'Égypte, d'abord. C'est mon amie Johanna qui m'y entraîne lorsque nous méditons ensemble. Depuis nos ressentis communs à Bali, une question l'obsède : découvrir pourquoi, depuis que son troisième œil s'est « ouvert », elle se « voit » systématiquement en Égypte. Je me concentre, à sa demande, sur ce pays et des milliers d'images évoluent devant mes yeux.

Ma première vision commence comme si l'on zoomait sur les yeux très maquillés et charbonneux d'une femme. J'entends clairement le nom de Néfertiti, la célèbre reine d'Égypte à la beauté légendaire. Puis j'entrevois une tête de pharaon avec une coiffe dorée et « on » me souffle immédiatement son nom : Aménophis IV. Pourquoi suis-je donc arrivée directement sur des visions de reine et de pharaon au lieu de vivre au rythme du peuple de l'époque ? Mon esprit se souvient-il malgré moi de leçons apprises sur les bancs de l'école, qu'il retransforme au gré de ses envies ? Mystère.

Toujours est-il que je me vois avancer avec Johanna dans un tunnel sombre, éclairé par un flambeau à tête de pharaon. Au bout de ce tunnel, il y a une lourde porte avec des triangles. Lorsque je ferai plus tard des recherches sur Internet, j'apprendrai que le triangle, figure ésotérique par excellence, fut souvent considéré comme un symbole divin évoquant l'harmonie, la sagesse et la trinité, mais aussi la trinité du mythe Isis-Osiris-Horus tout en incarnant le lien entre le « haut » et le « bas » et rappelant la forme pyramidale…

Ma vision suivante concernera d'ailleurs Isis. Mais concentrons-nous d'abord sur ce pharaon, Aménophis IV. J'apprends qu'il prit le nom d'Akhenaton, « celui qui est agréable à Aton », et érigea Aton en dieu unique, le dieu égyptien du soleil en forme de disque. Aménophis IV fut le dixième roi de la XVIIIe dynastie (1372-1354 av. J.-C.), fils du roi Aménophis III et de la reine Tii. Coïncidence ou pas, je découvre que Néfertiti n'était autre que son épouse ! Troublant. Comment ai-je pu faire ce rapprochement entre ces deux-là dans ma vision, sans rien connaître de l'histoire de l'Égypte ? Mystère, encore.

Lors d'une autre de mes méditations, je suis cette fois témoin, comme dans une vision en plongée, d'une scène avec un Égyptien habillé de bleu avec une coiffe bleue et une barbe bleue. On dirait qu'il se trouve au bas d'une pyramide et que ma « caméra intérieure » remonte progressivement vers le haut de celle-ci, filmant au passage tout un tas d'inscriptions et de hiéroglyphes que je vois passer sous mes yeux. Puis j'entends le nom d'Isis, que j'apprends être la déesse protectrice des défunts, femme d'Osiris et mère d'Horus, qualifiée par Apulée, cet écrivain romain du IIe siècle, de « mère de la nature entière, maîtresse des éléments, principe originel des siècles, divinité suprême, mère des étoiles, parente des saisons et maîtresse du monde entier ». Isis a la réputation d'être l'une des divinités les plus chaleureuses et les plus humaines et semble avoir été pour les Égyptiens un modèle de mère et d'épouse. J'apprends également que l'une des sœurs d'Akhenaton s'appelait Iset ou Aset (version égyptienne du nom de la déesse Isis). Pourquoi, lorsque j'ai été parachutée en Égypte dans mes visions, ai-je entendu *Isis*, forme grecque du nom de la déesse et non *Aset*, son nom égyptien ? Je n'en sais rien. Dans ma logique mentale, je devrais tout entendre en égyptien ; mais le mode de raisonnement de mes visions semble tout autre.

Par la suite, j'entends le mot *hameçon* et je découvre que, selon la légende, Osiris, l'époux d'Isis aurait été assassiné et dépecé par Seth, son jeune frère jaloux. Isis aurait alors parcouru le monde pour retrouver les lambeaux du cadavre de son mari et le momifier. Osiris ainsi ramené à la vie est alors sacré dieu des morts et Isis donne naissance à un fils, Horus. Il existe apparemment un épisode où Isis demande à un hameçon qui a harponné Seth de se retirer : « Détache-toi de Seth ! C'est mon frère dans lequel tu mords. » Devenu adulte, Horus rétablira l'ordre en bannissant Seth.

Si j'ai tant de facilité à accéder à des épisodes de l'histoire, pourquoi ne pas m'en servir pour ma vie actuelle ? Je me risque alors à demander des conseils à Isis par rapport à mon avancée professionnelle ! Voici ce qu'elle me répond : « Avance comme une lionne/Ne baisse jamais les yeux devant ta proie. Charmante/Rentre le ventre/Porte ta couronne en haut/Devant eux jamais ne ronronne. » On va dire que je ne suis pas plus avancée !

Dans ces visions égyptiennes, j'entends aussi le mot *Amenti*. Après vérification, l'Amenti semble désigner la demeure des justes, de ce qui est sans péché, et c'est surtout le lieu où règne Osiris et où, selon la mythologie égyptienne, se rend l'âme du défunt après sa momification.

Johanna de son côté, entend le mot *électrum*. Nous apprendrons par la suite qu'il s'agirait d'un alliage d'or et d'argent à la brillance presque surnaturelle, dont les Égyptiens étaient friands et qui leur servait pour les décorations et ornements de leurs pyramides (des obélisques et des colonnes entières en électrum massif auraient été retrouvées). À nous deux, nous allons pouvoir reconstituer tout un univers !

Mon amie voit également… un hippopotame ! L'absurde de la situation nous a fait tellement rire que je la surnommerai désormais « Hippopo ». Pourtant, si je mets de côté les moqueries et que j'analyse à froid les symboliques, tout prend chaque fois du sens : l'hippopotame est un symbole de courage, de force, d'intuition, de connaissance de ce qui est enfoui, et du fait de savoir se protéger et… en Égypte, l'hippopotame femelle était associé aux déités Tawaret et Ipet, déesses maternelles et protectrices de la maternité. Pile au moment où Johanna est enceinte de son troisième enfant.

Quant à moi, Johanna me surnommera plus tard Aphrodite parce que ce nom revient sans cesse dans ma tête et que je vois souvent des colombes, ainsi qu'une ceinture magique qui seraient les attributs de cette déesse de la beauté, de l'amour, du plaisir et de la procréation assimilée à Vénus chez les Romains. J'avoue, je gagne au change et je m'en sors mieux qu'elle sur ce coup-là !

Le plus étrange est que dans mes visions d'Aphrodite m'apparaît également un certain Héphaïstos que je ne connais pas, mais qui se révèle par la suite être le dieu du feu, de la forge, de la métallurgie et des volcans, fils d'Héra et de Zeus, qui n'est autre que… le mari d'Aphrodite dont il serait question dans un épisode fameux de l'*Odyssée* (chant VIII). De l'Égypte à la Grèce, aux Romains, il n'y a apparemment qu'un pas dans ma tête !

Avec Johanna, nous poursuivons notre exploration méditative en nous connectant à distance. Le rituel est chaque fois le même : nous lançons ensemble n'importe quelle méditation guidée (pour autant qu'elle dure dix minutes environ), puis nous laissons nos esprits vagabonder et nous nous retrouvons ensuite pour débriefer. Généralement, je n'écoute que les premières paroles de la méditation, car mon esprit dérive très vite. Nous voyageons beaucoup et le plus souvent dans des univers communs. Ainsi, nous nous retrouvons toutes les deux en jeunes Indiennes, comme si nous avions un lien de parenté dans un univers parallèle. Sans nous être concertées avant, nous visualisons toutes deux des Indiens.

De mon côté, je me vois en petite Indienne qui rit avec une grand-mère édentée. Sa mère semble être la guérisseuse du village et elle l'emmène souvent dans la montagne choisir toutes sortes de plantes pour soigner ses patients. J'entends le son des tambours et des chants indiens qui me bercent. Ce bruit me semble très doux, rassurant et enveloppant. Je vois la grand-mère me transmettre tous les rituels patiemment. Lorsque je ferme les yeux, malgré moi, ces musiques me hantent. Y a-t-il un lien entre ces visions et le fait que je fasse régulièrement brûler de la sauge chez moi tout en fredonnant des chants indiens familiers, sans que personne ne me les ait enseignés ? Il paraît que c'est utile pour éloigner les mauvaises ondes… J'ai l'étrange sentiment d'avoir beaucoup de souvenirs de moments heureux parmi les Indiens, c'est très bizarre comme sensation. Le feu me brûle de sa douce lumière de l'intérieur. Je ferme les yeux et des scènes s'imposent à moi : il y a cet Indien qui fabrique une flûte dont il teste les sons et dont il aime le bruit tandis que d'autres Indiens se réjouissent autour de lui. Il y en a aussi un autre, âgé mais musclé, avec de très longs cheveux blancs et des tatouages sur le dos, qui tend les bras comme pour prier. Je me vois au coin du feu avec d'autres enfants, parmi lesquels Johanna, mais elle a l'air d'être un petit garçon. Je ne sais pas de quelle tribu d'Indiens il peut s'agir, je n'arrive pas à mettre de mots sur tout cela, ce sont simplement des sentiments diffus d'instants heureux. J'apprends à ne plus juger, à simplement accueillir et me laisser traverser, je m'imprègne des mots de la sagesse amérindienne : « Ô, Grand Esprit, aide-moi à ne jamais juger un autre avant d'avoir chaussé ses mocassins pendant au moins trois lunes. »

Une fois, alors que je suis sous ma douche, je me mets à parler à ceux que j'identifierais comme « mes guides » : « Je veux bien faire ce que je peux pour aller du côté lumineux et aider à faire avancer le monde à ma manière, mais pour cela il va falloir m'aider, vous ne pouvez pas me laisser seule affronter tout cela. » Tout à coup, à ma grande terreur, j'aperçois sous le meuble de ma salle de bains un petit animal caché qui me regarde. Lorsque j'y repense aujourd'hui, j'en ai des frissons tant j'ai eu une peur bleue. Je me rends compte qu'il s'agit d'une « loutre » (enfin à ce « qu'on » me dit, car je ne sais même pas à quoi ressemble une loutre) et que ses petits yeux m'observent fixement. Je me sens glacée et totalement paniquée. Je découvrirai que la loutre correspondrait, paraît-il, à l'idéal féminin des Indiens et qu'elle serait un symbole puissant de bonté et d'altruisme... Serait-ce un signe envoyé pour me dire « ne t'en fais pas, nous sommes là, continue à vivre en toute intégrité et tout se passera bien pour toi » ? Mais quelle immense frayeur au passage !

TÉMOIGNAGE

« Mitakuye Oyasin », par Céline Baruc, coach

« Enfant, j'étais déjà très proche du règne végétal et animal qui m'entourait ainsi que des éléments, surtout l'élément Eau... On disait de moi que j'étais la "Mère Teresa" des animaux et des fleurs.

Étant issue d'une famille de croyance judéo-chrétienne, je n'ai jamais osé avouer à mes proches ce que je ressentais, ce que j'entendais, ce que me disaient le vent et les gouttes de pluie lorsqu'ils caressaient ma peau, le chuchotement des arbres lorsque je les enlaçais. Comment expliquer lorsque l'on est enfant que nous vivons au cœur d'un monde vivant qui pulse, s'épanouit, se transforme dans le visible comme dans l'invisible ? Lorsque j'ai compris que tout le monde ne ressentait pas et n'entendait pas comme moi alors je me suis tue. Mais au fond de mon cœur et de mon âme, je savais qu'il existait autre chose que ce que l'on m'enseignait à l'école. Dame nature, Gaïa, la planète Bleue, Terre-Mère, peu importe le nom qu'on lui donne, est une puissante enseignante, elle regorge de tant de sagesse et de Beauté.

Restaient bien ancrés au fond de moi des visions, du déjà vécu, du déjà vu, des ressentis, des "rêveries" – entendez par là "voyage intérieur" – qui me transportaient toujours au même endroit, des rivières, des tipis, des chants étranges accompagnés de tambours. C'est bien plus tard que j'ai pu mettre un nom sur cet instrument que je ne connaissais pas et qui me faisait voyager au rythme des battements du cœur de la Terre avec des grands-pères et des grands-mères imaginaires. Imaginaires ?! Non, bien réels pour moi.

La vie s'est écoulée et lorsqu'il a été temps pour moi, j'ai été aidée au fil de mes rencontres à découvrir mon propre "esprit gardien", à clarifier ma destinée. Je suis parfois allée chercher bien loin ce qui était en moi.

Pour les Amérindiens, la Terre est mère et tout ce qui est dans la nature participe au lien sacré de la vie. La femme est la gardienne des rythmes de Mère Nature. Son rythme biologique étant connecté aux cycles des saisons et de la Lune, elle a préservé cette connaissance que tout naît, évolue, se transforme, décline, meurt et renaît…

Dans une société coupée du vivant, de ses racines et en quête de sens, nous avons plus que jamais besoin de retrouver nos ancrages dans les champs visibles et invisibles, de nous reconnecter à notre être profond et d'accueillir ce qui est là. C'est ce que je propose aujourd'hui aux personnes qui croisent mon chemin…

"Capter la vie et devenir des jouisseurs et des jouisseuses de beauté", *Mitakuye Oyasin*. (*Mitákuye Oyás'iŋ* est une phrase en langue lakota qui exprime la vision du monde et de l'interdépendance des Lakotas. On la retrouve dans de nombreuses prières yankton sioux et de communautés lakotas.) »

« Je te salue, toi, journée si belle ! Que tu me donnes de la force pour faire le bien et qu'ainsi le soir, je puisse me coucher sans avoir honte. »

Prière du matin des Lakotas

Johanna de son côté semble en plein délire : elle aperçoit un aigle voler et foncer sur des Indiens qui se mettent à courir dans un canyon. Puis un vortex de lumière lui apparaît et elle me voit au milieu d'un cercle ; autour de moi, il y a un Indien, un homme avec un turban, un Africain avec une lance et des tatouages guerriers et une danseuse. Elle me dit : « Je pense que ce sont des vies antérieures que tu as vécues. » Encore une fois, ou bien la schizophrénie nous guette toutes les deux ou bien nous avons un accès privilégié à des univers parallèles. Au fond, pourquoi ne pas imaginer qu'il existe une zone dans notre cerveau capable d'une immense puissance poétique ? Pour ma sécurité intérieure et mon propre bien-être, je préfère la seconde hypothèse !

À propos d'Afrique, d'aussi loin que je me souvienne, j'ai eu une attirance particulière pour ce continent. J'y suis allée plusieurs fois : Kenya, Sénégal, Tanzanie, Maroc, Tunisie… avec chaque fois une sensation de plénitude et de proximité. J'ai toujours aimé cette idée qu'avec très peu, les Africains savent construire un monde, s'en contenter et s'y sentir heureux. Lorsque mes enfants sont nés, je leur ai choisi une assistante maternelle africaine, car j'avais le sentiment qu'elle saurait leur transmettre l'insouciance, l'humour et la capacité à rire de tout qui, selon moi, manque à notre civilisation. Par-dessus tout, je voulais que mes enfants apprennent à prendre la vie avec légèreté. J'ai depuis eu de nombreuses visions sur l'Afrique…

Dois-je dire que j'ai toujours aimé danser ? J'ai souvent eu des visions de danseuses. La première fois, je vois une pâquerette qui se transforme en la jupe d'une danseuse très gracieuse qui tourne. Elle a des cheveux foncés. Elle est à la fois douce et dure, disciplinée. Je la situe en Lituanie. Elle tire les cartes, danse, sourit et séduit. Elle rit la tête en arrière. On dirait une bohémienne danseuse diseuse de bonne aventure qui virevolte dans un bar. Elle est brune aux yeux bleus avec un foulard transparent et des breloques à la ceinture comme les danseuses orientales et a l'air de croquer la vie à pleines dents. Je me sens envahie par sa joie de vivre.

Je vois aussi une ballerine en tutu danser sur les pavés de Paris. Je visualise également des pieds nus s'agiter en rythme sur des braises en Inde. Pour les hindouistes, cette tradition montre la suprématie de l'esprit sur le corps et éprouve la foi du fidèle en les énergies et les esprits de la nature.

Tout s'entrechoque dans ma tête. Cela commence à devenir un peu trop bizarre pour moi. Mais cela ne s'arrête pas là.

Sensation bien plus douloureuse, je suis hantée par la vision d'un enfant asiatique, un petit garçon de sept ans environ, assis à son bureau, qui me regarde avec un regard tourmenté et m'appelle maman. J'ai comme l'horrible sentiment de l'avoir abandonné. Chaque fois que j'y repense, mon cœur se déchire et un immense amour me submerge. Je mettrai des années à parvenir à dompter cette vision pour qu'elle ne me fasse plus mal. Qui est donc ce mystérieux petit garçon auquel je me sens si attachée ? Parfois je vois près de lui un vieillard asiatique que j'identifie être comme un père, qui rit et me dit : « Tes pouvoirs sont infinis/Ma petite fourmi/Dis des mantras/Fais du yoga/Appelle-moi/Éternue trois fois/Secoue la tête/Tape des doigts sur la table/Et je serai là/Laisse-toi porter/Tout arrive à toi. » Il est drôle, mais il a l'air aussi d'une infinie sagesse. Je l'appellerai du nom qu'on me donne pour lui, « Papa Nê ».

Bien souvent mes pensées me ramènent aussi à l'Italie. J'entends des mots, des noms de villes ou de rues dans le désordre, sans savoir bien quoi en faire ni pourquoi on me les souffle : ainsi viennent à mes oreilles Rimini (qui se révèle être une ville située sur la côte Adriatique), Ripoli (qui se trouve dans la ville métropolitaine de Florence en Toscane, en Italie centrale), Tropea (une commune de la province de Vibo Valentia en Calabre, qui se situe à l'extrême sud-ouest), Trieste (une ville portuaire, capitale de la région du Frioul-Vénétie julienne, au nord-est… j'entends « Trieste mon amour, j'ai été si heureuse à Trieste »), Trastevere (un quartier branché et bohème de Rome), tabellion (un juriste chargé de rédiger les actes et les contrats dans la Rome antique)… Quel est le rapport entre toutes ces villes, quartiers, mots que je ne connais pas, mais qu'on me souffle ?

On me dit tantôt : « Va dans l'atrium » (il s'agirait de la cour intérieure de la maison romaine antique, généralement entourée d'un portique couvert), « écoute le symposium » (congrès de spécialistes sur un thème scientifique.)

Mais par-dessus tout je me vois en train de marcher, avec cette vue de l'intérieur de moi, dans une petite rue de Rome… je sens mes pieds munis de sandales, ma robe blanche, longue et droite, qui flotte. Je semble suivre un chemin que je connais bien et j'arrive vers une maison, « ma maison », celle où j'habite avec mes cinq sœurs. Une ambiance joyeuse et chaleureuse règne partout ici. Chaque fois que j'entre dans cet endroit, je me sens profondément heureuse. La décoration est faite de tentures, de vieux meubles luxueux et j'entends de la musique planer.

Je médite de plus en plus seule. Mais parfois je m'entraîne aussi avec d'autres personnes comme je l'ai fait avec Johanna, lors de cours sur les archives akashiques auxquels je finis par m'inscrire. Ainsi, un jour, je me retrouve face à une femme d'une soixantaine d'années que je ne connais pas, Rosa, et nous nous exerçons ensemble : je me concentre sur elle et elle sur moi. C'est très perturbant, car j'ai soudain une énergie très enfantine dans ma tête : comme si j'avais en face de moi une enfant enthousiaste qui n'arrêtait pas de me poser mille questions : « J'ai envie de jouer, tu veux jouer ? J'aime bien jouer, allez tu viens jouer ? À quoi tu veux jouer ? T'aimes bien faire des siestes ? J'aime faire du cheval. Toi aussi, t'aimes le soleil ? Tu crois que la vie ça dure toujours ? Tu aimes jouer à l'élastique ? Tu aimes faire du vélo ? Tu aimes les papillons ? » Elle est si volubile qu'elle semble ne jamais s'arrêter ! Je la vois tenir une orchidée dans sa main. Lorsqu'elle rouvre les yeux et que je lui énonce tout ce que j'ai « vu », elle me confirme que l'orchidée est sa fleur préférée et me dit que je lui suis apparue en Italie, comme son enseignante lorsqu'elle était enfant : « Tu as dégagé beaucoup d'amour, de sagesse, mais aussi de la force ! » Étonnant moment de partage.

Je deviens une fanatique de toutes les séries de télévision qui tournent autour de l'histoire, car elles me permettent de vérifier la véracité des images qui me trottent dans la tête, en me rappelant comment vivaient certains hommes à différentes époques. Bonjour donc monsieur le roi légendaire de Suède et du Danemark Ragnar Lothbrok (*Vikings*), messieurs les empereurs Commode, Jules César et Caligula (*Roman Empire*), Nicolas II et la famille Romanov (*Les Derniers Tsars*) ou encore les Highlanders (*Outlander*).

Je me concentre ensuite sur les différentes époques en dirigeant intentionnellement mes méditations sur des périodes particulières.

La première fois, je demande à me retrouver au XVIIIe siècle. Ce que je vois et entends me laisse pantoise :

- un homme écrit avec une plume, on me dit qu'il s'agit de Jean-Jacques Rousseau. Je jure que je ne savais absolument pas à quelle époque appartenait cet homme de lettres, mais je me rends compte qu'il est bien du XVIIIe siècle (1712-1778) ;
- un bal... j'entends : « Duchesse, voulez-vous danser ? » Il y a des gens qui applaudissent et qui rient. Puis deux hommes se saluent :
  — M. de Montmorency.
  — M. Letourneur !
  Je découvre dans les archives historiques qu'il y avait bien un M. Letourneur et un M. de Montmorency dans la garde de Louis XIV ;
- j'entends ensuite « J'ai perdu mon épée ! » ; puis j'observe un homme, agenouillé devant le roi. Je vois un buste, du cognac, des douves, une tête de vache dans les flammes. Je n'ai pas d'explications à cela ;
- je visualise une femme qui cueille des roses rouges, elle s'appelle Coralie. Coralie est bien un prénom du XVIIIe siècle.

Un jour, alors que je me suis inscrite dans un cours de lectures akashiques, je vois une médium, Nathalie, arriver vers moi et me dire : « Tu as été mon bourreau ! » Singulière entrée en matière... Sur le moment, je prends assez mal ses propos, mais je ne lui fais aucun reproche. Je lui propose plutôt que nous méditions ensemble sur ce qui a pu se passer entre nous dans une vie antérieure. Je vais être étonnée par les différents recoupements que nous pourrons faire entre nos visions respectives.

De mon côté, je vois une femme brune avec un chignon, à l'air triste, qui s'appelle Marguerite, on dirait une servante, et elle me semble être la fameuse Nathalie. Puis j'aperçois une dame de la noblesse, sous une capuche noire, Eugénie ; on dirait qu'il s'agit de moi. Elle passe en calèche à côté du lavoir où se trouve cette femme triste et ne s'arrête pas. Le cocher s'appelle Georges (j'entends « Avancez, Georges ! »). Puis je vois un château, des lustres, et elle lit Ronsard. Elle se regarde aussi dans un miroir long en métal précieux. Et je l'observe également allongée sur un grand lit, sa tête sur le côté, pensive. « Que Marguerite aille au diable ! »

Il y a des hommes, qui trinquent et qui rient. L'un d'entre eux a un bâton à la main. Un cri, du feu. Une femme les bras en l'air : « À l'aide, libérez-moi ! »

On me situe cette scène au XVIe siècle. Dans une seconde méditation, « on » me précise : c'est Anne-Eugénie, pas Eugénie.

— Madame, Marguerite voudrait vous voir.

— Je ne veux pas la voir, elle est insupportable !

Il s'est passé quelque chose avec le mari d'Anne-Eugénie. Elle est furieuse contre lui, elle crie. C'est un homme avec une barbe brun-châtain, une sorte de roi triste au visage mince.

Je vois un drapeau avec du noir et du jaune dedans.

Une main qui signe un contrat avec une plume.

Puis Anne-Eugénie fait donner à Marguerite une bague en forme de paon qui brille, pour qu'elle se taise. Se taire sur quoi ? Il semblerait que son mari ait violé Marguerite.

Eugénie est au bord de la mer. Il pleut, elle pleure. Puis je la vois faire la planche toute habillée dans l'eau avec ses longs cheveux noirs épars autour d'elle, elle a l'air malheureuse comme si elle allait se noyer. J'ai la même image d'elle quelques années plus tard avec des cheveux blancs flottant dans l'eau.

Fin de cette effrayante vision.

Quant à Nathalie, voici ce qu'elle me décrit de son côté : un lavoir avec un groupe de femmes. Des hommes d'une milice. Un viol dans la clairière, sur le bord de la rivière, d'une femme au service d'un seigneur dans un château. Des remparts en arrière-plan. Un paon. Une grande injustice. Une femme abattue, désespérée, assise à l'abandon à l'arrière d'une calèche avec la tête sur le rebord. Deuil, douleur, tristesse.

Alors, suis-je un bourreau ? Je préfère penser que non. Dans cette vie, je suis dans la bienveillance. Mais c'est malgré tout très perturbant de confronter ainsi nos deux visions qui ne semblent pas si éloignées. Comment interpréter cela ? Je laisse couler les choses. Ressentir et ne pas juger…

Une fois, en m'entraînant dans les cours akashiques, je croise une vraie barjo sur le chemin. Magali.

Je visualise sur elle un homme basané qui la regarde et cherche à lui faire du mal comme s'il allait la violenter. Je me sens très en colère contre cet homme qui me fait peur et je me mets à l'insulter intérieurement, en utilisant une formulation bizarre qui ne me ressemble pas : *Casse-toi, prend l'avion, arrête de l'ennuyer, je te défends de lui faire du mal !* et je le vois fuir. J'apprends par la suite que, dans la « vraie vie », Magali ne peut pas avoir d'enfants et je me dis qu'elle était peut-être bloquée par un traumatisme dans une vie antérieure avec un type glauque de ce genre. C'est donc contente de moi, pensant que cela pourra éventuellement débloquer des choses positives pour elle à l'avenir et qu'elle pourra peut-être tomber enceinte, que je lui explique ma vision en lui disant que cet homme est reparti et que cela doit certainement vouloir dire qu'elle peut vivre en paix. Magali me pose des questions précises : « Était-il noir ? » ; je lui réponds : « Pas complètement, plutôt basané. » « Basané comment ? » J'ai du mal à lui expliquer, car si je vois cet homme dans ma tête, difficile pour moi de déterminer sa nationalité. Je dirais Réunionnais ou venant des îles. J'apprends par la suite que Magali a vécu pendant des années avec un Réunionnais… À la fin du cours, lorsque je dis au revoir à Magali, je lui souhaite beaucoup de bonheur et un beau bébé à mettre en route. Quelle n'est pas ma surprise le lendemain de recevoir un message de sa part : « Bonsoir, je voulais t'informer qu'hier, lorsque tu es partie, il y avait une vipère au-dessus de ta tête, elle commençait à t'entourer au niveau de la gorge… il y avait une femme plus âgée qui te ressemblait et essayait de serrer ta gorge pour t'étouffer en disant que tu ne rencontrerais jamais un homme bien, cela sentait le poisson pourri. Je te souhaite une bonne continuation, je suis Cobra maintenant et je t'ai remplie de venin ! » Ça me fait froid dans le dos de me retrouver face à des personnes qui semblent sorties d'un conte de magie noire. Je vais bientôt apprendre toutes les techniques les plus rapides et les plus puissantes pour me protéger et me mettre à l'abri.

Sur le moment, cela m'a bouleversée, mais m'a aussi fait réfléchir : je dois faire attention aux mots que j'emploie, car certaines personnes ne semblent pas être prêtes du tout à les recevoir. Je serai moins directe à l'avenir. Bref, une bonne leçon à mes dépens.

Je peux comprendre et excuser de tels comportements, car je l'ai moi-même vécu à plus petite échelle avec une de mes amies qui faisait de la méditation sur moi. Je venais de lui raconter que j'étais vraiment triste de ne pas avoir de nouvelles de l'homme dont j'étais alors éprise, lorsque, toute contente d'avoir réussi à avoir une vision sur moi, elle m'annonça : « Je t'ai vue dans une douleur extrême, nous étions dans ma chambre, tu devenais hystérique, à tout mettre sens dessus dessous parce que tu ne voulais pas accepter que cet homme ne soit pas présent dans ta vie, puis tu me mordais la main à plusieurs reprises, en pleurant, je te laissais faire jusqu'à ce que tu te calmes… »

Je dois bien avouer que je lui en ai un peu voulu de m'avoir dit cela. Mais c'est le jeu et je me devais de l'accepter dans ce sens aussi. De là à lui balancer un mauvais sort… pas mon genre ! En plus, je ne saurais pas faire !

Quelques conseils pour vous protéger :

Pour vous couper de l'énergie négative d'une personne, essayez la technique des bonhommes allumettes :

1. **Dessin du bonhomme allumette** : sur une feuille de papier, dessinez un petit bonhomme allumette qui vous représente, vous ou la personne avec laquelle vous avez des émotions conflictuelles.

2. **Identification des émotions** : écrivez ou réfléchissez aux émotions négatives que vous ressentez envers cette personne ou cette situation.

3. **Détachement émotionnel** : visualisez-vous en train de couper mentalement les liens émotionnels négatifs entre vous et la personne ou la situation en question. Imaginez-vous en train de vous libérer de ces émotions perturbatrices.

4. **Renforcement positif** : à côté du bonhomme allumette, dessinez un symbole ou écrivez une affirmation positive qui représente le détachement émotionnel et la paix intérieure que vous recherchez.

5. **Détruire le dessin** : brûlez, déchirez ou jetez le dessin, symbolisant ainsi la libération de ces émotions négatives et le détachement émotionnel.

Vous pouvez également brûler :

- de la camomille, du laurier ou de l'anis étoilé pour supprimer les sorts et porter chance ;
- de la sauge blanche ou du bois de palo santo pour purifier et renouveler l'énergie ;
- de la peau d'ail pour éviter les envieux ;
- du romarin, pour éliminer les maladies et éloigner virus et bactéries ;
- des clous de girofle pour éviter les médisances et attirer l'amitié ;

- du tabac pour écarter les mauvais esprits ;
- des feuilles d'eucalyptus pour tenir à distance les mauvaises personnes.

Je me confie à l'une de mes meilleures amies, Valérie, sur toutes les visions surprenantes qui m'arrivent de plus en plus. C'est alors qu'elle me demande de me concentrer sur elle. Elle s'imagine déjà en grande robe dans un bal sous Louis XIV. Ma vision sera malheureusement tout autre... Nous voilà propulsées au Moyen Âge... J'entends sonner une cloche :

— Guénegonde, c'est l'heure !

— Je ne veux pas y aller, je ne veux pas l'épouser.

— Si, il faut y aller.

— Sauvez-moi !

Il est 18 h 54. Une croix.

« Je ne veux jamais y retourner, libérez-moi... J'avance dans le noir. »

Cette femme n'a pas envie de se marier, mais elle est obligée alors que sa vocation est proche de l'Église et de la religion.

Un peu gênée, je dis à Valérie : « Je pense qu'on m'a donné quelques explications sur tes vies antérieures pour te faire comprendre pourquoi c'est compliqué avec les hommes aujourd'hui. Lorsque tu auras intégré ce message, cela débloquera des choses chez toi. En gros, je pense que cela vient te dire que tu te refuses à l'amour parce que cela a été compliqué pour toi dans une vie antérieure avec les hommes. Puis il semblerait que tu aies fait vœu de chasteté. Cela vient aussi te signifier que tu portes des obligations dont tu n'arrives pas à te détacher. Tu te sens retenue dans des schémas qui ne sont pas les tiens et tu appelles à l'aide. Dans cette vie, tu dois apprendre à avoir confiance en toi, à ne plus avoir peur des ombres et à t'autoriser à laisser parler ton cœur. Zadkiel est là pour t'aider à avancer. » Comment est-ce que je connais l'archange Zadkiel ? Je n'en sais rien. Son nom signifie « droiture de Dieu », c'est l'ange de la pitié, du pardon et de la miséricorde divine.

Réponse un peu acerbe de Valérie : « Je déteste le Moyen Âge ! Tu ne peux pas me trouver plutôt une vie au XVIIIe siècle ?! »

Je suis désolée de la décevoir, j'aimerais tant lui faire plaisir… Plus tard, elle s'interrogera sur tout ce que je lui ai dit, en se rendant compte de son aversion actuelle des mariages et des églises…

Je pratique désormais ce qu'on appelle l'écriture automatique : je vois des choses dans ma tête et, tandis que j'ai les yeux fermés, avec un papier et un stylo, ma main s'agite sur la feuille pour noter des noms, des références ou des symboles. Je ne choisis pas ce que je vois ni ce que j'écris. La plupart du temps, je ne m'en souviens plus lorsque je l'ai posé sur une feuille.

Maintenant, il m'arrive même de voir des symboles de langues que je ne connais pas. On me parle en hébreu, et même en vietnamien !

Exercice pour voir vos vies antérieures : il paraîtrait qu'il faudrait se concentrer sur l'endroit de votre troisième œil en vous regardant dans la glace ! Ça peut valoir le coup d'essayer, juste pour le *fun*, non ?

Je m'intéresse de plus en plus aux vies antérieures et je découvre tout un tas d'histoires et de témoignages réels qui viennent apporter de l'eau à mon moulin. Comme l'histoire de ce petit garçon, James Leininger, en Louisiane, qui, à l'âge de deux ans, fit de nombreux cauchemars d'avions en feu dans lesquels il restait coincé dans le cockpit. Quelques années plus tard, il affirma être un aviateur américain basé sur le porte-avions *Natoma* pendant la Seconde Guerre mondiale… une histoire qu'il enrichit d'un tas de détails, notamment le nom de ses coéquipiers et de l'île où son avion avait été abattu. Après moult recherches, ses parents se rendront compte que leur fils semblerait être la réincarnation de James Huston, tué par l'armée japonaise durant la guerre…

De son côté, le psychiatre américain Ian Stevenson a recensé mille quatre cents cas dans le monde de phénomènes de réincarnation. Il raconte le cas en Virginie d'un petit garçon de quatre ans qui parlait sans cesse de la vie de son oncle, pourtant décédé dans un accident de voiture quinze ans avant sa naissance ! Ou au Sri Lanka, d'un bébé qui avait la phobie de l'eau et qui, plus grand, s'était mis à raconter la vie d'une petite fille de neuf ans qui avait été renversée par un bus et s'était noyée dans des champs de riz inondés. Il note : « Lorsque vous vivez dans un milieu qui croit à la réincarnation, vous n'accusez pas votre enfant de mentir ou d'inventer n'importe quoi lorsqu'il vous parle de souvenirs d'une vie antérieure. Vous l'écoutez et vous essayez de comprendre ce qu'il veut dire… Dans notre culture, les parents ne tiennent pas compte ou répriment les propos qui peuvent évoquer des souvenirs d'autres vies. Aussi, l'enfant comprend-il très vite qu'il ne doit plus s'aventurer sur ce terrain et finit par ne plus parler de rien. »

Pour en savoir plus :

Suivant la numérologie, chaque nombre présent dans votre date de naissance a une signification spécifique et peut être interprété pour révéler des traits de votre personnalité, des leçons apprises dans des vies antérieures, ou des schémas karmiques. Par exemple, il est dit que votre chiffre de chemin de vie, calculé à partir de votre date de naissance, révèle votre mission spirituelle dans cette vie.

Je relève également l'existence de ce qu'on appelle les sauts quantiques : cela correspondrait, dans un atome, au passage d'un électron d'un état d'énergie donné à un état d'une autre énergie. Ce passage est un phénomène discontinu et instantané. L'idée serait donc de passer d'un état dans sa vie à un état tout autre, sans aucune logique linéaire, ce qui impliquerait que dans le cas de vies antérieures, nous pourrions récupérer en nous aujourd'hui nos dons et talents des vies passées…

Pour certains, le saut quantique est une fumisterie inventée par les gourous du développement personnel. Comment démêler le vrai du faux dans toute cette quantité d'informations ? Impossible. Alors j'accepte simplement ce que je ressens, je me renseigne sur ce qui existe, sans chercher à l'expliquer plus avant.

Une des personnes que j'interviewe dans le cadre de mon métier de journaliste m'offre le livre du Dr Brian Weiss, un psychiatre formé dans les universités Yale et Columbia : *Une même âme, de nombreux corps*, ou comment influencer dès aujourd'hui nos vies futures en nous considérant aujourd'hui comme dans une vie antérieure. Cette idée me passionne. Lui me dit avoir commandé dès aujourd'hui le fait qu'il revienne plus tard dans une nouvelle vie en tant que physicien célèbre. Que vais-je demander de mon côté ? Et d'ailleurs ai-je vraiment envie de revenir ? La vie jusque-là m'a semblé si ardue que je ne suis pas certaine de souhaiter remettre les pieds ici. Tant d'épreuves dépassées, de douleurs effacées, d'angoisses refoulées. Aurai-je la force d'y faire face à nouveau ? Suis-je dans *Hunger Games* ou dans *The Truman Show* ? Le sommes-nous tous ?

Je me penche aussi sur ce qu'on appelle la mémoire cellulaire.

Le corps, composé de cellules vivantes, se serait imprégné de nos expériences de vie ainsi que de celles de nos ancêtres, nous conduisant à avoir des comportements répétitifs et limitants. Lorsqu'on travaillerait sur sa mémoire cellulaire, on retrouverait dans le corps l'impact originel, à savoir l'endroit où se serait logé le traumatisme de départ, depuis les neuf mois avant la conception de l'enfant.

Nous garderions dans nos cellules toutes les informations, tout ce que nous avons ressenti ou vécu depuis la conception, la vie intra-utérine, la naissance, l'enfance, la vie adulte. Un souvenir douloureux pourrait encore impacter notre corps physique et être à l'origine de schémas répétitifs dans nos vies. Notre corps se souviendrait de toutes nos épreuves et nous pourrions les dépasser en effectuant une forme de « reprogrammation cellulaire ». Prendre conscience de l'origine de nos émotions nous libérerait de mémoires transgénérationnelles en modifiant l'état de nos cellules. Cela peut se faire en état modifié de conscience (hypnose) ou en travaillant sur ses constellations familiales. Avec l'hypnose humaniste, on remonterait à la source du traumatisme hérité de nos ancêtres, remettant en perspective sa transmission aux descendants puis réparant la blessure chez nous comme chez nos ancêtres.

Pour en savoir plus :

Biologie des croyances du Dr Bruce Lipton, biologiste cellulaire et spécialiste en épigénétique.

Les Molécules des émotions de la Dre Candace Pert, pharmacologiste, connue pour ses études sur le rôle des neuropeptides, messagers chimiques des sentiments et des pensées à travers le corps humain.

Le Voyage de guérison de Brandon Bays, conférencière sur la motivation : en 1992, atteinte d'une tumeur, elle se lance dans une introspection poussée et sa tumeur disparaît sans médicaments en quelques semaines ; c'est de cette expérience qu'elle tire sa méthode The Journey.

Enfin, suivant la numérologie, nous pourrions retrouver les mémoires karmiques sur lesquelles on veut nous faire travailler. Mémoires de vies antérieures, lourds bagages familiaux, comment en prendre conscience et s'en délester à travers le calcul de trois numéros : la Clé de l'âme, l'Expression et le Chemin de vie. Cela nous apporterait des informations précieuses sur notre mission et notre chemin de vie.

Pour calculer votre Clé de l'âme, additionnez tous les chiffres de votre date de naissance puis réduisez la somme obtenue à un nombre premier compris entre 1 et 9, sauf pour les nombres 11, 22 ou 33. Cela vous indiquera ce que l'on souhaite vous faire travailler dans ce monde.

Pour calculer votre Expression, additionnez les valeurs associées aux lettres de tous vos prénoms et de votre nom de famille de naissance. Réduisez la somme obtenue à un nombre simple compris entre 1 et 9, sauf pour les nombres 11, 22 ou 33. Ce chiffre vous indiquera la personne que vous êtes vraiment et ce que vous devez faire émerger et montrer de vous au monde.

Valeur des lettres : AJS = 1, BKT = 2, CLU = 3, DMV = 4, ENW = 5, FOX = 6, GPY = 7, HQZ = 8, IR = 9.

Pour calculer votre chemin de vie, additionnez les chiffres de votre date de naissance, puis réduisez la somme obtenue à un nombre simple compris entre 1 et 9, qui vous en dira plus sur la direction à prendre pour vous sentir le mieux possible.

- Mémoire karmique 13 : elle insiste sur votre relation compliquée au travail et à l'insécurité. Il vous faudra travailler sur vos racines et blessures d'enfance et sur vos peurs et croyances limitantes.
- Mémoire karmique 14 : elle parle de vos excès de liberté sur tous les plans : émotionnel, sexuel, financier, addictions, dépendances… Pour vous apprendre à chercher l'équilibre.
- Mémoire karmique 16 : elle met l'accent sur des amours compliquées qui ont causé du tort aux autres. Pour vous apprendre à maîtriser votre ego et à équilibrer votre vie sentimentale.
- Mémoire karmique 19 : elle raconte le comportement jaloux, orgueilleux et égocentrique de vos ancêtres ou dans vos vies antérieures, avec abus de pouvoir. Elle vous fait travailler soit sur votre côté tyrannique, soit sur votre côté soumis et sur votre relation au père. Elle vous permet de guérir vos relations amoureuses.

Pour en savoir plus :

Numérologie, de Céline Colle (Jouvence Éso).

À un moment donné, j'entends « mets ton manteau d'ectoplasme » ; je vois ce manteau qui bouge comme de la gelée avec des poches à l'intérieur et on me dit : « Tu as le don de divination. » Je ne sais pas du tout ce qu'est un « ectoplasme » et j'en trouve la définition : « Un ectoplasme est une substance, de nature indéterminée, prenant une forme plus ou moins précise, extériorisée par un médium en état de transe. L'existence des ectoplasmes n'a jamais été scientifiquement démontrée. » Que dois-je conclure de tout cela ? Pour l'instant rien, je me laisse porter par la vie… et ses vibrations…

« Grand-mère, ils pensent que je suis folle, à cause de la façon dont je vis, des choix que je fais, de ce que je pense…

— Trinque à ta folie, mon enfant. C'est ton unicité qui se fait sentir massivement. Qui parvient à se libérer des chaînes d'un monde qui contrôle et qui célèbre la vie avec toutes ses multiples facettes. Plus ils te traitent de fou, plus tu as de raisons de te réjouir : cela signifie que tu peux toujours écouter ton cœur, pas ton esprit !

— Mais comment puis-je vivre avec ces gens ?

— Celui qui juge ta pensée, tes actions et tes sentiments se juge lui-même, pas toi. Continue ton chemin, mon enfant. Tu es ici pour danser avec le vent et suivre ses directions. Change d'avis, bouge, reviens sur tes pas, expérimente et tombe si nécessaire. C'est le seul moyen de trouver le chemin. Qui mène à toi-même. Lorsque tu entends ton tambour intérieur prendre vie, et exploser d'énergie, cela signifie que tu es proche de ce qui nourrit ton âme. Écoute l'appel de ton cœur. Il veut t'emmener sur le chemin de la folie, de la poésie, de la beauté. Il suffit de faire preuve d'un grand courage. Lâcher prise et être guidé par un battement simple, mais puissant. C'est ton âme qui frappe : laisse-la entrer ! »

Alla conquista delle stelle (« À la conquête des étoiles »),
Elena Bernabè

Leçon n° 5 :
L'influence de nos vies antérieures

- Nous pourrions demander à ramener les leçons de nos ancêtres et à nous libérer du poids du passé.
- Nous sommes le produit de ce que nos ancêtres ont vécu et tout reste inscrit dans notre mémoire cellulaire.
- Il faut faire attention à ce qu'on dit à autrui des visions qu'on peut avoir, car tout le monde n'est pas prêt à recevoir cela positivement et nous pouvons blesser. Il faut attendre que l'autre ait le niveau de conscience suffisant pour accepter ces informations.

Je vois des gens qui sont morts…

Dialogues accordés avec mon enfant intérieur

Elle : Des fois je saute sur les lits. Je suis en furie.
Moi : Pourquoi fais-tu cela ?
Elle : Pour attirer l'attention.
Moi : Pourquoi as-tu besoin d'attirer l'attention ?
Elle : Parce que j'ai peur de ne pas être là. Je me sens loin, très loin, et je n'arrive plus à revenir. Alors je saute sur le lit pour me donner l'impression que je suis vivante. J'ai peur qu'on ne me laisse pas rester ici.
Moi : Pourquoi ne pourrais-tu pas rester ?
Elle : Parce que je n'ai pas oublié assez de choses.
Moi : Que sais-tu ?
Elle : Je sais que je ne suis rien, je sais que je suis tout.
Moi : Que se passe-t-il lorsque tu vois des morts ?
Elle : Je suis dans un tunnel très noir et je n'arrive pas à en sortir. Je crie, j'appelle, personne ne vient.

*

C'est l'histoire d'une fille qui voit des morts depuis qu'elle a dix ans, mais qui pense qu'elle nage en plein délire…

S'agit-il d'hallucinations sensorielles ? Selon les scientifiques, lorsqu'on va mourir ou que l'on traverse une EMI (expérience de mort

) comme j'ai pu le faire, nos connexions neuronales connaî- ... un état anormal de fonctionnement et on parlerait d'état de conscience altérée et de « tsunami cérébral ». Les responsables de ces hallucinations pourraient être les perturbations du cortex préfrontal (partie antérieure du cortex du lobe frontal du cerveau, située en avant des régions prémotrices, qui joue un rôle important dans les émotions et les troubles de l'humeur), du lobe temporal (partie du cerveau s'étendant de chaque côté du crâne, en arrière des tempes, siège de plusieurs structures exerçant des fonctions sensorielles) et du système limbique (hippocampe, amygdales…). Elles pourraient être dues aussi au manque d'oxygène, à la hausse du dioxyde de carbone, à la sécrétion des neurotransmetteurs (sérotonine, dopamine…) et des opioïdes et endorphines.

Trente ans après, j'ai pourtant aujourd'hui une autre vision de l'arrêt respiratoire de mes dix ans. Il avait peut-être un but : me permettre d'aller rechercher de l'énergie et d'ouvrir mes connexions plus avant.

C'est simple un enfant, en fait. Cela ne passe pas par quatre chemins. Cela agit en fonction de ses besoins pour satisfaire son âme. J'ai trouvé je crois, lors de mon EMI, beaucoup de lumière « là-haut », je m'en souviens à présent. J'en ai trouvé tant que je ne suis pas sûre d'avoir eu envie de revenir. Longtemps, je me suis sentie comme en exil. Depuis que j'avais éprouvé l'intensité de l'amour inconditionnel lors de ce voyage au-delà de ma respiration, je n'arrivais plus à me satisfaire d'un amour terrestre qui me semblait être de bas étage. Je me souviens maintenant très clairement de ma réticence profonde à retourner dans ce monde « terrestre ». Il faut croire que je n'étais pas encore arrivée là où je devais être et qu'il me faudrait aller jusqu'au bout de ma mission. C'était comme revenir dans un espace étriqué lorsqu'on a été dans un lieu sans frontières où il n'y a plus de matière ni d'espace. Où le temps n'existe plus, où il n'y a plus d'écoulement incessant d'un monde qui ne cesse de nous défier. Peut-être est-ce pour cette raison qu'ici, je me suis toujours sentie extrêmement seule à l'intérieur.

« Savez-vous pourquoi on a peur quand on est seul ? Moi je sais pourquoi, moi je sais. »

Sixième Sens, de Night Shyamalan

J'ai dix-neuf ans. Je suis chez mes parents, seule dans leur maison, un soir. J'entends crisser les marches de l'escalier. Il y a des présences ici, je le sens. Au fond, je ne suis pas vraiment seule.

J'ai si peur que j'en hurlerais. Mais je ne peux pas, je suis une jeune fille sensée et bien élevée. Alors je téléphone à mon grand-père. Il est minuit, mais il me répond de sa voix ferme. Il est toujours là lorsque j'en ai besoin, il ne me laisse jamais tomber. Sur son conseil, je viens chez lui en courant, mes grands-parents habitent près de chez mes parents. La peur me troue le ventre, des pleurs troublent ma voix. Grand-père a compris mon désarroi. Avec lui je ne suis plus seule. Je veux me retrouver dans son cocon, sur le matelas au pied du lit de mes grands-parents. Bien enveloppée dans le sac de couchage bleu nuit aux motifs dorés, je veux ouvrir les yeux à sept heures du matin en râlant à cause du réveil trop matinal de grand-père, je veux sentir l'odeur de café chaud que mamie prépare dans la cuisine et goûter les tartines de pain grillé qu'elle coupe avec minutie. Il y a tant d'amour dans chacun de leurs gestes. Ils ont toujours été ma bouée, mon canot de sauvetage lorsque la vie tanguait trop. Ils le sont encore aujourd'hui... Je veux me sentir loin de ces ombres que j'ai aperçues dans la maison.

Il y a aussi les frôlements depuis l'adolescence.
Les courants d'air la nuit.
Sur mes avant-bras.
Une sensation de froid.
Comme des personnes qui te touchent.
Les mollets que je ne laisse plus hors du drap.
Le souffle froid contre ma joue ou ma poitrine.
J'ai peur, encore.

J'ai trente-cinq ans. Je suis mariée. J'ai des enfants. Je suis une grande fille maintenant. Ce soir-là mon mari, rédacteur en chef, qui travaille en horaires décalés, couvre les Jeux olympiques. Je suis donc seule dans mon lit, mais je reste sur le qui-vive, attendant son retour au milieu de la nuit. Je n'arrive pas à résister à l'envie de m'assoupir puis je me réveille en sursaut à deux heures du matin. Ce que je vois alors me pétrifie : il semble y avoir dans ma chambre un homme rougeaud, un peu essoufflé, engoncé dans un costume, qui longe le lit avec un attaché-case ! Je me frotte les yeux et je me dis que je suis en train de rêver ; mais l'homme est bien là. Il ne fait pas attention à moi, il a l'air pressé et occupé à des choses bien plus importantes que de me regarder, il se dirige vers une destination inconnue. De mon côté, j'ai pourtant le temps de l'examiner en détail tout en me blottissant dans mes draps tant j'ai peur de cette soudaine intrusion dans mon espace privé. Et s'il se retournait et s'apercevait que j'étais derrière lui, que ferait-il alors ? Je suis morte de trouille et je prie doucement pour que mon mari rentre rapidement à la maison. L'homme part comme il est arrivé… c'est-à-dire je ne sais trop comment… Me laissant désemparée dans ma chambre où j'allume toutes les lumières pour l'empêcher de revenir. Je resterai ainsi dans mon lit, éveillée en pleine lumière toute une partie de la nuit, sans parvenir à me rendormir jusqu'au retour de mon mari. Je ne peux pas lui parler de tout cela, il me prendrait pour une folle, déjà que je me pose des questions sur ma santé mentale, autant que lui ne s'en pose pas ! Il est content de me voir réveillée… Il pense que je l'attendais.

J'ai quarante-deux ans… Je suis chez une amie pour le goûter. Elle s'affaire dans sa cuisine à préparer du thé, tandis que je l'attends dans le salon. Soudain, il se passe quelque chose que je ne comprends pas et qui me laisse muette de surprise. Je vois un Indien fumer le calumet autour d'un feu avec d'autres Indiens, là, devant moi ! Lorsqu'il m'aperçoit, il se lève, l'air un peu contrarié d'être dérangé à un moment qui semble important pour lui et se dirige vers moi, interrogatif. Il se place face à moi, me regardant avec méfiance, son regard noir me fixant de manière perçante.

Puis, comme s'il n'y avait plus de temps ni d'espace, je me retrouve propulsée dans l'appartement de mon grand-père, pourtant décédé quinze ans auparavant. Il est assis sur son fauteuil à bascule et me demande: « Tu peux fermer la fenêtre, s'il te plaît ? » Ébahie, je n'ai même pas le temps de lui répondre que je me retrouve une nouvelle fois comme aspirée: une petite mamie que j'identifie être la grand-mère de celui que j'aime à ce moment-là me regarde elle aussi droit dans les yeux, serrant bien fort son sac à main à poignée rigide devant elle, comme si on allait le lui voler.

Enfin, je réintègre instantanément, un peu sonnée, le salon de mon amie qui revient avec le thé. Je n'oserai pas lui parler de cet étrange « voyage dans le temps et dans l'espace » en plein milieu de son appartement...

Lorsque j'ai vu mon grand-père, il était plus jeune que quand je le connaissais. Il avait l'air en grande forme, gonflé d'énergie et semblait trouver normal de me parler comme si je l'avais croisé la veille et que notre conversation se poursuivait dans le plus grand naturel.

Dans quel espace est-ce que je retrouve donc ces morts ? Mon espace imaginaire ? Je ne sais. Ce que je ressens, c'est une forme d'amour et de respect inaltérable. Chacun de nous a l'air étonné de cette rencontre. Don ou malédiction ? Peut-être comprendrai-je ce que je vis lorsque mon heure sera venue d'emprunter la barque qui m'emmènera de l'autre côté, vers l'au-delà de ce monde dont – paraît-il – on ne revient pas...

J'ai quarante-quatre ans, avec mon amie Marion, nous continuons de méditer ensemble régulièrement. Ce jour-là, nous sommes chez elle, son salon est baigné par la lumière du soleil et je me concentre sur elle. D'ordinaire, lorsque je fais cela, je vois tout un tas d'images défiler dans ma tête. Mais là, black-out total, écran noir. Cela commence à m'inquiéter lorsque soudain je vois une main dans laquelle il y a cette jolie fleur sur laquelle on souffle pour faire des vœux dans la nature lorsqu'on est petit, qui se tend vers Marion. Au bout de ce bras, un homme, dont je distingue clairement les traits ; il a l'air serein. Je ne sais comment, je suis soudain persuadée qu'il s'agit du père de Marion. Il n'ouvre pourtant pas la bouche, mais observe sa fille avec un regard empli de tendresse. Lorsque je rouvre les yeux, je suis prise malgré moi d'une émotion soudaine ; mes yeux s'emplissent de larmes de joie. Je ne sais pas comment annoncer à Marion ce que j'ai vu. La situation est délicate : le père de mon amie est décédé lorsqu'elle n'avait que six ans. Pourtant, j'ose lui raconter ma vision, car il n'y a pas d'autre façon que l'authenticité pour communiquer avec ceux qui nous sont chers. L'émotion de Marion est palpable lorsque je lui transmets l'image qui m'est venue. Je ne connais pas son père, forcément, je ne l'ai jamais rencontré. Mon amie s'empresse de rechercher dans ses archives une photo de lui. Je suis soufflée lorsque je regarde le cliché : il correspond très précisément à l'image que je viens de voir dans ma tête. Une nouvelle fois cela me fait un choc. Marion, elle, est folle de joie de savoir que son père est venu lui rendre visite. Le soir, lorsque je discute avec mon fils aîné, je lui demande : « Comment s'appelle déjà cette fleur sur laquelle on souffle et dont les pétales s'envolent de tous les côtés comme des filaments de coton ? » Il me répond : « Mais c'est un pissenlit, maman ! » C'est là que je comprends : toute la semaine Marion m'a dit qu'elle enlevait les mauvaises herbes de son jardin, elle les appelait les « pissenlits ». Son père a cherché à communiquer avec elle en lui en apportant un pour lui signifier sa présence constante autour d'elle.

Autre épisode du même genre : lorsque je suis partie à Bali, je me suis liée avec tout un groupe de femmes ultraconnectées. Ce que nous avons vécu là-bas ensemble a été si fort que le lien qui nous unit désormais semble unique et indestructible. Il y a notamment cinq filles dans cette bande que je revois régulièrement ; nous l'avons donc appelé le « Club des Cinq », en souvenir de la bibliothèque rose qui a peuplé nos jeunesses respectives. Souvent, nous méditons ensemble. Nous avons mis en place une technique particulière : nous désignons une personne dans le groupe, puis nous nous concentrons sur elle pendant à peu près huit minutes. Une fois ce temps écoulé, nous faisons part à la personne en question de tout ce que nous avons « vu », « entendu » ou ressenti sur elle. Cette fois-ci c'est au tour de notre amie Laure d'être au centre de l'attention. Lorsque je me concentre sur elle, je vois un vieil homme la regarder près de la mer. Il semble très fier d'elle. Il la prend par l'épaule et je ressens cette envie profonde qu'il a de lui parler et de lui dire combien il est heureux du parcours qu'elle a effectué. Je transmets mes impressions à Laure. À son tour, elle en aura les larmes aux yeux ; elle a toujours cherché à obtenir l'assentiment de son grand-père de son vivant, pourtant, elle avait l'impression qu'il ne validait pas le chemin qu'elle avait parcouru. Il habitait dans une maison en bord de mer. Elle sera rassurée cette fois-ci par mes paroles. Lorsqu'elle me montrera la photo de son grand-père, je reconnaîtrai la personne entraperçue...

Je regrette aujourd'hui d'avoir dit à mon fils aîné, lorsqu'il était petit, de se taire lorsqu'il avait peur dans sa chambre, parce qu'il voyait « du monde »... « Arrête de dire n'importe quoi et dors maintenant ! » À bout dans mon rôle de « maman-*business woman* » en surmenage, je m'énervais contre lui, persuadée qu'il voulait prolonger les soirées en m'appelant pour éviter de dormir. Je suis désormais convaincue qu'il devait voir des personnes près de son lit. Je n'ai pas su le rassurer comme j'aurais dû le faire. Je te demande pardon, mon fils. Je me rattrape aujourd'hui, tu le sais.

Plus tard, une médium m'expliquera que si je « vois » ces personnes « de l'au-delà », c'est parce que je suis une « passeuse d'âme ». Qu'est-ce que c'est que ce truc de perché encore ? Je me mets à chercher plus d'informations sur ces étranges créatures : Qui sont-elles ? Que doit-on faire quand on en est une ? Quelle mission spéciale doit-on accomplir ? Et surtout... pourquoi ça tombe sur moi ?!

Les passeurs d'âme aideraient les morts à retrouver « la lumière », ils auraient la capacité d'agir sur différentes dimensions karmiques (celles des vies antérieures) et d'ouvrir des portes entre les mondes, car ils sauraient travailler sur différentes fréquences vibratoires. Ils se relient à la conscience de leur cœur, sont dans l'empathie et la bienveillance avec les autres, sont très intuitifs et bien alignés à l'intérieur. Ils savent placer des limites et leur définir des horaires où ils sont « en mission » pour ne pas se retrouver sollicités en permanence. Ils peuvent demander du soutien à des « êtres de lumière » comme l'archange Jérémiel ou Anubis, le dieu à tête de chien égyptien qui accompagnait les rois défunts dans l'au-delà.

On dit qu'avant de faire passer les âmes dans la lumière, il ne faut pas leur adresser la parole trop longuement, car elles pourraient être désorientées et se montrer agressives. La première chose à faire serait de les saluer, les rassurer et les inviter à monter dans la lumière que vous leur montrez. Puis il faudrait remercier les « êtres de lumière » pour leur aide. Et si le défunt revient vous parler ensuite, vous pouvez discuter avec lui une fois qu'il s'est lavé de toute agressivité dans la lumière.

Depuis que j'ai découvert cette espèce de faculté à sauter dans un monde parallèle, je le recherche et j'en joue. J'essaie de m'entraîner à aller volontairement à la rencontre de certains « défunts » et de leur parler pour obtenir des informations. Étonnamment, ils me répondent ! En tout cas, ce sont dans un premier temps ce que me disent les images qui m'envahissent. Je n'ai pas la prétention de les donner pour vérité universelle, cependant je ne peux non plus les ignorer… Je décide simplement d'en prendre bonne note et de me laisser traverser par tout cela sans résistance.

Ainsi, je me mets en connexion avec Maminou.

Maminou, c'est le surnom de la grand-mère de mon amoureux du moment. Du moins, c'est ce qu'elle m'a dit. Maminou vient me voir régulièrement. Parfois dans des endroits incongrus... comme dans ma douche ! Petit à petit, je l'apprivoise et nous conversons. Elle semble s'ouvrir lentement. Elle me fait même des confidences sur son petit-fils. Des fois, elle se lâche et me dit : « Il est ambitieux, capricieux », et elle conclut : « Comment lui ouvrir les yeux ? Avec tes yeux bleus. Être un petit lutin, laisse parler ton côté divin, je ne suis jamais bien loin ! » Ma relation avec son petit-fils est un peu compliquée alors le soutien de Maminou m'est une grande joie. Elle m'indique les écueils avec lui et m'aide efficacement à les surmonter. Elle me donne même des indications sur des choses que je ne savais pas qu'il aimait : « Les landes, *Les Quatre Saisons* de Vivaldi, *Mulholland Drive*. » Elle continue, mystérieuse : « Bayonne ville d'ivrogne. Méfie-toi avec sa mère il y a de la jalousie dans l'air. Il enterrera sous le sol toutes ses casseroles. » Elle me sort des phrases incompréhensibles que je mets dans un coin de ma tête : « Déclouer le cercueil/écouter le bruit des feuilles/ouvrir enfin le linceul. » « Tu viendras nous voir dans notre maison à Bayonne ? » A-t-elle oublié qu'elle est déjà morte ? Même si je ne comprends pas tout, j'aime bien nos conversations et j'attends avec impatience les moments où elle va ressurgir.

J'ai quarante-trois ans. Je vais goûter chez un ami important de ma famille. Tandis qu'il me prépare un café et m'offre des macarons, il me dit tout à coup : « J'aurais tellement aimé avoir le temps de parler plus avec ma mère ; je n'ai pas pu lui dire tout ce que je voulais partager avec elle. » Je suis surprise, car il ne m'en parle jamais. Sa mère est décédée d'un cancer du pancréas lorsqu'il avait sept ans. C'est à partir de ce moment-là qu'il s'est refermé. Lui qui a une sensibilité et une grande créativité artistique, lui qui dessine et peint à merveille, a fermé ce canal pour s'enfermer dans une vie organisée, millimétrée, routinière et profondément rationnelle. Il ne croit absolument pas en la vie après la mort. C'est un scientifique pur, il ne valide que ce qu'il voit ou ce qui a été prouvé à travers des chiffres, la science et des recherches approfondies. Tout ce qui est de l'ordre de l'indicible l'effraie.

Pourquoi m'a-t-il parlé de sa mère décédée ce jour-là, lui d'habitude si réservé sur tout ce qui touche à l'intime ? Toujours est-il que dans ma tête cela n'a fait qu'un tour. Je me suis dit : *Si je peux avoir accès comme cela m'a été montré ces derniers temps au monde de l'au-delà, je dois pouvoir me mettre en connexion avec sa mère, pour l'aider à poursuivre leurs conversations interrompues.* Heureuse de pouvoir faire cela pour lui, je me suis donc connectée à cette femme inconnue. Après quelques essais infructueux, « elle » a fini par me répondre et j'ai scrupuleusement écrit tout ce qu'elle m'a transmis. Puis je l'ai consigné dans une lettre que je ferai transmettre à cet ami par l'intermédiaire de mon fils aîné. La lettre contenait ceci en substance :

« Pierre, il y a une chose que tu ne sais pas sur moi. Depuis l'âge de dix ans je vois (et je peux parler avec) les morts. Impossible pour moi de te le dire plus tôt, toi qui as des convictions si fortes et catégoriques à propos de la vie et la mort. Difficile de t'expliquer que pour moi, c'est réel puisque je les vois. D'ailleurs, tu préféreras certainement penser que je suis fada, ce sera plus simple pour toi que d'admettre qu'il y a des choses que ton esprit ne peut maîtriser scientifiquement. Pourtant, c'est comme ça. Notre dernière conversation m'y a fait penser. Tu as envie de savoir des choses sur ta mère, et c'est si simple pour moi de lui demander… Elle est venue me parler dans une robe blanche, longue. Elle avait les cheveux dans le vent et n'arrêtait pas de rire, la tête en arrière. Un petit oiseau. Alors je lui ai demandé un message pour toi.

Voici ce qu'elle m'a dit :

Il faut poser tes bagages
C'en est fini avec la rage
Te voir me soulage
Tu es magnifique
Je n'aurais pas pu trouver mieux comme petit garçon
Cherche bien il y a des étoiles dans tes yeux

J'aime bien la table du salon à Alger.

J'avais cousu ce petit short pour toi. Il était bleu ciel tu t'en souviens ? Celui de ton frère était vert d'eau.

J'ai vécu une vie extraordinaire,
La vie est pleine de paillettes
Quand on veut bien les regarder

Ça m'a fait mal de te laisser
Mais dans les fleurs tu me vois
Achète des myosotis

Je suis apaisée maintenant
Il y a tant d'amour ici

Le triangle de mes mains
Je n'ai jamais lâché ta main
Il y a des rhododendrons dans le jardin

Je me souviens de ton dessin, un homme allongé qui tient ma main
Continue à dessiner
Tu connais la beauté
Quand le ciel est éteint
Souviens-toi de ma main

J'ai fait des beignets comme tu les aimais

J'ai aimé tellement la vie
La soie de l'édredon
L'herbe coupée sur l'oreiller
Les fleurs qu'il me ramenait

La lumière brille
Veille à ne pas t'arrêter d'aimer.

Tu avais un ourson marron
C'est ton père qui te l'avait rapporté
Tu l'adorais
(*Elle rit la tête en arrière, son rire est très beau.*)
Je ne t'ai jamais abandonné
Où croyais-tu que j'étais ?!

Des roses dans un panier
Une bouffée d'air frais
Le son du soleil dans les épis de blé

Je suis très fière de toi

La vie peut être un bouquet d'orties
Mais elle peut être aussi un bouquet de jonquilles
La vie n'est pas un jeu de quilles

J'aurais aimé voir Paris
Et aussi l'Italie

Mon maillot bleu à pois
Souviens-toi de tout cela.
(*Elle me sourit, elle me prend dans ses bras puis elle s'en va.*) »

Je suis anxieuse. Comment notre ami de la famille réagira-t-il ? J'attends fébrilement de ses nouvelles devant le téléphone. Mais rien. J'envoie un texto à mon fils pour lui demander s'il a bien transmis ladite lettre ; réponse positive de sa part. Trois semaines s'écoulent sans que je n'aie aucun retour de sa part. Aucune allusion à la fameuse lettre… Jusqu'à ce jour où je viens lui emprunter sa voiture pour me rendre en province. Lorsqu'il me passe les clés, il persifle à mon oreille : « La prochaine fois, abstiens-toi. Il n'y a rien de réel dans ce que tu m'as dit. Si tu fais des rêves, garde-les pour toi. Si tu as une nouvelle religion tu fais ce que tu veux, à part si tu es islamiste je te dénonce à la police. Mais ne me mêle pas à ça. » Je suis abasourdie. Quel est le rapport ? Lorsque je réfléchirai à tête reposée à tout cela, je comprendrai que lui, pied-noir qui a vécu la guerre d'Algérie et a vu nombre de ses amis se faire égorger, en a gardé une profonde angoisse. Il m'exprime ici sa peur la plus profonde : si je perds la tête, c'est que je dois devenir une extrémiste contre laquelle il doit lutter ! Je n'entrerai pas dans cette étrange polémique. Je perçois son immense peur sous-jacente de me voir devenir folle. « Chaque fois que vous vous retrouvez à penser comme la majorité des gens, faites une pause, et réfléchissez », disait Mark Twain, mais notre ami ne l'entend pas du tout de cette oreille. Il n'est pas prêt à recevoir ce que je voulais lui transmettre. Je dois comprendre cela et l'accepter.

Être une fée ou une sorcière 2.0, ça n'est pas toujours facile !

J'apprends que selon l'islam, le mort quitte ce monde pour un autre ; son âme ne reste auprès de sa famille que trois jours et celle-ci ne peut plus ressentir sa présence ensuite.

Que croire alors de toutes ces visons qui m'arrivent ?

Parallèlement, je suis confrontée à de nouveaux phénomènes bizarres. Alors que je suis dans mon lit tranquille avec mon amoureux, mon halogène s'allume tout seul à l'autre bout de la pièce. Sans parler de la télévision dont l'écran se brouille par à-coups. Ou de cette fois où je fais une méditation par Zoom avec une fille d'un groupe de chamanisme et où, lorsque je rouvre les yeux, je vois soudain une fumée noire sortir de l'écran. Je me suis dit : « Je lui ai fait sortir le noir qui était en elle ! ». Je n'ai pas compris que cela pouvait être dangereux. Comme toujours je survole la vie, sans me rendre compte des conséquences.

La magie, c'est amusant, mais cela n'est pas toujours drôle. Les entités négatives existeraient aussi…

Découvrir cet accès illimité aux mémoires akashiques est pour moi dans un premier temps tout à fait grisant. Je me rends compte que je peux avoir accès à des milliards d'informations que j'avais le sentiment jusque-là de ne pas connaître. Pour m'exercer, je choisis la façon la plus ludique d'y accéder. Je décide de me concentrer sur des personnes connues, célèbres, pour « faire des tests ». Bien décidée, je dresse une liste de tous ceux avec qui j'ai envie d'entrer en communication : les plus grands écrivains, d'immenses peintres, ceux qui ont fait l'histoire, des politiques qui aiguisent ma curiosité, mais aussi des acteurs ou actrices que j'admire !

Voici ma première liste de personnes à « rencontrer » :

Nelson Mandela
Oprah Winfrey
Jackie Kennedy
William Shakespeare
Steve Jobs
Michel-Ange
Léonard de Vinci
Jacques Brel
Giacomo Casanova
Frédéric Chopin
Lady Diana
Napoléon
Sissi l'impératrice
Romy Schneider
Charlie Chaplin

Molière
la Pompadour
Nostradamus
Paul Gauguin
Mata Hari
Christophe Colomb
Wolfgang Amadeus Mozart
Toutankhamon
Akhenaton
Claude Monet
le général de Gaulle
Louis XIV
Mahomet
la princesse Grace de Monaco
Jésus
Marie
Maria Callas
George Sand
Winston Churchill
Vincent Van Gogh
Néfertiti
Aphrodite
Jean de la Fontaine
Émile Zola
Madame de Montespan (le grand amour du Roi-Soleil)
sainte Thérèse
Charlotte Bonaparte
Isis

> Marcel Proust
>
> Diana Rigg
>
> … Pour trouver plus d'idées au gré de vos envies, regardez la liste des émissions Secrets d'Histoire.

Ma façon de procéder est toujours la même. Je m'isole dans un endroit où il n'y a pas de bruit, allongée sur un canapé ou dans un lit, dans un calme profond et où je sais que je ne vais pas être dérangée. Plus le temps avance, plus je me rends compte que le meilleur moment pour me connecter est généralement vers cinq heures du matin, lorsque je me réveille et que je suis encore dans un demi-sommeil, je me sens alors particulièrement réceptive. Je ferme les yeux, je respire, puis j'appelle à moi la personne que je souhaite rencontrer. Parfois, je me frotte les mains pour faire circuler en moi la chaleur et l'énergie, puis j'attends que les images viennent et que «l'on» veuille bien me répondre. Rapidement, je sens une présence invisible avec laquelle j'entame la discussion et à qui je suggère de me donner des éléments sur sa vie. Nous conversons un long moment comme de vieux amis puis je demande parfois des conseils pour avancer dans ma vie à différents niveaux, en fonction du niveau d'expertise que j'attribue à chacun dans son domaine.

Chaque fois, je découvre des facettes de la vie ou de la personnalité de celui que j'invoque que je ne connaissais pas.

J'ai pris soin de préparer un bloc de papier blanc et un crayon pour écrire directement ce que je vois et ce que j'entends, dans une forme d'écriture automatique, car je garde toujours les yeux fermés pour noter mes visions… Cela n'est pas une tâche aisée et me donne parfois du fil à retordre pour me relire ! Je noircis de nombreux feuillets ainsi, car «on» me fait passer pas mal de messages.

Je connais comme tout le monde les personnes célèbres avec lesquelles j'entre en contact, mais dans l'imaginaire collectif et donc avec seulement quelques brèves notions de leur biographie professionnelle ou intime. Je suis systématiquement surprise par les informations que je reçois et dont j'ignorais absolument l'existence. J'ai le sentiment de vivre à leur rythme, de me retrouver dans leur époque, avec leur phrasé, de ressentir leurs sentiments. Je suis à la fois spectatrice et actrice.

Mais je dois dire que la rencontre qui va le plus me bluffer sera la première qui viendra d'elle-même vers moi : il s'agit de Victor Hugo.

Un jour où je suis en état de méditation sans objectifs précis, je vois tout à coup le célèbre écrivain débarquer dans ma tête. Je sais parfaitement à quoi il ressemble physiquement, car c'est un personnage important pour moi : mon grand-père, journaliste et auteur, m'avait offert pour mes douze ans un livre où celui-ci apparaissait majestueusement en couverture. C'était un vieux monsieur à barbe blanche, à l'œil vif, malicieux et frondeur. C'est bien cette même personne que je vois arriver ce jour-là dans ma méditation. Il me regarde d'abord sans rien dire, puis s'évanouit. Le lendemain soir, je décide alors de refaire une méditation et me dis qu'il serait bon d'essayer de comprendre pourquoi Victor Hugo est venu ainsi dans mes pensées. Je décide donc de me mettre en contact avec lui. Je n'oublierai jamais ce que j'ai vu ce soir-là tant le choc émotionnel a été grand en moi. Très rapidement, « Victor » vient à ma rencontre. Je le vois à différentes périodes de sa vie. La première image qui m'apparaît est celle d'un vieux monsieur que j'identifie comme étant l'écrivain, allongé sur son lit. Puis le vois tenant une petite fille avec de jolies boucles sur les genoux. J'entends des mots de façon désordonnée : « Victor au tableau » (je vois un enfant qui semble torturé, en costume de marin, écrire fébrilement des formules mathématiques : *Est-ce que je vais y arriver ?*), « hypocondriaque », « 1901 », « l'Italie », « Un lion qui copie un lion devient un singe », « mon chat », « Sarah Bernhardt ».

Je vois Victor écrire à son bureau, avec un col noir, il y a une odeur de pipe.

Pendant toute la durée de la méditation, ce qui m'intrigue, c'est qu'on me martèle l'esprit avec le même prénom : « Amélia, Amélia, Amélia, Amélia… »

Lorsque je sors de l'état méditatif, je suis toujours le même rituel : je recopie dans les notes de mon téléphone portable les mots et les phrases que j'ai déversés de mon écriture fragile et parfois assurée. J'inscris tout : les mots, les phrases, tout ce que j'ai vu et entendu, même si cela me paraît incompréhensible. Enfin, une fois ces notes consignées, je fais des recherches approfondies pour vérifier la véracité – ou pas – de mes propos et comprendre l'utilité des messages qu'on a voulu me faire passer. Cette fois-ci, je suis subjuguée et totalement soufflée par ce que je trouve.

Je retrouve exactement l'image que j'ai vue dans ma tête du vieux monsieur à barbe blanche : je comprends alors qu'il s'agit de la photo de Victor Hugo sur son lit de mort !

Puis je tombe également sur la reproduction de l'image que j'ai eue de lui avec la petite fille sur ses genoux : il s'agit de sa petite-fille, Jeanne.

Chaque mot que j'ai entendu trouve également son explication : « Victor au tableau » et la vision de l'enfant torturé : dans *À propos d'Horace*, Victor Hugo parle de ces maîtres « mauvais et méchants », à qui il a eu affaire en pension dans sa jeunesse. Dans *Les Contemplations*, en 1831, il écrit :

> « J'étais alors en proie à la mathématique.
> Temps sombre ! Enfant ému du frisson poétique,
> Pauvre oiseau qui heurtait du crâne mes barreaux,
> On me livrait tout vif aux chiffres, noirs bourreaux ;
> On me faisait de force ingurgiter l'algèbre. »

« Hypocondriaque » fait référence au stress de Victor par rapport aux maladies. Dans ses œuvres complètes, il parle plusieurs fois de l'hypocondrie : « Bouh ! Je viens d'avaler une mauvaise huître. Voilà l'hypocondrie qui me reprend. Les huîtres sont gâtées, les servantes sont laides. Je hais l'espèce humaine. »

« 1901 » correspond à la date de parution de son œuvre posthume : *Post-scriptum de ma vie*, recueil de textes philosophiques des années 1860.

« L'Italie » rappelle les fréquents séjours à Naples qui ont marqué son enfance à la suite des affectations militaires de son père.

« Un lion qui copie un lion devient un singe » est... une citation de Victor Hugo dans sa *Philosophie prose* de 1853 !

Quant à la tragédienne Sarah Bernhardt, elle a eu une liaison avec Victor Hugo, qui l'avait surnommée « la voix d'or » et elle sera à ses côtés près de son lit mortuaire.

Pour ce qui est du « chat », Victor Hugo avait un chat, Chanoine.

Enfin, pour l'odeur de pipe, il ne fumait pas, mais avait des pipes à cannabis.

Mais ce qui va me donner une peur indicible, c'est le fameux « Amélia, Amélia, Amélia, Amélia ». Je découvre en effet que pendant son exil à Jersey, Victor Hugo a participé à de nombreuses séances de spiritisme pour entrer en contact avec sa fille Léopoldine, disparue tragiquement. Ces séances le mettront en lien avec l'esprit de la jeune Amélia qui lui permettra de parler ensuite avec sa fille. Cet épisode est relaté dans le livre *Victor Hugo : Le grand échevelé de l'air* de Charles Duits : « Ce même 12 septembre 1853, on remarque que les relations de Victor Hugo et de la jeune Amélia, comme se nomme l'esprit de la table furibonde, paraissent grandement divertir l'assistance.

Madame de Girardin dit : "Comme elle frappe cette petite Amélia !" C'est que le spiritisme est à la fois la forme moderne de la nécromancie et un jeu de société. Un amalgame singulier du terrible et du frivole. » J'y découvre que Victor Hugo s'est passionné pour les séances spirites et les tables tournantes et a ensuite cherché à entrer en contact avec de nombreuses personnalités parmi lesquelles Shakespeare, Jésus-Christ, Racine, Mahomet et Molière ! Il existe également un ouvrage signé Victor Hugo, *Le Livre des tables*, qui reprend l'intégralité de ses dialogues avec l'au-delà.

Ce soir-là, je me rends ainsi compte qu'Amélia est un esprit avec lequel communiquait Victor Hugo. Je dois dire que je n'en ai pas mené large ensuite… J'étais seule chez moi et je me suis enfouie sous ma couette, prise d'effroi que l'on ne revienne me visiter. J'eus tellement peur que je n'en ai presque pas fermé l'œil de la nuit. Je me suis dit que cette fois-ci, j'étais allée trop loin et que je serai peut-être « punie » d'avoir ainsi voulu pénétrer impunément le monde des esprits. Je m'espérais protégée sous mes draps, comme une enfant.

Le lendemain, suite de mes aventures avec Victor Hugo : je regardais nonchalamment les *tweets* de l'homme de mon cœur, qui avait l'habitude de parler de l'actualité qu'il suivait au plus près. Cela me permettait, à moi qui ne regarde jamais la télévision, de continuer à me tenir au courant de façon un peu plus légère. Quelle ne fut pas ma surprise lorsque je découvris le *tweet* du jour : il célébrait l'anniversaire de la mort de Victor Hugo, assorti d'un extrait de la presse de l'époque sur laquelle on voyait la photo qui m'était apparue au début de ma méditation de la veille. J'avais donc, sans le savoir, recontacté Victor Hugo, venu me chercher un jour plus tôt, pile au moment où le monde allait le fêter. Cette étrange coïncidence me stupéfia autant qu'elle me terrifia.

Je me posais tant de questions jusque-là : comment être sûre que je percevais vraiment des messages de l'au-delà et que tout cela n'était pas simplement le fruit de mon imagination, de mon ego ou d'une forme de surinterprétation ?

Comment parvenir à l'équilibre entre mon corps et tout ce que je suis sur terre qui cherche à s'ancrer dans la matière, et mon âme qui ne cesse de vouloir s'élever... ? Évoluer entre l'ouverture de mes ressentis et de mes expériences et la rationalité dans laquelle j'avais toujours baigné avec mon entourage ? Tout cela m'a fait si peur pendant très longtemps que je refusais d'admettre l'existence d'un monde plus grand. Sortir du métro-boulot-dodo et de l'illusion de ce que notre cerveau engrange comme étant « la réalité » collective équivalait-il à se laisser entraîner dans le gouffre de la folie ? Il est beaucoup plus rassurant de se limiter au « monde réel » et d'accepter de se laisser formater par des repères sociétaux, que de laisser son âme en liberté chercher ses propres réponses...

Avec les défunts, j'ai affiné peu à peu ma technique et ma sensibilité au fil de nombreuses expériences : comment recevoir des messages et en envoyer ? C'est en arrêtant de me poser la question que je suis parvenue à régler cet écueil. Il suffisait de laisser faire, laisser couler en moi la vie. *Go with the flow.*

Mais pour le moment, je m'entraîne encore... Je fais des incursions dans les vies de tous, je lis avidement leurs archives akashiques.

Ils circulent tous devant mes yeux, me parlent doucement, m'entraînent dans leur monde avec leurs préférences et leurs petits secrets. Je suis chaque fois étonnée de la partie précise de leur vie qu'ils acceptent de partager.

Ce fut le cas par exemple avec Marilyn Monroe.

J'aime beaucoup Marilyn. Je sais diverses choses sur sa vie, ses amours, ses errances, ses films. Mais ce que je vais découvrir ce jour-là, je n'en avais jamais entendu parler auparavant.

Je me mets comme toujours en état de méditation en me concentrant et je l'appelle à moi.

Voici ce que j'entends : « Jimmy James », « du rouge à lèvres très rouge, vermillon, ça va bien aux teints clairs », « *sisters* », « symphonie de Beethoven », « Paquita »...

Et voici ce que je trouve en faisant des recherches :

- Jimmy James, de son vrai nom James Jude Johnson, est un célèbre transformiste américain, se produisant sur scène en interprétant de célèbres chanteuses comme Marilyn…
- Il semblerait par ailleurs que Marilyn ait fait de ses lèvres rouge vermillon un mythe dans le monde de la féminité !
- Apparemment Marilyn avait une demi-sœur, Berniece Baker Miracle, qui a écrit un livre sur elle, loin des *gossips* et du sensationnalisme, où Marilyn apparaît authentique, en tant que sœur, fille et tante.
- Je découvre que Marilyn avait pour habitude d'écouter les concertos de Haendel et de Vivaldi, mais aussi les symphonies de Beethoven, la *Valse* de Ravel et les quatuors de Bartók !
- *Paquita* est le nom d'un magazine mexicain dont Marilyn a fait la couverture !

Je commence à multiplier les connexions *via* « Wi-Fi céleste ». Je deviens insatiable de ces liens nocturnes que j'établis avec eux. Cette fois-ci, je décide de me concentrer sur la princesse Grace de Monaco dont ma grand-mère, monégasque d'origine, me parlait avec ferveur lorsque j'étais enfant.

Sur la princesse Grace, j'entends plusieurs choses : « Isola 2000 », « Eugénie », « David Gombert ou Grombert ? », « cantate de Bach », « je m'ennuie à n'être que jolie », « Strasbourg ».

Voici les explications que je trouve par la suite :

- Isola 2000 est une station de ski dans les Alpes-Maritimes. La princesse s'y rendait-elle ? Je ne sais pas…
- Je pense qu'Eugénie me parle de la complicité qui exista entre la reine Victoria Eugénie d'Espagne et Grace de Monaco. Les deux souveraines entretenaient, paraît-il, une grande amitié et d'ailleurs la princesse Grace lui demanda d'être la marraine de son fils, le prince Albert.

- Pour ce qui est d'une cantate de Bach, je découvre que lors de son mariage à Monaco, le 19 avril 1956, elle apparaît dans la cathédrale tandis que les orgues entament la première mesure du *Uxor Tua.*

Parfois je ne trouve pas des explications à tout, ainsi je n'ai pas compris les justifications par exemple de « David Gombert ou Grombert ? », « je m'ennuie à n'être que jolie », et « Strasbourg ».

Cette fois-ci c'est au tour de Léonard de Vinci (1452-1519), non seulement peintre, mais aussi inventeur de génie, sculpteur, ingénieur, philosophe, anatomiste...

J'entends « chapelle Sixtine », « canons de la marine », « synesthésie », « pont des soupirs/où je soupire/sans m'étourdir/et sans frémir », « *finestra* », « Pythagore », « *apostol* », « neutron », « la pureté de ces astres/me permet des effets/dédiés à mes souhaits ».

Je m'attelle aux recherches habituelles et voici ce que je trouve :

- Le plafond de la chapelle Sixtine a été réalisé par son ennemi absolu Michel-Ange. Léonard de Vinci était alors pourtant sur les rangs avec d'autres peintres tels Botticelli ou Verrocchio.
- En ce qui concerne les canons de la marine, Léonard de Vinci était comme on le sait un visionnaire qui s'intéressa à la mécanique, à l'hydraulique, à l'optique, au génie civil et militaire, à l'aéronautique et... à la marine ! Il a laissé un nombre incalculable de dessins montrant toutes ses expériences et inventions diverses.
- La synesthésie est le mélange des sens, l'aptitude à percevoir simultanément des sensations de différentes natures, par exemple visuelles et auditives. Génie polyvalent, il était synesthète dans le sens où, face à un même stimulus, il percevait simultanément deux sensations.
- « Pont des soupirs/où je soupire/sans m'étourdir/et sans frémir » : Ses premiers travaux ont été réalisés pour le duc Ludovic Sforza, à Milan, mais il a travaillé ensuite à Bologne, Rome et... à Venise.

Il existe d'ailleurs un musée Léonard de Vinci à Venise, où l'on peut découvrir sa collection de plus de soixante machines : machines de guerre, engins de génie civil, machines volantes, sa ville idéale et ses principes de physique.

- *Finestra* en italien, ou « fenêtre » en français… Léonard de Vinci avait pour habitude de dire : « L'œil, appelé fenêtre de l'âme, est la principale voie par où notre intellect peut apprécier pleinement et magnifiquement l'œuvre infinie de la nature. »
- « Pythagore » : Léonard de Vinci apporta une brillante preuve du théorème de Pythagore : en ajoutant deux triangles à la figure initiale, on obtient quatre quadrilatères, qui sont superposables. Rassemblés deux à deux, ils forment deux hexagones. Ces hexagones sont donc formés de deux triangles et des deux carrés de départ. Et en enlevant les deux triangles, on s'aperçoit que le carré construit sur l'hypoténuse a la même aire que l'union des deux carrés construits sur les côtés de l'angle droit.
- *Apostol* signifie « apôtre » en français. *La Cène* est l'une des œuvres les plus célèbres de l'art chrétien, l'un des chefs-d'œuvre révolutionnaires de la Renaissance italienne. Elle illustre un épisode de l'Évangile : la réaction des apôtres face à l'annonce faite par Jésus de la trahison prochaine de l'un d'entre eux.
- « Neutrons » : des faisceaux de neutrons ont été utilisés par Maurizio Seracini et ses collègues de l'université de San Diego pour voir si la fresque perdue de Léonard de Vinci, *La Bataille d'Anghiari*, ne se trouvait pas en fait derrière un mur du Palazzo Vecchio à Florence.
- « La pureté de ces astres/me permet des effets/dédiés à mes souhaits » : Léonard de Vinci a réussi à comprendre une ancienne énigme astronomique : celle de la lumière cendrée. Si vous levez les yeux la nuit pour observer un croissant de lune, vous remarquez que le reste de la surface de l'astre est faiblement éclairé : ce phénomène s'appelle la lumière cendrée. Cette lueur apparaît à l'ouest après le coucher du soleil, ou à l'est avant le lever du soleil. On l'observe

à la période de la nouvelle lune et il est plus brillant encore entre avril et juin. Léonard de Vinci explique toute cette théorie dans son *Codex Leicester*, qu'il rédigea entre 1508 et 1510, composé de soixante-douze pages de croquis et de textes en écriture spéculaire (texte à l'envers qu'il faut lire avec un miroir).

Prise d'enthousiasme pour les peintres, je décide ensuite de communiquer avec Paul Gauguin (1848-1903). Je le choisis parce qu'il a le même prénom que mon grand-père, Paul. De la même manière, les messages « qu'on » m'envoie sur lui partent dans tous les sens : « Un tabouret/tout doux, tout doux », « le sable », « un coquillage », « les frangipaniers », « allongé, deux rochers qui se touchent », « le bruit des vagues », « Japon », « Tehura », « Van Gogh », « cheval blanc », « Léopold Senghor ».

Je vois un homme de dos qui peint un tableau : « Tu mets du rouge. » Je vois aussi un bateau, type drakkar.

Je pense que tout ce que j'ai entendu dans un premier temps correspond à la vie de Paul Gauguin à Tahiti et dans les îles Marquises :

- Originaires d'Amérique du Sud, les frangipaniers – ou tipanies – furent introduits en Polynésie en 1852. Ces arbres sont considérés comme symbole d'immortalité et auraient des liens privilégiés avec les esprits. C'est dans les cimetières qu'on peut voir les plus beaux tipanies. En 1901, Paul Gauguin, en quête de paix intérieure, arrive à Hiva Oa aux îles Marquises.
- Le bateau type drakkar fait allusion au fait que Paul Gauguin a été matelot à l'âge de dix-sept ans, dans la marine marchande, où il a embarqué pour l'Amérique du Sud et Rio de Janeiro.
- L'homme de dos qui peint un tableau, c'est probablement lui. « Tu mets du rouge » : dans une époque qui prône les tons sombres, les peintures de Gauguin sont une explosion de couleurs. Pour cet alchimiste, un artiste pouvait totalement réinterpréter les paysages et les couleurs qu'il avait sous les yeux.

- Le Japon rappelle que Paul Gauguin a été très inspiré par ce pays dans ses peintures.
- Je découvre ensuite que Tehura est le nom d'une jeune fille dont il fit connaissance à Tahiti. Âgée de treize ans, elle devint son modèle puis son amante alors qu'il avait de son côté quarante-trois ans…
- Paul Gauguin m'a parlé également de Van Gogh, car ils ont été très proches et ont peint ensemble à Arles, où il a approfondi sa conception du symbolisme. C'est après le départ de Gauguin que Van Gogh se tranchera l'oreille…
- *Le Cheval blanc* est un tableau peint par Gauguin pendant son deuxième séjour à Tahiti lorsqu'il explorait l'arrière-pays. Un cheval blanc, dont la robe se teinte du vert de la végétation, en accord total avec la nature, a donné son titre au tableau. Il a un sens symbolique lié aux croyances des Tahitiens sur le passage des âmes dans l'autre monde : en Polynésie, la couleur blanche est liée à la mort et au culte des dieux.
- Je ne sais pas pourquoi j'ai entendu « Léopold Senghor », qui n'est pas du tout de la même époque que Paul Gauguin. Est-ce parce que la francophonie était un sujet qui lui était cher ? J'ai retrouvé par ailleurs un extrait de son mémoire de fin d'études dans lequel il note : « Je faisais souvent de longues expéditions hors de la Cité. À la Bibliothèque nationale, d'où partaient les longs courriers pour le vaste monde, je m'embarquais avec Baudelaire sur un bateau pour l'île Bourbon et l'île de France. Un autre jour, c'était avec Rimbaud, ou Gauguin. Je passais des après-midi entiers dans les musées. »

Après les peintres, je décide de revenir un peu aux écrivains… L'homme qui est dans ma vie à ce moment-là était féru de littérature. Son auteur préféré ? Marcel Proust. Qu'à cela ne tienne, je vais discuter un peu avec ce dernier !

Je vois d'abord un petit garçon bien coiffé, puis une barbe blanche et « on » me dit : « pas de père ». Puis je vois une plage et j'entends : « Je suis très seul, je suis seul. Aidez-moi. J'ai froid souvent », et ensuite :

«Je veux marcher sur la plage avec toi. Je t'imagine à mes côtés, nous pourrions être heureux, tu sais.»

Je le vois avec une canne et un chapeau et j'entends «mes livres doivent être bien rangés. Passons dans la bibliothèque, j'ai couvert mille pages».

Puis j'entends: «De la crème au chocolat, du café au lait, y a-t-il des croissants, mère?» et «camélia».

Résultat des courses:

- Je reconnais le petit garçon bien coiffé en le cherchant sur Internet, il s'agit de son frère Robert.
- La barbe blanche, c'est celle de son père Adrien Proust qui était très froid et pas assez présent pour son fils.
- La plage est probablement celle de Cabourg, où il venait respirer l'air marin pour soigner son asthme et où il trouva l'inspiration pour écrire *À la recherche du temps perdu* dans un monde d'avant-guerre plein de charme.
- «J'ai froid souvent»: Marcel Proust attrapait souvent froid et pour cette raison, il avait la terreur des courants d'air.
- J'ai trouvé une photo de lui à l'époque avec une canne et un chapeau.
- «Mes livres doivent être bien rangés. Passons dans la bibliothèque. J'ai couvert mille pages»: Marcel Proust était extrêmement cultivé; ses livres sont truffés de multitude d'œuvres. La chambre où il écrivait était remplie de ses cahiers manuscrits. Après la mort de son mari Robert Proust, en 1935, la belle-sœur de l'écrivain s'est débarrassée du contenu de son appartement. Le collectionneur Jacques Guérin a récupéré des livres ainsi que des objets (son lit) et des vêtements (sa pelisse). On ne sait où sont passés l'ensemble des livres de sa bibliothèque.
- «De la crème au chocolat, du café au lait, y a-t-il des croissants, mère?»: on trouve de nombreuses recettes dans l'œuvre de Marcel Proust. Pour lui, prendre le café était tout un rituel. Il avait des exigences précises: il l'aimait avec du lait, préparé dans une cafetière Corcellet.

Les croissants apparaissent notamment dans *À la recherche du temps perdu* avec l'un des personnages les plus pittoresques : Mme Verdurin, qui a obtenu par ordonnance de son docteur de se procurer des croissants prétextant qu'ils apaiseraient ses migraines.

Marcel Proust parle des crèmes au chocolat dans *À l'ombre des jeunes filles en fleurs* : « Quand tout cela était fini, composée expressément pour nous, mais dédiée plus spécialement à mon père qui était amateur, une crème au chocolat, inspiration, attention personnelle de Françoise, nous était offerte, fugitive et légère comme une œuvre de circonstance où elle avait mis tout son talent. »

- Enfin la mère de Marcel Proust, Jeanne, issue d'une famille juive venue d'Alsace et d'Allemagne, était omniprésente autour de lui, à la fois possessive et aimante.
- Le camélia, quant à lui, était symbolique du début du XXe siècle où les dandys, à l'image de Marcel Proust, le portaient en boutonnière. On le retrouve également dans *Du côté de chez Swann* où il compare Andrée à « un camélia dans la nuit ».

De là, je repasse un peu sur mes modèles à moi et je décide d'avoir une conversation avec Oprah Winfrey, la célèbre présentatrice de télévision américaine.

Je vois d'abord une grand-mère et j'entends « *Oh mamy, mamy blue* », « j'y arriverai, je ne les laisserai pas me marcher sur les pieds », « j'adore les plantes », « Bree Donovan », « National Theater », « Royal Albert Hall », « chai tea latte à la cannelle », « Patricia ».

- Je découvre qu'Oprah passa les six premières années dans un quartier pauvre avec sa grand-mère, Hattie Mae Lee. C'est elle qui lui apprit à lire très tôt et qui l'emmena à l'église où Oprah récitait les versets de la Bible. Lorsqu'elle fit carrière dans les médias, cela n'étonna pas sa grand-mère : petite, Oprah interviewait déjà sa poupée et les corbeaux autour de leur maison. Elle aurait déclaré que sa grand-mère lui avait donné un sens positif d'elle-même et l'avait poussée à parler en public.

- «J'adore les plantes»: Oprah Winfrey est une experte en jardinage et cultive son propre potager.
- En 2011, Oprah Winfrey a révélé qu'elle avait une demi-sœur secrète, qui avait été adoptée à la naissance et dont elle ignorait totalement l'existence jusqu'au mois d'octobre 2010... Patricia ! Lorsqu'elle l'a enfin rencontrée, Oprah a présenté sa sœur au monde entier sur le plateau du Oprah Winfrey Show.
- En 2015, Oprah Winfrey a créé sa propre boisson chez Starbucks: Every Teavana® Oprah Cinnamon Chai Tea Latte, autrement dit... le chai tea latte à la cannelle.
- Je ne comprends pas «Bree Donovan», «National Theater», et «Royal Albert Hall». Quel en est le sens ?

J'ai depuis longtemps une vision de moi en train de faire une conférence avec Oprah Winfrey, Barack Obama et... Julia Roberts ! C'est une vision très gaie, avec beaucoup de dynamisme, d'émotion et d'enthousiasme. Il y a des rires, de la solidarité, de la communication, de l'humanité. Il y a une force incroyable dans cette vision.

Aussi, je pars voir Julia Roberts en méditation:

Elle pleure.

Des vagues.

— Papa, il me tire par les cheveux !

— J'imagine ce que doit être une famille aimante.

Neuf ans...

— Je ne vais pas y arriver.

— J'ai un long nez.

— Pourquoi la vie est-elle si dure ?

Je vois une baleine.

Puis on me parle de l'Angleterre.

Fin de ma méditation. Je regarde ce que j'ai écrit les yeux fermés. Puis j'essaie d'analyser…

- « Papa, il me tire par les cheveux ! » : le père de Julia Roberts divorça de sa mère lorsque Julia n'avait que cinq ans, ce qui bouleversa sa vie bien équilibrée. Il mourra d'un cancer de la gorge quand Julia atteindra ses neuf ans. Sa mère se remaria avec un homme tyrannique, violent et alcoolique qui fit régner la peur dans sa famille…
- « J'ai un long nez » : si Julia Roberts a toujours refusé de faire de la chirurgie esthétique, ses agents lui ont pourtant conseillé de se faire « raccourcir le nez ».
- La baleine est le signe d'une mère puissante : Betty, la mère de Julia, passait tout son temps à travailler pour que la famille puisse subsister.
- « Angleterre » : je ne connais pas l'explication du pourquoi de ce pays dans la tête de Julia, mais notons quand même qu'elle y a tourné le célèbre *Coup de foudre à Notting Hill.* À la fin du film, elle annonce qu'elle restera au Royaume-Uni « pour toute la vie ».

Puisque rien ne me semble interdit, tout devient excitant : je peux choisir d'aller où je veux, sur Mars ou sur la Lune, à Woodstock, à la cour de Versailles, au palais de l'Élysée, telle une petite hirondelle qui survolerait tous ces univers magiques avec fierté et légèreté. Quelle incroyable liberté et quels horizons cela m'ouvre !

Je peux, si je le veux, entrer dans le corps de quelqu'un. Kim, mon amie chamane, me montre comment faire… Je décide aussitôt d'intégrer le corps de mon amoureux, pour savoir ce qu'il fait en cet instant même, ce qu'il voit, avec qui il est, et ce qu'il ressent ! « Excuse-moi, je peux entrer en toi ?! » Cela paraît saugrenu, mais plus c'est énorme plus cela m'amuse !

Kim me dit : « Entraîne-toi en t'aidant avec deux tasses. » Je suis scrupuleusement ses instructions : d'abord je mets de l'encens, puis j'imagine une boîte devant moi et j'y dépose virtuellement mon cœur : « Tu restes là et tu m'attends. » À ce stade, cette expérience commence un peu à me stresser.

Puis, comme si je jouais à la dînette, je fais l'exercice pas à pas :

- je focalise d'abord mon attention sur l'esthétique des tasses et sur ce qui fait la différence entre les deux objets sur le plan mental : « Ce que j'aime, c'est la forme, la couleur, la matière, le design » ;
- puis je m'intéresse à l'énergie dégagée par les tasses, je ferme les yeux pour mieux me relier et comprendre leur intensité ;
- je bloque le temps en disant : « Je veux voir cette tasse à tel instant précis », ou : « J'ai envie de voir où a été créée cette tasse » ;
- je cherche un point commun entre les deux tasses et je me concentre dessus ;
- j'imagine que je suis l'une des deux tasses (celle qui me plaît le plus) et que l'autre est la personne que je veux aller voir ;
- je respire et je me calme, puis je demande : « Chère tasse, j'ai envie de nous réunir mon amoureux et moi à un moment où il y avait de bons souvenirs » ;
- je me mets en lien avec mon amoureux que je visualise buvant un café (il adore ça). Puis je nous visualise tous les deux et je dis : « Je veux que tu saches que je pense à toi et que tu peux compter sur moi. Je veux que tu te sentes bien tout comme moi, et que tu te rappelles le bonheur que nous avons eu à prendre un café ensemble à un moment où nous étions vraiment heureux. Je t'offre ce moment de bien-être. » Puis j'ajoute : « Au moment où tu boiras un café dans la journée, où le moment sera bienvenu pour toi, tu ressentiras ce bien-être que nous vivons ensemble à ce moment, qui te rappelle ce que nous avons vécu précédemment. » Soudain, je me retrouve comme projetée à l'intérieur de lui, alors qu'il boit un café dans sa cuisine !
- puis je décide de lui laisser un petit souvenir de moi : mon parfum, un nuage de vanille autour de lui ;
- enfin, je reviens à moi-même et je remercie mon corps d'avoir gardé mon cœur en toute sécurité.

L'expérience a été intense, j'ai eu le sentiment de la vivre pleinement. A-t-il ressenti tout cela lui aussi de son côté ?

Kim fait alors le test inverse sur moi, cette fois-ci, c'est elle qui va intégrer mon corps. Je me sens soudain toute bizarre et flottante. Elle m'apprend alors à me protéger et à être attentive lorsque je sens qu'une personne veut forcer ma porte intérieure.

Très emballée par cette nouvelle expérience, je m'imagine me décorporer pour aller voir qui je veux. C'est très excitant : je pourrais faire des expériences inouïes, observer comment Frida Kahlo dessinait ou me retrouver à la Bastille pendant la Révolution française !

Le plus compliqué est de me relier d'abord à la personne et à l'époque. Cela demande une forte concentration émotionnelle. Puis, une fois que je visualise la personne souhaitée, je m'en approche, je tourne autour, je la regarde de dessus, et j'essaie alors de bloquer une image qui me plaît pour la ralentir et apprendre à tourner autour d'elle. J'apprends à toucher délicatement la matière de l'époque, une robe par exemple, mais aussi à sentir les odeurs puis à parler : au départ aucun son ne sort de ma bouche puis je finis par m'habituer à entrer en discussion.

TÉMOIGNAGE

« Rester spectatrice », par Kim Hoân, chamane et coach bien-être

« Lorsque tu commences à entrer dans la peau de quelqu'un d'autre, tu te dis que tu as des possibilités de dingue ! Lorsque j'étais plus jeune et qu'un garçon me plaisait, je me mettais instinctivement dans sa peau pour savoir de quoi il avait envie. Puis, avec le temps, j'ai décidé de "visiter" d'autres époques. Une fois, je me suis retrouvée avec Richelieu au moment où il signait quelque chose. Je me suis approchée pour voir ce qu'il écrivait, mais comme je me suis trop penchée, j'ai fait tomber l'encrier sur la lettre. Ça m'a donné une nouvelle leçon : je pouvais entrer dans le corps d'une personne, mais je ne savais pas que je pouvais interagir. À partir de là, j'ai décidé de faire attention, car en modifiant les choses, j'avais peur de faire quelque chose de mal... J'y ai donc réfléchi à deux fois et cela m'a appris à être spectatrice. »

« On dit qu'avant d'entrer dans la mer,
Une rivière tremble de peur.
Elle regarde en arrière le chemin
Qu'elle a parcouru, depuis les sommets,
Les montagnes, la longue route sinueuse
Qui traverse des forêts et des villages,
Et voit devant elle un océan si vaste
Qu'y pénétrer ne paraît rien d'autre
Que devoir disparaître à jamais.
Mais il n'y a pas d'autre moyen.
La rivière ne peut pas revenir en arrière.
Personne ne peut revenir en arrière.
Revenir en arrière est impossible dans l'existence.
La rivière a besoin de prendre le risque
Et d'entrer dans l'océan.
Ce n'est qu'en entrant dans l'océan
Que la peur disparaîtra,
Parce que c'est alors seulement
Que la rivière saura qu'il ne s'agit pas
De disparaître dans l'océan,
Mais de devenir océan. »

La peur, Khalil Gibran

Leçon n° 6 :
Entrer en contact avec des défunts

– Lorsque vous contactez volontairement une personne par le biais de la méditation, il se peut que vous découvriez des informations sur elle qui ne correspondent pas à celles que votre mental vous aurait fournies avec sa logique rationnelle.
– Si vous sentez un courant d'air froid passer à côté de vos mollets ou de vos bras lorsque vous dormez, ou si vous avez l'impression d'une présence silencieuse à côté de vous, prêtez l'oreille et ouvrez grand votre troisième œil, il se peut qu'une personne décédée cherche à communiquer avec vous.
– Il est possible de placer des limites aux défunts et de leur définir des plages horaires où vous ne souhaitez pas les voir, pour ne pas vous retrouver sollicité en permanence.
– Vous pouvez vivre des expériences paranormales en entrant volontairement dans la peau de quelqu'un d'autre.

Infirmière des corps et des cœurs

Dialogues accordés avec mon enfant intérieur

Moi : As-tu déjà soigné quelqu'un ?

Elle : Oui, souvent. J'ai l'impression que mes mots peuvent faire du bien. Ils peuvent faire aussi beaucoup de mal alors j'essaie d'apprendre à doser. Je fais de nombreux compliments aux autres pour les faire sourire, je fais le clown souvent.

Moi : Lorsque je fais des interviews, j'ai l'impression de percevoir l'autre entièrement, de le connaître sans avoir besoin de poser la moindre question. Comme si je savais d'emblée où je devais appuyer pour faire tomber le masque et défaire le château de cartes qu'il s'est construit dans ses illusions et ses conditionnements. Je mets toute mon énergie à leur remonter le moral et lorsqu'ils partent, il n'est pas rare qu'ils me disent : « C'est bizarre, je vous ai parlé de choses dont je ne parle jamais à personne. »

*

Je vais mourir.

J'ai des fourmis dans la main gauche. Et ça remonte le long du bras jusqu'à l'épaule. Partout. Cela me picote horriblement.

Je suis en danger. Il paraît que ce sont des signes annonciateurs d'une crise cardiaque. Je n'en mène pas large.

Ce qui est bizarre, c'est que lorsque je passe ma main sur quelqu'un, la sensation de picotement s'arrête pour devenir chaleur par endroits. Cela marche aussi avec les plantes, les fruits et les légumes.

Comme la vie ne me laisse jamais très longtemps sans réponses, elle met sur mon chemin un magnétiseur et énergétiseur talentueux qui rit lorsque je lui fais part de mes peurs : « Vous n'allez pas mourir, vous avez simplement beaucoup de magnétisme dans les mains ! »

Je découvre que lorsque je passe mes mains au-dessus d'une personne, en fermant les yeux pour faire le vide en moi-même tout en laissant faire mes ressentis, il se passe plein de choses. Parfois je ressens des picotements dans les mains, ou bien certains endroits sont chauds ou froids. Cela me permet de comprendre et de déterminer les nœuds, les stress, les endroits où le corps et les énergies sont bloqués et je peux même détecter parfois les maladies ! Je laisse mes mains vagabonder à leur guise sur l'autre, jusqu'à ce que je trouve les points sensibles. Une fois repérés, j'appose mes mains en concentrant toute mon énergie pendant un moment. Comme si quelque chose passait à travers moi, malgré moi.

TÉMOIGNAGE

« L'importance de l'amour inconditionnel », par Kim Hoân, chamane et coach bien-être

« Je suis née pendant la guerre du Vietnam à Biên Hòa, d'une mère vietnamienne et d'un père afro-américain. Ils m'ont abandonnée dans des détritus… J'ai ensuite été placée dans un orphelinat à Hô Chi Minh-Ville puis adoptée par des Français à l'âge de trois ans et demi. Un jour, mon institutrice s'est fait une grosse entorse. J'ai alors touché son pied et l'ai soignée. Lorsque les pompiers sont arrivés, ils ont été surpris de voir que son pied avait été remis. Ils ont demandé comment cela était possible… "C'est grâce à mon élève"… Lorsqu'ils ont voulu connaître l'âge de cette élève, l'institutrice a répondu : "Cinq ans !" Je savais déjà appuyer sur des points énergétiques du corps, sans arriver à expliquer comment, je savais aussi faire bouger les choses et changer le goût de l'eau en lui donnant le goût du vin ; je m'amusais souvent à le faire. Je me suis toujours dit que j'avais des choses dans la tête qui n'allaient pas très bien à cause du napalm qui avait été envoyé pendant la guerre du Vietnam. Quand j'ai grandi, j'ai aussi pensé que c'était probablement une sorte d'hypnose naturelle.

Je viens de Biên Hòa, des hauts plateaux, un milieu réputé pour ses moines bouddhistes et les nombreux sorciers qui y font des soins de guérison.

À partir de mes dix-huit ans, je suis partie à la découverte de traditions, de cultures différentes et d'endroits où se trouvaient des gourous, des sorciers, des marabouts pour mieux comprendre leurs "dons" ; je suis allée en Amazonie, à Cuba, en Afrique, en Asie...

Une fois, en Thaïlande, je suis tombée sur une vieille dame qui s'était blessée, et je lui ai remis son épaule. Pour me remercier, elle m'a ramenée chez elle, et m'a présenté sa mère, une vieille dame assise les genoux pliés sur une paillasse. Elle mâchait une feuille de tabac et l'a ensuite enroulée autour de l'épaule de sa fille, comme un bandage. Puis elle a posé sa main sur elle et j'ai vu l'énergie et le magnétisme passer en direct ! Après, elle a pris mes mains, et je les ai senties trembler et chauffer très fort. J'ai passé quatre jours avec elles, au cours desquels la mère m'a fait comprendre que j'avais un don. Je connaissais d'instinct les points d'acupression, mais elle m'a montré tout ce que j'avais dans mes mains et m'a aussi expliqué tout ce qu'on pouvait faire avec le magnétisme en nous aidant de nos pensées.

À l'époque, j'avoue que je faisais surtout cela pour séduire les garçons. L'univers m'a fait comprendre que je n'étais pas là pour ça... Ainsi, j'ai eu d'énormes crampes dans les mains ; une autre fois la foudre est tombée à côté de moi ; une grosse branche est tombée près de moi alors qu'il n'y avait aucune raison qu'elle casse... Je me suis dit "arrête tes bêtises" et me suis calmée.

En Amazonie, du côté du Brésil, on m'a dit : "Va voir cette sorcière, elle vit dans une grotte." Un guide m'a conduit là-bas puis s'est éclipsé... J'ai continué à marcher le long du chemin escarpé et je suis arrivée à la grotte. J'ai aperçu un feu et j'ai demandé: "Il y a quelqu'un ?" Apparemment, personne. J'ai attendu deux heures. Soudain, la sorcière est arrivée... de l'intérieur de la grotte: en réalité, elle était là depuis le début ! Elle avait une vraie tête de sorcière, avec un regard perçant et de vieilles mains râpeuses qui contrastaient avec un corps plus jeune. Elle a touché ma tête avec une pierre de soufre qui s'est enflammée, puis m'a sentie comme un animal et m'a fait signe de ne plus bouger. Je me suis rendu compte qu'un véritable animal – peut-être un ours – était arrivé et me reniflait. Mon cœur s'est mis à battre fort. La sorcière a alors posé la main dessus et il s'est apaisé instantanément. C'est ainsi que j'ai appris à calmer mon rythme cardiovasculaire et que j'ai compris la différence entre organisme et métabolisme. Puis l'animal est reparti comme si de rien n'était.

Aujourd'hui je travaille beaucoup avec le métabolisme, c'est-à-dire avec tous mes corps énergétiques – nous en avons sept – alors que la plupart des gens n'en utilisent qu'un seul, le corps terrestre. C'est inné chez moi, je vis avec, comme un habit, je n'ai pas besoin de me concentrer pour avoir accès à tous ces corps. J'ai aussi compris que tout le monde avait du magnétisme, mais n'était pas magnétiseur. En fonction de notre degré d'énergie, nous avons une spécialité précise, par exemple la capacité de nous occuper de verrues, de brûlures, de mal de dos ou de fertilité... Je suis sortie grandie de ces expériences et je peux à présent transmettre, conseiller, soulager ceux qui souffrent, ceux qui ont mal... Aujourd'hui je fais des soins sur de nombreuses personnes, y compris des enfants en fin de vie, des enfants autistes, des personnes âgées. Je me sers du magnétisme et je leur apporte de l'amour inconditionnel. Dès que nous mettons dans nos soins une dose d'amour, cela change tout. »

Pour en savoir plus sur nos sept corps énergétiques:

Notre aura se constitue de six couches, en plus du corps physique.

Le corps physique est relié au chakra racine.

Le corps éthérique est relié au chakra sacré.

Le corps émotionnel est relié au chakra solaire.

Le corps mental, composé du «bas mental» (raison, intelligence, logique qui dépendent du cerveau gauche) et du «haut mental» (sensibilité, intuition, synthèse qui dépendent du cerveau droit), est relié au chakra du cœur.

Le corps causal est relié au chakra de la gorge.

Le corps spirituel est relié au chakra du troisième œil.

Le corps divin est relié au chakra couronne.

Tous ces différents corps s'interpénètrent tout en interpénétrant le corps physique. Chaque corps vibre à sa propre fréquence. Le corps physique est celui qui a les vibrations les plus basses. Plus les corps en sont éloignés, plus leurs vibrations sont hautes.

À Bali, je suis partie à la rencontre des meilleurs guérisseurs de l'île. J'ai observé silencieusement leurs techniques, l'attention qu'ils portent à l'autre et la spiritualité qu'ils mettent dans chacun de leurs gestes. Jusqu'à ce jour où ce fut notre tour de soulager les villageois. Ils n'avaient pas d'argent pour se payer un médecin. J'étais en panique totale. Je n'avais jamais fait cela de ma vie et surtout, je ne m'en sentais pas du tout capable. Pourtant, au pied du mur, accompagnée de Marion, je me suis exécutée.

On nous a amené un petit papy arthritique qui s'est allongé sur un plaid. Le papy était quelqu'un d'important dans le village. À nous de jouer. *Pose tes mains avec bienveillance sur lui, ton âme fera le reste.* Quel poids de me dire que je dois être l'instigatrice d'une guerre intestine contre les douleurs musculaires de ce gentil papy qui se laisse faire et sourit, plein d'espoir. Mon amie s'occupait de ses jambes, tandis que je me concentrais sur ses bras, ses mains, sa poitrine et son torse. Il avait l'air d'être au mieux. Je fermais les yeux pour laisser passer la lumière à travers moi. Lorsque je les ai rouverts, Marion était partie sans que je ne m'en aperçoive à l'autre bout de la pièce, appelée à la rescousse par une de nos amies. Je me suis sentie soudain en stress intense : comment allais-je m'en sortir toute seule ? Et surtout une pensée me traversa : est-ce que tout cela n'était au fond qu'une mascarade, étais-je vraiment capable d'aider les autres… Le petit papy allait-il avoir une érection à force de sentir des mains plus jeunes parcourir ainsi son corps ?! Cette pensée me terrifiait, moi qui ne suis pas du tout à l'aise avec les hommes. J'aurais préféré pouvoir m'occuper d'une femme. Vingt-cinq minutes après, le papy est reparti avec l'air beaucoup plus en forme que lorsqu'il n'était arrivé. Effet placebo ou réelle guérison ? Impossible de démêler tout cela…

On m'a demandé ensuite de m'occuper d'une petite fille. C'est à la fois un soulagement et une nouvelle terreur : et si mes mains ne parvenaient à rien faire de bon ?

L'enfant avait le visage fermé, effarouché. Sa mère m'a expliqué qu'elle était sujette à des crises d'asthme. Lorsque je lui ai demandé de s'allonger devant moi, j'ai senti son immense stress d'enfant face à une personne qu'elle ne connaissait pas et qui allait poser les mains sur elle. Je voyais ses petits pieds s'agiter dans tous les sens et ses mains se tordre, j'étais moi aussi en panique devant son regard perdu et apeuré. J'ai plongé mes prunelles dans les siennes, je voulais la rassurer, lui dire que moi aussi, au fond, je n'étais qu'une petite fille qui avait peur. Puis j'ai posé doucement mes mains au-dessus de ses épaules. En une fraction de seconde, la petite fille s'est détendue et s'est endormie devant moi. Ses parents n'ont eu de cesse de me remercier, car il était rare que leur fille parvienne à cet état de calme intense.

Bali m'a donné la force de croire en moi et de continuer.

Un jour, à Paris, j'arrive dans un restaurant pour dîner avec une ancienne collègue. Lorsque je la rejoins à la table que nous avons réservée au préalable, je la retrouve avec l'air complètement raide et coincée sur son siège. « C'est horrible », me dit-elle, « je suis bloquée par un torticolis qui ne veut plus me quitter. » J'hésite avant de lui dire : « Je pense que je peux peut-être faire quelque chose... » Je lui explique que depuis quelque temps mes mains, malgré moi, semblent envoyer une énergie que je ne contrôle pas encore, mais qui aurait le pouvoir de venir à bout de certains maux. Elle a si mal qu'elle me dit immédiatement qu'elle est partante pour tester. « D'accord, on s'y met après notre dîner en se posant quelque part où il n'y aura personne. » À la fin du repas, nous nous rendons dans un jardin qui jouxte le restaurant. Je ferme les yeux, je me laisse aller et je pose les mains sur mon amie aux endroits où mon âme me pousse à les approcher. Je vide mes pensées et entre en connexion avec elle. Je laisse mes mains faire ce qu'elles veulent, mues par un lien irréel que je ne m'explique toujours pas. Mais j'ai décidé de mettre le mental de côté, de lâcher prise, et de laisser passer cette lumière qui semble circuler à travers moi. Je ne suis que l'exécutante, le témoin d'une force qui me dépasse. J'effectue les mêmes gestes pendant une dizaine de minutes. Lorsque je rouvre les yeux, je vois le visage apaisé de mon amie. Elle tourne la tête d'un côté, puis de l'autre, et me dit : « C'est dingue, je n'ai plus mal ! Je n'arrivais pas à tourner du tout la tête. Que m'as-tu fait ? » Bonne question ! Je ne le sais pas moi-même.

Je sais faire des choses qu'on ne m'a pas apprises.

Je ne tarderai pas à l'expérimenter à mes dépens, avec une histoire terrible qui touchera mon plus jeune fils.

Pour l'heure, je décide d'apprendre à en savoir plus sur ce magnétisme qui semble tout à coup s'écouler tel un fleuve à travers moi.

Dans un premier temps, j'assiste à un stage de magnétisme, et j'apprends à me servir d'un pendule.

S'il y a bien une chose qui m'énerve, c'est le pendule. J'ai l'impression de ne pas parvenir à le maîtriser. Lorsque je le prends en main, il virevolte dans tous les sens. Je tente de lui poser des questions sur l'avenir. Mais cela m'effraie, j'appréhende la réponse. Et si les réponses ne se vérifiaient pas, cela remettrait-il tout en question ? Je ne me sens pas à l'aise avec cela, jusqu'à ce qu'une de mes amies m'explique le réel intérêt du pendule : on peut prendre des planches anatomiques et poser son pendule dessus en pensant à une personne en particulier, le pendule se met alors à tourner, indiquant certaines parties du corps de la personne sur lesquelles on devrait pouvoir intervenir de façon positive. Cette technique me convient mieux. Désormais, j'éviterai d'utiliser le pendule pour tenter de prédire l'avenir ; il sera bien plus utile pour me transmettre l'état d'énergie à un moment précis d'une personne.

Et lorsque je n'ai pas de pendule sur moi, j'apprends à utiliser mon corps comme un pendule : par exemple quand il y a un souci sur un endroit, j'ai le ventre qui se serre, et lorsque tout va bien, j'ai le cœur et la poitrine qui s'ouvrent. Ou bien je laisse pendre mon bras, et je m'en sers comme d'un pendule que j'imagine comme un prolongement de moi.

J'apprends aussi à « travailler » avec des planches de radiesthésie.

Il existe un grand nombre de cadrans, d'échelles et de graduations pour mesurer les vibrations des objets et de l'énergie.

Sur les cadrans, il y a des graduations jusqu'à 18 000 UB (unités Bovis) qui servent à calibrer les vibrations d'une personne ou jusqu'à 36 000 UB pour sonder par exemple les vibrations des aliments. Enfin, il y a des valeurs plus hautes pour jauger les vibrations spirituelles d'une personne ou d'un lieu.

Pour en savoir plus :

Selon la loi Bovis, tout corps est capteur et émetteur d'ondes. L'unité Bovis est une unité qui permettrait de mesurer le taux vibratoire d'un être vivant, d'un objet ou d'un lieu. Elle a été mise en place par le physicien niçois André Bovis, qui cherchait à établir une échelle de valeur destinée à quantifier l'énergie vitale contenue dans les aliments.

Quelques exemples de taux vibratoires moyens en unités Bovis :

Eau du robinet : 2 500 à 5 000 UB.

Eau minérale en bouteille : autour de 5 000 UB.

Eau de Lourdes : 800 000 UB.

Eau de source : autour de 10 000 UB.

Fruit bio : 8 000 – 9 000 UB.

Sel d'Himalaya : 9 000 UB.

Baies de goji bio : au-dessus de 36 000 UB.

Algues spiruline : 9 000 UB.

Oiseaux : au-dessus de 27 000 UB.

Êtres humains en bonne santé : 6 000 à 15 000 UB ; à partir de 8 500 UB parfaite santé et plein d'énergie.

Virus type grippe : 3 500 – 4 000 UB.

Être vivant atteint d'un cancer : 3 000 – 4 000 UB.

Être humain atteint d'une maladie grave : 4 500 – 6 000 UB.

Être humain mourant : au-dessous de 1 500 UB.

Coton, bois, cuivre, argent (métal) : 6 300 à 6 800 UB.

Taux vibratoire moyen d'un habitant en Europe (plan physique) : 6 500 UB. Ce taux est un minimum pour maintenir la santé, mais c'est seulement à partir de 8 500 UB que nous nous sentons plein de vitalité et d'énergie.

Astuce :

Télécharger sur votre téléphone les applications Body Atlas et Atlas d'anatomie qui permettent d'avoir des planches d'anatomie du corps humain.

Plus je travaille sur le magnétisme et les énergies, plus je me sens remplie moi-même d'énergie et parfois incapable de me contenir. Il n'est pas rare que lors de séances de magnétisme en groupe j'ai l'impression tout à coup d'être en colère. On m'explique que c'est dû au niveau d'énergie très haut que cela génère autour de moi et en moi. Je vais devoir apprendre peu à peu à doser ma sensibilité.

En attendant, il y a de l'électricité dans l'air ! Depuis que je suis ces cours de magnétisme, tout déraille autour de moi : comme si ma surénergie parvenait à faire exploser successivement la console de jeux de mon fils, mais aussi ma télévision et mon ordinateur !

TÉMOIGNAGE

« L'énergie des pensées », par Marion Demaison, coach & énergétique

« On ne se rend pas forcément compte de la puissance de l'énergie de la pensée. La pensée est en soi une énergie : la peur, l'amour, la tristesse sont des pensées transmettrices qui influent sur la matière… Voici comment une pensée de colère peut agir sur la matière, sur l'énergie. Ce jour-là, j'étais très en colère, mes pensées étaient tournées vers mon grand-père décédé à qui j'en voulais terriblement. Le soir même, j'étais en formation magnétisme en visioconférence. Mon esprit avait du mal à se concentrer. Je me sentais oppressée, j'étais obnubilée par la malveillance de mon grand-père, allant jusqu'à me souvenir précisément des intonations de sa voix. Tout à coup, mon ordinateur “plante”. Plus aucune touche ne répond. Encore plus angoissée à l'idée de perdre la suite de la formation, j'attrape mon téléphone pour prévenir mon amie et là, *idem* : téléphone bloqué ! De rage, je fonce dans la cuisine en appelant mes filles qui devaient dîner avec moi et pan ! le four explose et s'éteint ; dans la foulée la hotte rend l'âme elle aussi. Je file voir le tableau électrique : un seul disjoncteur est baissé, je tente de le basculer. Il ne se passe RIEN. Au comble de l'énervement, je file dans le jardin ranger la chaise longue avant qu'il ne pleuve et je me coince l'ongle du pouce. Je hurle de douleur et de dépit, ne comprenant rien de cet enchaînement de fureur des éléments. Je finis par prendre un verre d'eau, je plonge mon pouce violet et gonflé dedans et je me dis : RESPIRE ! Après de longues minutes de désespoir qui se transforment peu à peu en calme, tout à coup, mon téléphone se rallume et mon ordinateur aussi. Je suis si soulagée que j'en oublie la raison de ma colère et peux continuer la formation… Je devrai avant de m'endormir faire un protocole de libération par rapport à mon grand-père pour que toute cette ambiance électrique retrouve son équilibre naturel. Pour clore cette histoire, l'électricien qui est venu réparer le tableau m'a dit n'avoir jamais vu ça ! »

À la suite de ces incidents de parcours, nous apprenons toutes à nous protéger. Ainsi, avant de pratiquer une séance de magnétisme, je fais appel à l'archange Michaël, et à ma garde rapprochée : j'imagine que Michaël marche devant moi pour me protéger, que Jésus est à ma gauche, que l'archange Chamuel (symbole de l'Amour !) avance à ma droite pour me rappeler le bon chemin, que Gabriel (l'archange de la communication) se tient au-dessus de moi pour me faire parvenir des messages positifs, et que Marie ferme la marche pour me rappeler que son amour de mère et de femme est immense. Ce sont des références très catholiques, probablement liées à la religion de ma mère. Je leur demande : *Quoi qu'il arrive, je voudrais que vous me protégiez* ; puis je me visualise enveloppée d'une bulle de protection et je fais une prière.

Des participantes du groupe m'expliquent que l'on peut se nettoyer énergétiquement en prenant un bain avec du gros sel et de l'huile de lavande, ou en se faisant des bains de pieds pendant trente minutes à base d'eau bouillante + deux cuillères à soupe de sel + des herbes (sauge, et trois à quatre feuilles de laurier).

Il est reconnu que les énergies environnantes peuvent avoir un impact sur notre bien-être physique, émotionnel et mental. Une coque de protection est une barrière énergétique ou un bouclier psychique pour se protéger des influences négatives, des énergies indésirables ou des entités nuisibles. Elle permet de filtrer et d'harmoniser les énergies qui nous entourent, afin de préserver notre propre équilibre.

Tout ce magnétisme finit par me plaire. Cela ne m'amusera pas longtemps. Car la vie va se charger de me faire comprendre que je ne dois pas rire avec ces techniques et qu'elles pourraient m'être très utiles en certaines circonstances…

Le 29 juillet, alors que je suis tranquillement chez moi, je reçois un appel de mon ex-mari : « Ne t'affole pas, mais il est arrivé quelque chose. »

Je sens mes jambes se dérober sous moi sous l'effet de la panique.

Mon fils cadet, parti une semaine en vacances à la montagne, vient d'avoir un grave accident. On lui a prêté un vélo défectueux dont les freins ont lâché en pente raide, à pleine vitesse. Il a atterri violemment contre un rocher. Le vélo est en mille morceaux. Et mon fils pas loin de cela aussi. Les secours l'ont transporté d'urgence en hélicoptère à l'hôpital de Grenoble.

« J'y vais. »

Je ne réfléchis pas. Hagarde, j'enfourche mon scooter jusqu'à la gare de Lyon à Paris. Je tremble, je cours, je vole, je suis en pilote automatique. *Tiens bon mon bébé, j'arrive.*

Mon fils a besoin de moi et j'ai besoin de lui, de le voir, le sentir, me serrer contre lui et savoir qu'il va bien. En chemin, je reçois un appel de l'hôpital : « Il faut que vous envoyiez un e-mail pour nous autoriser à l'opérer immédiatement, c'est urgent, cela ne peut pas attendre votre arrivée. » L'angoisse monte. Je demande à mon ex-mari, resté à Paris pour s'occuper de notre autre fils, d'envoyer l'autorisation par e-mail. Ma voix est blanche au téléphone. Je vais tout péter. *Attends-moi, maman va bientôt être là avec toi. Sois fort.* Je saute dans le premier train.

Qu'elles sont longues ces trois heures passées sur les rails pendant que mon enfant se fait charcuter par je ne sais qui. Pourquoi ne puis-je pas me téléporter, moi qui sais soi-disant faire plein de trucs surnaturels ? Qu'elle est interminable cette arrivée dans la gare de Grenoble, qu'il est long ce taxi, qu'elle est lente l'hôtesse d'accueil de l'hôpital.

Où sont les urgences ? Mon instinct me dirige tout seul, comme si je connaissais déjà les lieux. Mon fils m'attend, son âme m'appelle. *Je suis là, tu sais que je suis là, toujours là, tout près de toi, je te tiens la main, je ne te lâche pas.* Je retrouve mon fils allongé, enrubanné, épuisé sur son lit d'hôpital, intubé de partout, avec des cicatrices dans tous les sens. Je me retiens de pleurer pour ne pas l'effrayer. Il est trop faible pour parler, shooté par le choc et les calmants. Alors je ne dis rien. Je pose ma main sur lui, doucement. *Tout ira bien, je te le promets.* Le diagnostic des médecins est réservé, mais pas le mien. Tu vas vivre et être heureux parce que je t'aime.

Mon fils a une fracture au fémur, des côtes cassées, le bassin déplacé… Plus jamais je ne te laisserai, maintenant tu vivras toujours accroché à moi, comme un bébé kangourou dans le ventre de sa mère. Tu es ma vie, je te donne la mienne s'il le faut. Je suis seule avec toi dans cette triste chambre immaculée, la nuit est tombée. Les machines qui t'aident à respirer et à souffrir un peu moins font un bruit de fou. La nuit va être longue. Tu as failli mourir : « Heureusement qu'il avait mis son casque, c'est ce qui l'a sauvé », m'a confirmé le médecin. Il ne sait pas encore si tu pourras remarcher normalement. Mes jambes se défilent sous moi ; si les tiennes ne fonctionnent plus, prends les miennes pour avancer. Les infirmières vont et viennent dans ce service où l'on entend tant de personnes gémir. Je n'écoute que ton petit râle, celui de ton souffle saccadé d'enfant qui se bat. De temps en temps, tu sors de ta léthargie et tu pleures : « J'ai mal, maman ! » « Je suis là, ne t'en fais pas, maintenant tout va aller mieux. » Nul besoin d'évoquer ce qui est arrivé, nous devons avancer. Ensemble. Les infirmières passent toutes les heures dans la chambre pour vérifier le bon fonctionnement de tes appareils et te donner de nouveaux médicaments, te faire des prises de sang… vérifier que tu ne t'endors pas définitivement. Mais cela n'arrivera pas. Je suis là. Il faudra me passer sur le corps pour que qui que ce soit vienne te prendre, même la faucheuse. Mon amour souriant, toujours espiègle avec ton petit ton à l'humour décalé et ton air mutin. Personne ne te fera du mal.

Cette nuit-là, dans le noir, seule avec toi, j'ai visualisé plein de visages amis entourer ton lit d'hôpital : ton père, ton frère, le Club des Cinq, Kim et toutes mes amies « perchées ». En méditant, nous avons tous envoyé plein de lumière verte sur ton lit, la couleur de la guérison. Puis mes mains se sont posées sur tout ton corps en partant de tes pieds. Je les sentais puissantes, sûres d'elles, mues par une énergie que je maîtrisais parfaitement cette fois-ci et qui me guidait.

Dans ce tsunami, tu t'es assoupi, mais nous combattons ensemble les mauvaises ondes qui veulent s'emparer de ton corps, mon fils. Je ne le permettrai pas. La lumière que je sentais à l'intérieur de moi est devenue une petite méduse blanche qui est entrée par ton pied, a suivi le long de ta jambe, allumant tout sur son passage, réveillant les muscles, les veines et les nerfs abîmés, endoloris sous l'effet du choc violent que tu as subi. Comme si j'entrais dans tes terminaisons nerveuses, que je les remontais une à une lentement, en semant à tout va de la lumière blanche et la flamme verte de la guérison.

Lorsque je suis arrivée vers ton bassin, j'ai vu beaucoup de lumière verte et je suis remontée ensuite le long de ta colonne vertébrale, prolongeant cette énergie jusqu'à ta tête. La méduse est ressortie par le haut de ton crâne, elle était devenue toute noire, laissant sa lumière à l'intérieur de toi. Moi qui ne suis pas particulièrement croyante, j'ai vu ensuite Jésus qui ouvrait ses bras et t'entourait de lumière blanche. Puis j'ai vu Marie à nouveau, qui te prenait dans ses bras avec moi. Je referai le même processus toutes les nuits, chaque fois que tu t'endors, je travaillerai dans le silence avec mes mains, mon arme. Mon énergie et mon amour, c'est tout ce que j'ai à te donner pour l'instant.

Dans la journée, parfois, tu me dis en pleurant « maman, j'ai mal », et je vois de grosses larmes perler dans tes yeux. Toi mon fils si courageux, si pudique. Tu te retrouves là, sur ce lit d'hôpital allongé sans forces, nu dans une chemise blanche ouverte derrière, avec une poche pour recueillir ton urine. Tu enrages que les infirmières te voient ainsi : « Je me sens humilié, maman. » Tu es si beau dans tes forces comme dans tes faiblesses.

Tu prends soin de moi aussi. Dès ton arrivée dans le service de chirurgie, la première chose que tu as demandé était : « Il est où le lit pour maman ? » Et lorsque tu as pu te remettre à manger et qu'on t'a apporté des plateaux-repas, voyant que cela faisait plusieurs jours que je ne mangeais plus puisque j'étais dans ta chambre vingt-quatre heures sur vingt-quatre, tu as pris un prétexte : « Je n'ai plus faim maman, prends la moitié avec moi, c'est trop pour moi. » J'ai eu beau insister maintes fois pour que tu finisses, rien n'y a fait. Alors j'ai pris une cuillère pour te faire plaisir. Nous formons une bonne équipe.

Auprès de toi, mon fils, dans cette noire période, je me sens comme traversée par la douleur du monde. Je suis confrontée à sa laideur dans ses plus vils et bas aspects. Et j'apprends à prendre de la hauteur. Ma vie prend une autre dimension, une autre couleur. Je comprends le puzzle qui se dessine peu à peu sur mon chemin. Je comprends les douleurs d'enfance, cette petite mort par EMI à dix ans pour me faire remonter « là-haut », m'enseigner, me souvenir d'où je viens puis me renvoyer « ici-bas » avec des connexions plus ouvertes pour être en capacité d'aider. De t'aider. Je comprends les errances, le va-et-vient de la vie parfois plus douce et plus entourée, les amis. Je comprends les amours tumultueuses, la recherche incessante de cet ailleurs qui me hantait, cette volonté d'être capable de redonner des couleurs au monde triste et terne qui m'entourait. Je suis dans cette période où je vais réapprendre la beauté après avoir vu la laideur, où l'on va me demander de rééquilibrer, d'apporter tout ce que j'ai de beau à l'intérieur de moi, tout ce que je suis capable de construire pour les autres, avec toute la force qui m'habite. Je sais que ce temps arrivera où je serai capable de retrouver la beauté du monde, la douceur et l'amour. Retrouver l'espérance. Accepter ce qui est.

Je passe mes nuits à me concentrer sur toi, petit homme, et à t'envoyer toute ma force et ma lumière. Je suis une louve qui soigne son petit. Je ne laisse personne t'approcher de trop près. Je sais que je réussirai à te sortir de cette terrible ornière. Je le sens. Chaque soir, quand tu t'endors, je me transforme, je me sens envahie d'une puissante lumière blanche, telle une force qui part de moi et me soulève ; je t'entoure de cette lumière, tu vas guérir, il ne peut en être autrement. Ton corps est comme incandescent toute la nuit. Cette lumière iridescente que je t'envoie comme une prière nous traverse tous les deux, en fusion. Comme toujours, je fais cela sans que tu le saches. Je te sais totalement opposé à toutes pratiques sortant de la médecine classique. Tu en as même une peur bleue. Nous en avons déjà discuté plusieurs fois avant ton accident ; je t'avais raconté le magnétisme que je sentais dans mes mains, tu m'avais traitée de « marabouteuse » et m'avais violemment renvoyée dans les cordes. Tu pensais que je devenais folle. Je me le demandais aussi d'ailleurs, comme je le fais depuis un certain temps. Mais être rebelle, mon fils, ce n'est pas forcément négatif, c'est aussi refuser que le monde soit figé pour accepter d'ouvrir d'autres chemins.

Cette fois-ci, allongé, sans défenses, sans protection, tu souffres tellement que parfois, même dans la journée, tu acceptes mon aide. Et lorsque après tu te rends compte que tes douleurs commencent à se faire moins insistantes, tu as même un petit sourire en coin. Tu détestes toujours les marabouteuses… Mais peut-être y crois-tu un peu plus maintenant. Même si je sais que tu ne me l'avoueras jamais.

En même temps je te comprends, avant, j'aurais été la première aussi, si j'avais eu quelqu'un comme ça en face de moi, à lui demander : « Est-ce que vous avez pris vos cachets ? » J'aurais été la première à dire : « C'est qui cette tarée ? » Aujourd'hui, je me rends compte que je perçois toutes ces choses que je pensais complètement perchées, réservées aux internés.

Je me dis que là-haut, ils doivent trouver que je me débrouille bien avec les épreuves que je traverse et du coup, ils m'envoient des apprentissages d'un niveau supérieur ! Alors je leur dis : « Eh oh, les gars, faudrait voir à s'arrêter, c'est bon, j'ai le droit de respirer un peu, de me poser et d'avoir aussi ma part de douceur et de bonheur… »

Doit-on passer par des douleurs aiguës pour découvrir cet autre monde qui s'offre à nous ? Je le crois, oui, un moment. Comme si l'on nous jetait une récompense à la figure : tu l'as mérité, maintenant, tu as le droit de voir, tu as suffisamment souffert… Merci pour le cadeau.

Le lendemain, tu dois faire une IRM décisive, car les médecins ont observé une petite hémorragie à l'intérieur de ta tête et craignent pour ta moelle épinière. Cette nuit-là, je t'envoie encore plus de lumière. Il est hors de question que mon fils reste un légume toute sa vie. C'est à ce moment précis que j'ai eu la certitude que tu étais protégé et que tout se passerait bien. J'ai su avant que tu ne passes ton IRM que tu remarcherais normalement.

Je dois dire que cette période a été très complexe pour moi : tu as eu ton accident, mon fils, l'homme que j'aimais était parti en vacances de son côté, j'étais à sec financièrement, je restais coincée en permanence seule dans cette chambre d'hôpital et – le pompon – j'avais mes règles. Sur les réseaux sociaux défilaient des photos joyeuses de plage, de vacances d'été et de tous ceux qui s'amusaient loin de nous. Apparemment, « là-haut », ils avaient un autre programme pour nous. Pas de répit. À quoi devait me servir cette expérience ? Que devais-je apprendre au passage ? Pourquoi me mettre dans cette situation extrême à voir mon fils meurtri ?

Au moment même où je me faisais toutes ces réflexions, je vis passer dans le couloir une maman de l'hôpital, avec qui je me mis à parler ; je lui demandai :

— Qu'a votre fils ?

— Une tumeur. On lui a aussi plâtré la jambe, car ses os ne sont plus assez résistants.

Je n'ai plus su quoi dire. Dans mon malheur, au fond, j'avais beaucoup de chance. Comment pouvais-je me plaindre ? La vie me le rappelait encore une fois à sa manière. C'est finalement dans les épreuves et l'adversité que nous acquérons de la sagesse.

« S'il y a un Dieu, il est caché, il est ailleurs, il est hors du temps, il n'obéit pas à nos lois et nous ne pouvons rien dire de lui. Nous ne pouvons décréter ni qu'il existe ni qu'il n'existe pas. Nous avons seulement le droit d'espérer qu'il existe. S'il n'existe pas, notre monde est absurde. »

Qu'ai-je donc fait, Jean d'Ormesson

Tu feras quatre mois d'hôpital et des heures interminables de rééducation avec beaucoup d'abnégation, de volonté et de résilience. Je te regarderai avec émotion faire des courses en fauteuil roulant, dévalant la pente du jardin de l'hôpital. Au fond, tu es resté un enfant qui joue. Mon petit homme courageux, tu sortiras de tout cela victorieux et tu conquerras ta liberté. Aujourd'hui tu remarches sur tes deux jambes, tu fais du vélo sans peur et tu avances dans la vie avec la force que je te connais, plus un zeste d'ouverture sur le monde invisible. De mon côté, je n'aurais jamais compris ce que ressent une personne handicapée si je n'avais pas craint pour ta vie, si je n'avais pas poussé ton fauteuil roulant sur les trottoirs cabossés de Paris, si je n'avais pas galéré pour descendre ce même fauteuil des passages cloutés ou fait des tas de détours, si je n'étais pas restée coincée à la maison avec toi pendant trois jours pour cause de panne d'ascenseur…

De plus, je vais me découvrir avec étonnement d'autres facultés qui m'étaient jusqu'alors inconnues…

Quand tu as eu ton accident, j'ai pleuré, hurlé de souffrance à l'intérieur. J'ai trouvé cela si injuste que tu aies mal, j'ai eu si peur que tu ne remarches jamais. La première fois que j'ai essayé de te faire prendre une douche après de multiples efforts pour te transporter vers la salle de bains, la canalisation était apparemment bouchée et j'ai entraîné une inondation jusque dans la chambre. Là, lorsque tu ne me regardais pas, je me suis assise et j'ai pleuré, abondamment. Je me suis demandé pourquoi « on » m'en voulait, qu'est-ce que j'avais bien pu faire pour mériter tout cela, ces coups durs. J'ai tellement sangloté.

C'est à ce moment-là que j'ai entendu une petite voix dans ma tête me dire : *Prends du millepertuis.* Je ne savais pas ce que c'était. Le millepertuis (ou « chasse-diable ») était le symbole de la lumière qui éloigne les ténèbres, on le suspendait dans les maisons contre les maléfices. Coincée à l'hôpital, j'en ai parlé à mon amie Marion qui est allée en chercher pour moi. Au magasin, elle y a rencontré une femme qui s'y connaissait en plantes et qui lui a annoncé : « C'est très fort vous savez, est-ce un médecin qui vous l'a prescrit ? »

Elle a discuté une demi-heure avec elle pour apprendre qu'il fallait le prendre en une seule cure, car c'était un traitement très efficace contre… la dépression !

En effet, le millepertuis serait un puissant antidépresseur naturel. Je peux vous dire que pour la première fois depuis bien longtemps, grâce au millepertuis, j'ai réussi à faire une nuit complète sans me réveiller une seule fois. La vie s'ouvrait à moi après tout ce vide.

Maminou est venue me parler, elle m'a dit « patiente, tout va s'arranger… » Elle n'était pas la seule. Je sentais indiciblement toute une armée de guides penchée sur moi, comme me protégeant d'un bouclier invincible. Merci la vie, merci la folie, merci la magie.

Dorénavant, depuis l'accident, lorsque je médite sur des personnes, c'est comme si l'on m'indiquait pour elles des « prescriptions » à base de traitement d'huiles essentielles, d'aliments particuliers ou d'éléments relatifs à la lithothérapie. Je n'ai jamais été très proche de la nature et je me découvre tout à coup un tas de connaissances inattendues sur les plantes, les pierres et leurs propriétés. Je transmets à tout hasard le message que je reçois et, miracle, cela correspond la plupart du temps à une pathologie que les personnes en face de moi doivent soigner.

Cela m'est arrivé avec mon amie Marion. J'ai entendu pour elle : *mets de la sauge dans ta maison et prends du calendula.* Elle qui avait alors des crampes abdominales et des cycles menstruels perturbés s'est sentie mieux après.

Pour mon fils, « on » me dit de lui mettre de la chrysolite, du charbon et de la passiflore. Je découvre que la chrysolite est une pierre qu'on appelle également « pierre du soleil » que les chrétiens assimilent au Saint-Esprit et qui faisait partie des matériaux formant le plastron du grand-prêtre Aaron dans la Bible. Elle est utilisée pour la purification, la protection, et permet de se libérer de tout stress provenant d'un événement difficile passé. Le charbon, quant à lui, a un effet désintoxiquant à la suite d'une surdose médicamenteuse. La passiflore est reconnue pour calmer les états anxieux et le stress. Les vibrations élevées de cette plante possèdent des vertus thérapeutiques qui ouvrent la personnalité à des niveaux de conscience supérieurs.

Je n'ai ni la prétention ni la volonté de me prendre pour un médecin ou de vouloir m'y substituer, soyons clairs. Il me vient simplement des messages et des orientations que je transmets à qui en a besoin… à l'autre ensuite de vérifier auprès d'un spécialiste si cela est juste ou approprié à son état.

Kim m'explique qu'il est possible d'effectuer des « soins » à distance selon un certain protocole :

- se laver les mains ;
- mettre une photo de la personne devant soi avec son nom et sa date de naissance ;
- prendre une respiration profonde par le nez, garder l'air quelques secondes puis le rejeter. Répéter l'opération sept fois ;
- imaginer la personne en question heureuse, dans la couleur de votre choix.

Lorsqu'on fait un soin, on peut demander que les énergies négatives de la personne soient transmutées positivement. Il est important de penser à se protéger, à l'aide de gros sel, encens, pierres, prières, tout en visualisant une bulle de protection qui vous entoure. Après le soin, se laver les mains, taper deux fois dans ses mains et les secouer plusieurs fois. Puis s'imaginer en train de prendre des douches de lumière blanche.

Pour en savoir plus sur les bulles de protection :

Vous pouvez imaginer des bulles de protection de couleurs différentes en fonction de vos besoins du moment :

La bulle de lumière blanche protège de façon générale.

La bulle de lumière verte, associée à l'archange de la guérison, Raphaël, tient à distance la maladie.

La bulle de lumière rose vous entoure d'amour.

La bulle de lumière pourpre, produit du chef des archanges, Michaël, protège contre les entités et les attaques psychiques.

La bulle miroir permet de renvoyer sa négativité à celui qui vous attaque.

Je commence à me rendre compte des corrélations profondes entre âme, corps, et esprit. Par exemple, le mal de ventre est souvent l'indicateur d'une colère rentrée, la peur constipe, l'estomac se bloque lorsqu'on n'ose pas dire non à son entourage, l'insatisfaction donne mal à la tête, et on prend du poids si on n'arrive pas à exprimer son talent pleinement. Le stress et les émotions provoquent des désordres bloquant la circulation des énergies à certains endroits de notre corps. Il nous envoie des messages qu'il nous faut apprendre à décrypter.

On m'enseigne également à regarder à l'endroit de son troisième œil pour déterminer l'intensité de la douleur, en observant si la personne fronce de plus en plus le front et se crispe.

TÉMOIGNAGE

« L'invisible », par Catherine Charbouillot, magnétiseuse, énergéticienne, anciennement responsable achat et qualité dans l'industrie nucléaire

« L'indiscernable pour moi peut être évoqué par des liens, arrivés malgré moi à l'origine et devenus des relations naturelles aujourd'hui.

Cela découle des interactions dans la matrice de gestation, entre amour et désamour, transférés consciemment ou non. De même que les échanges qu'un être en construction reçoit ou subit au présent. Ceux issus du passé proche ou lointain, et sa cohorte de transmissions, positives mais également négatives voire destructrices.

Puis il y a l'inattendu, l'imperceptible qui se dérobe, des événements que l'on tait. Comment partager l'indécelable ? Une forme lors d'une visite de maison de laquelle on fuit. Un courant d'air glacé dans un escalier circulaire de château fort qui conduit à une salle de torture jamais vue, et on remonte la file des visiteurs à contre-courant vers l'entrée devenue sortie libératoire.

Alors, quand la vie vous met par terre, on se tourne vers des solutions alternatives pour tenter d'aller mieux, instinctivement, en réalité poussés par les guides protecteurs déjà présents entre survie et élévation de perceptions… autres.

Lorsque l'on vous énonce au détour d'un soin que vous avez du fluide, que vos sensations sont réelles et que vous devriez explorer cette voie pour votre propre bien, un nouveau chemin se présente, hors des schémas acquis de fonctionnement qui telles des ailes de moulin reviennent toujours au même point de départ et vous épuisent.

Une nouvelle matrice se met en place, une toile d'amour. Avec la méditation thérapeutique d'abord, l'accompagnement par le magnétisme bien sûr, des amies qui vous entraînent dans des formations que vous laissez venir à vous, des formateurs qui vous élèvent. De nouvelles relations et des partages croisés consolident une nouvelle base. Le lâcher-prise s'apprend et la foi retrouvée grandit, les perceptions s'amplifient, les expériences sont plus fortes, des connexions d'abord saisissantes s'installent durablement.

Après plusieurs années, je peux dire que je suis magnétiseuse. Je remercie cette capacité à percevoir des énergies, à les recevoir et les transmettre pour soigner peu ou prou. Et c'est là le mystère, point de recettes, c'est juste là, pour tous, tout est énergies et vibrations. Mes mains sont un lien de transmission et fourmillent pour me guider.

Régénérée, guidée, accompagnée, protégée, j'avance. Avec humilité, je ressens et j'accepte. Avec simplicité j'intègre et je progresse. Je me ressource là où tout a commencé, dans la nature nourricière, sous la bénédiction du ciel et de mes étoiles. Je reste au contact, je respire en conscience et, *visiblement*, mon cœur s'est mis en mouvement. »

Pour en savoir plus :

Vivre avec l'invisible, de Marie de Hennezel (Pocket).

L'Invisible, de Clément Rosset (Les Éditions de Minuit).

Je constate qu'en médecine chinoise, il existe une charte de biorythme des organes. Les taoïstes, après avoir observé la circulation de l'énergie dans le corps, en ont déduit le cycle biorythmique des organes. Notre horloge biologique serait en effet régulée par le flux et le reflux des énergies provenant d'astres comme la Lune et le Soleil.

Ainsi, il est intéressant, en cas de fatigue ou d'insomnies, de comprendre pourquoi votre énergie se bloque à ce moment-là.

Cette énergie est très présente notamment chez les musulmans : lorsqu'on se rend à la Mecque en Arabie saoudite, on pratique le rite du *Tawaf*, qui consiste à tourner sept fois autour de la Kaaba dans le sens inverse des aiguilles d'une montre, en commençant et en terminant à la pierre noire (ou Hajar al-Aswad). On dit que le Tawaf se ferait en fonction des mouvements orbitaux des corps célestes. Dans la sourate al-Ambiya, Allah dit : « Et Il est Celui qui a créé la nuit et le jour, et le Soleil et la Lune, chacun sur une orbite flottante. » Ce verset explique le fait scientifique selon lequel le Soleil et la Lune seraient en orbite ; le mouvement circulaire de la Lune autour de la Terre chaque mois et celui de la Terre autour du Soleil chaque année inclurait donc l'univers tout entier. Selon la science, dans un atome, les électrons orbitent autour du noyau dans le sens inverse des aiguilles d'une montre. Puisque tout est composé d'atomes en mouvement orbital constant, tourner autour d'un point central, ou *Tawaf*, est donc compris comme une loi cosmique à laquelle participent tous les pèlerins qui s'exécutent autour de la Kaaba (lieu le plus sacré de l'Islam, édifice datant du VIIe siècle et recouvert d'une étoffe de soie noire au centre de la cour de la grande mosquée de la Mecque). La circumambulation de la Kaaba est constante, vingt-quatre heures sur vingt-quatre, toute l'année, sauf quelques minutes pendant les cinq prières quotidiennes.

Enfin, je m'intéresse au qi gong : entre yoga et méditation, cette discipline inspirée des médecines traditionnelles asiatiques permet de remobiliser toute l'énergie du corps. Vous pouvez tester les douze exercices du zodiaque du qi gong, chacun étant lié à un bloc horaire, pour résoudre des problèmes de baisse d'énergie.

Pour en savoir plus sur les liens entre horaires et organes :

Le bloc horaire de 1 heure à 3 heures correspond au foie

3 heures à 5 heures : les poumons

5 heures à 7 heures : le côlon

7 heures à 9 heures : l'estomac

9 heures à 11 heures : la rate et le pancréas

11 heures à 13 heures : le cœur

13 heures à 15 heures : l'intestin grêle

15 heures à 17 heures : la vessie

17 heures à 19 heures : les reins

19 heures à 21 heures : le péricarde

21 heures à 23 heures : le triple réchauffeur

23 heures à 1 heure : la vésicule biliaire

Mon amie Élodie a créé un qi gong spirituel, qui permet de bouger sa circulation énergétique par le mouvement tout en faisant monter son niveau vibratoire pour se connecter à différents niveaux de conscience.

J'ai rencontré Élodie au cours de ma carrière. Elle travaillait alors en tant que directrice pour une société audiovisuelle qui s'appelait… « Troisième œil », ça ne s'invente pas ! Son fondateur l'avait nommée ainsi à la suite de cours de reiki qu'il aurait suivis. À l'époque, le troisième œil m'évoquait plus une histoire de zombie dans un film d'horreur que l'ouverture de la glande pinéale ou le regard de la connaissance de soi. Au fil des jours et des années, nous reconstituons le puzzle…

TÉMOIGNAGE

« Être clair-sentante », par Élodie Lagarrigue, énergéticienne

« Je suis clair-sentante, ce qui signifie que je sens l'énergie comme si c'était de la matière, je ressens comment elle bouge, quelle densité elle a, quel est son niveau vibratoire. Mais un don se travaille énormément. C'est comme jouer de la musique ou courir. L'énergie est un champ informationnel qui se trouve partout dans l'espace : le vide n'existe pas, tout est information et nos sens nous permettent de les décoder grâce à notre glande pinéale.

À l'âge de cinq ans, j'étais en train de regarder la télévision chez ma grand-mère. J'en garde un souvenir assez net, moi qui n'aie que très peu de souvenirs de cette époque-là. Un rayon de soleil passait par la fenêtre. À la télévision, le générique du dessin animé *Voyage au centre de la terre* montrait un mouvement pour entrer au centre de la terre et j'ai senti tout à coup mon corps se transformer peu à peu en pierre. C'était une sensation très particulière, avec des zones de pression énormes, que je n'arrivais pas à expliquer… ça ne m'a pas plu du tout.

Je me rappelle m'être dit intérieurement : *Je ne veux pas sentir ça !* Et je ne l'ai plus jamais ressenti jusqu'à ce que je fume de la marijuana à vingt ans… Je me suis rendu compte que mes amis n'avaient pas du tout les mêmes effets que moi et je me suis vraiment questionnée. L'invisible n'était pas du tout dans ma culture. J'ai fait des études scientifiques, de physique exactement, et j'ai un esprit rationnel et pragmatique. J'ai commencé à faire des recherches en m'initiant d'abord au reiki puis au qi gong. J'ai ensuite rencontré une thérapeute énergétique, avec laquelle je me suis formée à la biopolarité, une technique de soins énergétiques consistant à harmoniser la force vitale dans l'organisme humain avec un rééquilibrage par les chakras.

Je me suis formée en parallèle aux registres akashiques et pour devenir maître reiki. Ma particularité est d'enlever toutes les inflammations ; sachant que soixante-douze pour cent des maladies sont provoquées par des inflammations, il y a de quoi faire !

Lorsqu'un corps est en bonne santé, son énergie bouge dans les trois plans de l'espace et elle est fluide comme de l'eau. Lorsqu'il y a une inflammation, elle ne bouge plus que dans une direction. Il faut donc la reconduire dans les bonnes directions pour que la mémoire de l'inflammation s'en aille, que la douleur disparaisse et que le corps se régénère. »

Au fil des âges, des saisons et des climats, nos centres d'énergie évoluent. Pour éviter les dysfonctionnements et les déséquilibres énergétiques, il est utile de s'intéresser au cycle des cinq éléments exposés dans le shiatsu. Chaque élément (bois, feu, terre, métal, eau) symbolise une période à l'échelle d'une vie.

Pour en savoir plus :

Le Grand Livre du shiatsu et du do in, d'Hervé Ligot (Leduc).

Pour libérer les énergies négatives, vous pouvez également tester votre thymus ! Il existe en effet un organe dans le corps qu'on connaît peu, mais que certains qualifient de « point du bonheur ». On dit qu'il est rempli d'énergie vitale et capable de neutraliser les énergies négatives. Le thymus se trouve en haut de la poitrine, juste dans le creux en bas de votre cou, au-dessus du sternum.

Pour l'activer, vous pouvez le stimuler en le tapotant, le caressant ou le massant avec de la crème ou avec le poing pendant vingt à trente secondes, tout en respirant profondément. Une technique à effectuer sans modération, plusieurs fois par jour, surtout si vous êtes enclin au stress.

D'autre part, pendant le confinement, je prends des cours de réflexologie et de massage du visage pour mieux comprendre comment fonctionne notre corps, en commençant plus particulièrement par ses fondations : les pieds !

TÉMOIGNAGE

« Protocole de massage des pieds pour vous aider à vous sentir zen », par Laure Guillemot, podologue et réflexologue (plantaire et faciale)

« Tout d'abord, munissez-vous d'une huile de massage ou d'une crème (pour les pieds ou pour le corps). Cela facilitera la glisse et sera bien plus agréable. Ensuite, il faut trouver la meilleure position possible pour vous. Veillez toutefois à avoir un soutien au niveau des lombaires. N'hésitez pas à utiliser des coussins à positionner au niveau du dos, de la nuque, sous les genoux… là où cela vous semble bon.

Une fois bien installé, vous allez pouvoir commencer :

Frottez vos mains l'une contre l'autre afin de les réchauffer et de faire monter votre énergie.

Prenez un peu d'huile ou de crème et étalez-la partout sur votre pied (sauf entre les orteils). Prenez le temps de bien envelopper la totalité de votre peau, savourez l'instant.

Faites tourner votre cheville (zone 1) à l'aide de vos mains, au moins trois fois dans un sens puis trois fois dans l'autre.

Un à un, attrapez chaque orteil et tirez-le comme si vous vouliez l'éloigner le plus possible de votre pied. Tout en maintenant cet étirement de votre orteil, faites-le tourner plusieurs fois dans un sens puis dans l'autre (zone 2). Répétez cette manœuvre deux fois : du gros orteil au cinquième orteil puis du cinquième orteil au gros orteil.

Ensuite, vous pouvez appuyer plusieurs fois sur le point situé sous les "coussinets" dans le prolongement de l'espace entre le deuxième et le troisième orteil (le schéma va vous aider à trouver le bon endroit). Puis lissez de part et d'autre de ce point en direction des bords latéraux du pied (zone 3). Cette zone représente le diaphragme en réflexologie. Je vous invite à profiter de ce moment pour faire de profondes respirations. Cela va optimiser les effets du massage.

Vous pouvez répéter cette manœuvre trois fois.

Après cela, vous allez masser le bord interne du pied (zone 4), tout le long de la voûte plantaire. En réflexologie, cela équivaut à un massage de la colonne vertébrale. Je vous recommande de faire plusieurs passages, du gros orteil jusqu'au talon (ou en sens inverse), en insistant sur les zones douloureuses (s'il y en a).

Vous allez maintenant vous occuper du bord externe du pied (zone 5), depuis le talon jusqu'à la zone située juste en arrière du cinquième orteil. Cela correspond aux membres (inférieurs et supérieurs) en réflexologie. Je vous invite à faire plusieurs passages et à insister sur les zones douloureuses.

Poursuivez le massage en massant toute la partie plantaire du pied située entre les "coussinets" et le talon (zone 6). En réflexologie, cela correspond à la zone gastro-intestinale et aux organes internes situés dans cette zone. Vous pouvez faire des mouvements amples ou de toutes petites manœuvres, à la recherche de tensions éventuelles afin de les dénouer.

Enfin, vous pouvez appuyer sous la pulpe du gros orteil (zone 7). Cette zone correspond en réflexologie au cerveau avec le siège de l'émotionnel. Elle n'est pas facile à masser ; je vous conseille d'utiliser votre pouce afin d'alterner écrasement et relâchement.

Pour finir, enveloppez le pied en entier, comme au début. »

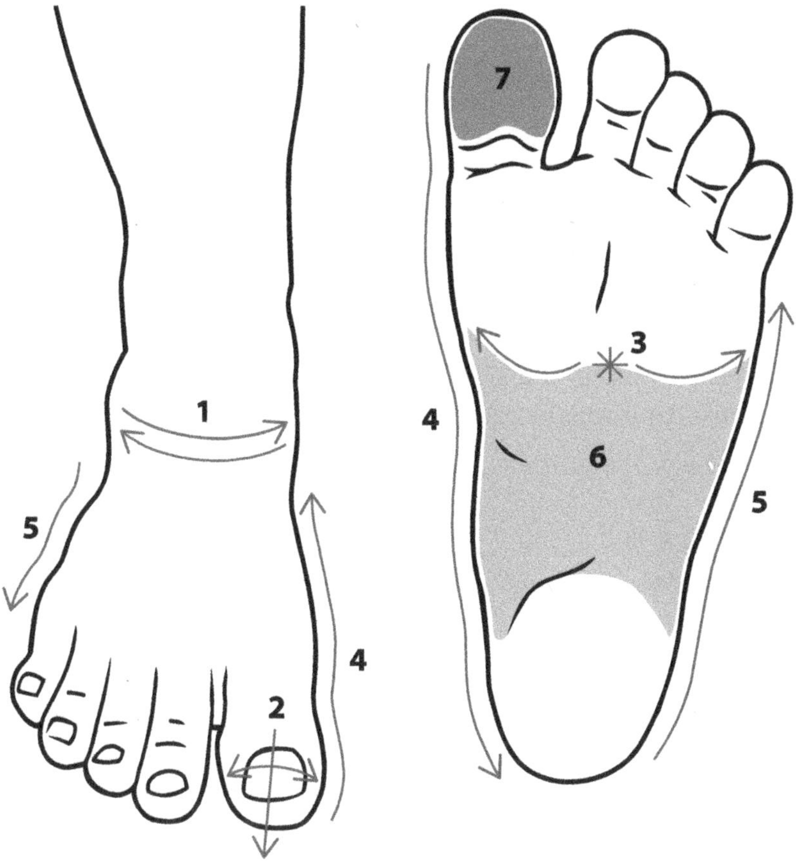

Christine, une amie croisée à Bali, thérapeute psycho-corporelle, m'explique les bienfaits d'une technique sur le visage, le Dien Chan, mais aussi de la thérapie transpersonnelle.

TÉMOIGNAGE

« Le Dien Chan », par Christine Sorabella, réflexothérapeute et formatrice en Dien Chan

« La réflexologie faciale ou Dien Chan est née grâce à l'acupuncteur vietnamien Bûi Quôc Châu. Comme tout type de réflexologie, c'est à partir de différentes représentations cartographiques du corps sur le visage que nous allons agir sur tout l'organisme. Toutefois, le Dien Chan va plus loin : outre son action sur des zones, nous agissons également avec des points spécifiques, appelés points BQC. Le travail combiné des points et des zones permet au Dien Chan d'être largement reconnu pour sa rapidité d'action.

Bien que la technique soit importante dans cet outil, l'invisible est lui aussi très présent et cela par… le pouvoir de l'intention ! Cela me renvoie à mon premier cours d'énergétique chinoise, il y a plus de quinze ans, et l'impact sur moi de cette simple phrase : “l'énergie suit la pensée” ! Ce fut une révélation ! Aussi, aujourd'hui, je m'attelle à incarner ce principe tant dans ma vie personnelle que professionnelle. »

TÉMOIGNAGE

« Protocole de massage du visage pour rayonner », par Laure Guillemot

« Inspiré de la réflexologie faciale aussi appelé Dien Chan, ce protocole visage va vous permettre de vous sentir parfaitement bien. Vous n'aurez besoin que de vos mains pour réaliser ce massage. Toutefois, n'hésitez pas à profiter de ce moment pour hydrater votre visage avec une crème adaptée. Les premières fois que vous réaliserez cette séance, je vous conseille de vous placer face à un miroir afin de vérifier la position de vos doigts sur votre figure.

Commencez par frotter vos mains afin de les réchauffer et d'activer votre énergie.

Vous allez commencer par faire un mouvement de lissage global du visage : paumes de mains face à vous, posez le bout de vos doigts sur votre menton et remontez vos mains jusqu'à ce que vos doigts arrivent à hauteur du front en gardant les mains plaquées contre le visage (il n'est pas nécessaire de passer sur le nez). Puis écartez vos mains jusqu'aux oreilles en étirant la peau comme pour un lifting. Faites glisser vos doigts le long du contour extérieur du visage pour rejoindre le menton (Fig. 1).

Vous pouvez répéter ce lissage au moins trois fois (et au maximum quinze fois).

Ensuite, vous allez positionner une main largement ouverte, paume sous le menton, et la descendre le long du cou. Puis vous alternez avec l'autre main, dix à trente fois (Fig. 2).

Après le cou, vous allez pouvoir vous occuper de votre nuque : frottez-la énergiquement (avec une main puis l'autre) en insistant particulièrement autour de la petite saillie osseuse qui ressort à cet endroit (Fig. 3).

Vous allez maintenant utiliser vos doigts comme les dents d'un peigne et vous allez les positionner en haut et au milieu du front. Vous allez écarter vos mains l'une de l'autre en direction des tempes en imaginant que votre front est un jardin zen japonais et que vos doigts sont le râteau qui retire le stress et le trop-plein émotionnel. Repositionnez vos mains comme au début, mais un peu plus bas au niveau des yeux et du haut du nez afin de peigner à présent cette partie. Continuez ainsi jusqu'à être passé sur tout le visage, de haut en bas. Recommencez toute la procédure de bas en haut puis de haut en bas (Fig. 4).

À présent, vous allez vous concentrer sur des zones plus précises. Pour chaque endroit (Fig. 5), il convient d'abord de tapoter du bout des doigts environ trente secondes puis de lisser trente secondes avant de passer à la zone suivante. Ainsi, vous allez vous occuper de :

1. la pointe du menton ;
2. la zone au-dessus de la commissure des lèvres ;
3. la zone située à droite du nez ;
4. le dessus et le dessous des yeux.

Enfin, vous allez appuyer trois fois de suite sur les points qui suivent (Fig. 5) :

1. le point 26 qui calme et qui correspond au système nerveux parasympathique en Dien Chan ;
2. le point 60 qui correspond au cœur en Dien Chan ;
3. le point 124 qui calme et est antidépresseur en Dien Chan ;
4. le point 34 qui apaise le système nerveux en Dien Chan ;

5. le point 103 qui agit sur le cerveau et correspondrait à l'activation du troisième œil en Dien Chan.

Il convient d'appuyer la première fois doucement, la deuxième fois moyennement et la troisième fois plus fortement. Vous pouvez appuyer avec la pulpe d'un doigt ou avec un capuchon de stylo. »

Figure 1 et 2

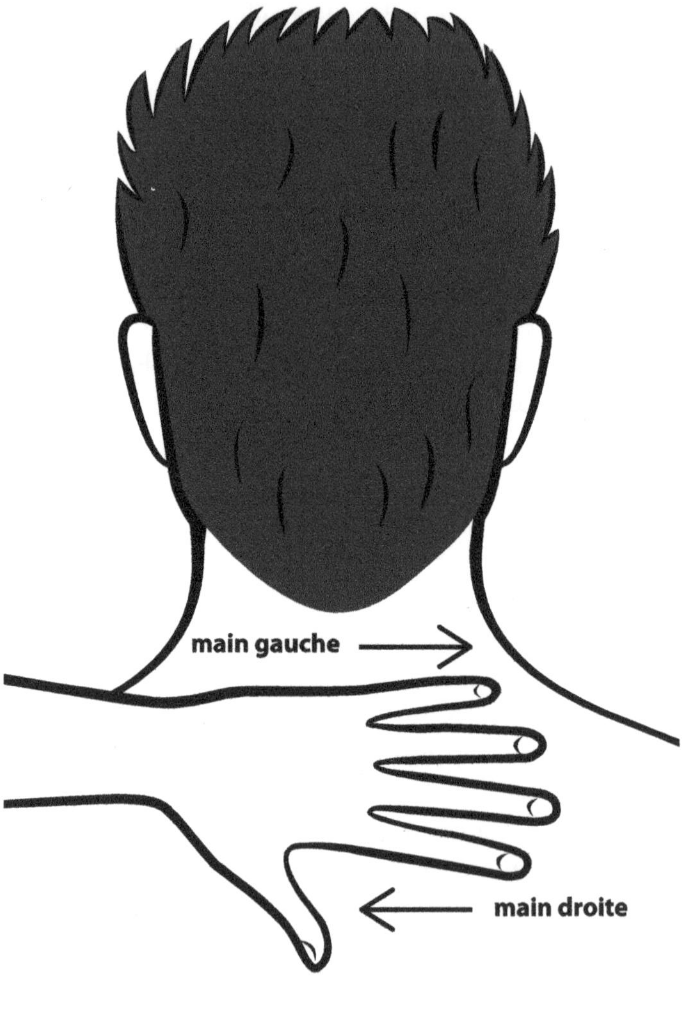

Figure 3

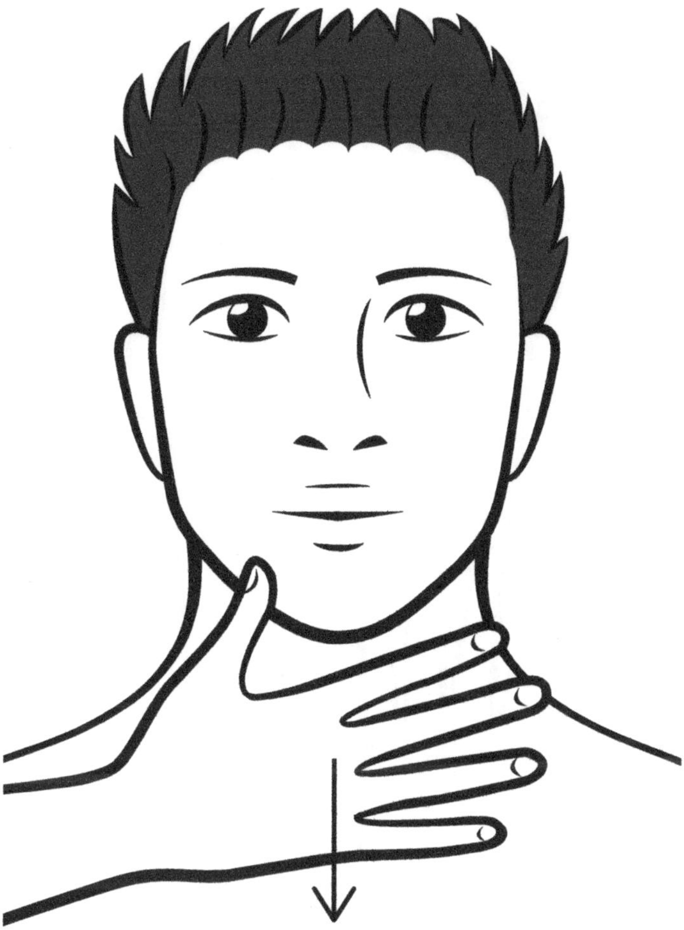

Figure 4

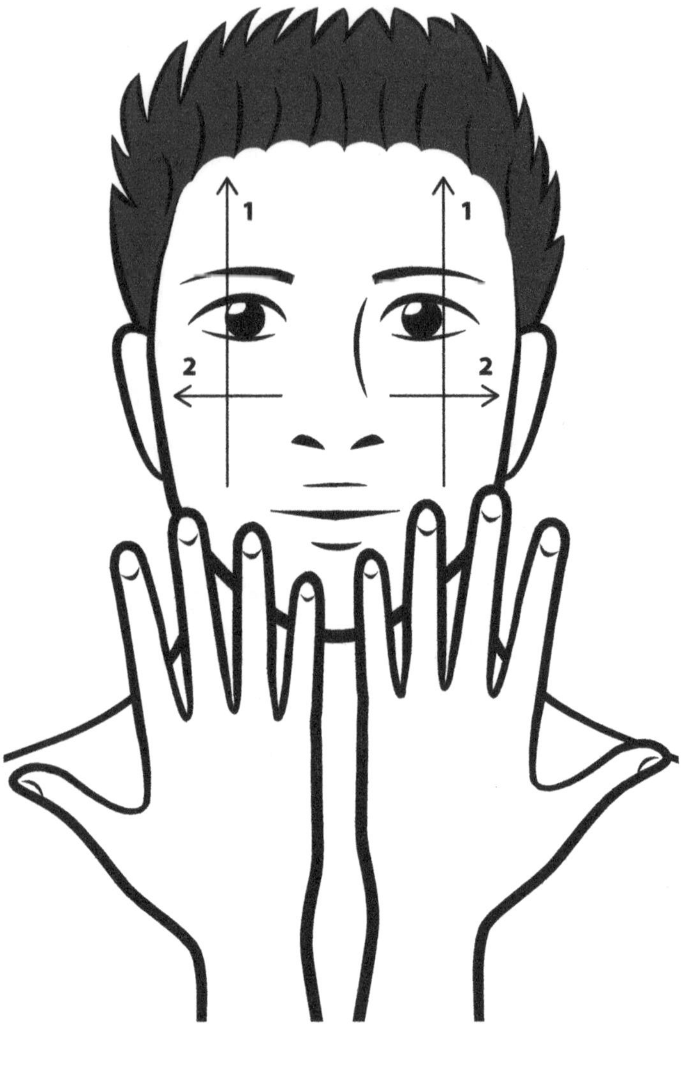

Figure 5

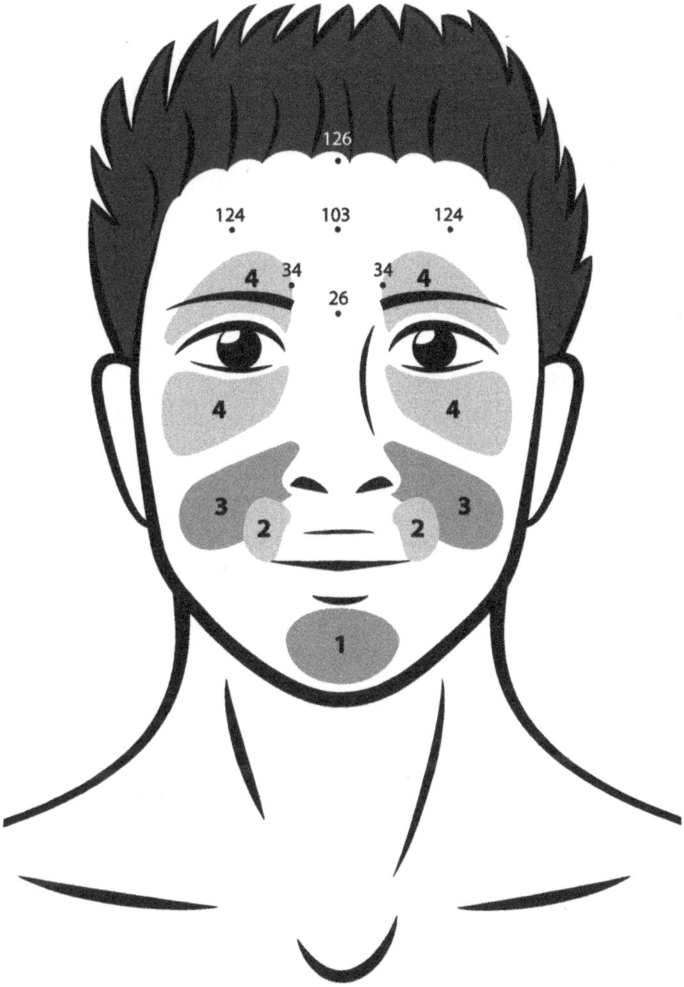

TÉMOIGNAGE

«La thérapie transpersonnelle», par Christine Sorabella, réflexothérapeute et formatrice en Dien Chan

«Le mouvement des thérapies transpersonnelles est né dans les années 1960 avec Abraham Maslow et Stanislas Grof et n'a cessé de croître. Elles prennent en compte la dimension spirituelle au cœur de l'Humain et utilisent différents outils d'ouverture de conscience élargie comme la respiration, l'hypnose, la psychanalyse, mais aussi le chamanisme, l'énergétique… un travail tant sur la psyché que sur le corps.

Notre corps "engramme" tout ce que nous vivons ; c'est en s'appuyant sur le ressenti et l'état émotionnel d'une situation et grâce aux différents outils de modification de conscience qu'il est possible d'atteindre la source, la première fois où notre conscience a vécu une difficulté, ce peut être dans cette vie, dans la vie intra-utérine, dans une autre vie… Cela nous permet de "nettoyer" ces mémoires jusqu'au cœur de nos cellules et de notre âme, pour enfin Être.»

Je découvre avec une amie, Joyce, ancienne infirmière, les bienfaits de l'Access Bar.

TÉMOIGNAGE

«L'Access Bar», par Joyce Michot

«Infirmière en salle de soins depuis 1989, à l'hôpital public de Paris, le toucher et la relation d'aide à l'autre ont toujours été une évidence pour moi. J'ai fait une formation en réflexologie plantaire, et c'est là que j'ai découvert toute l'énergie que j'avais dans les mains. J'ai voulu approfondir, et faire une formation en magnétisme, puis en mémoires akashiques, et enfin en Access Bar qui est une technique énergétique consistant à toucher trente-deux points sur la tête pendant une heure environ. Elle permet de libérer des mémoires anciennes et cellulaires. Les premiers bienfaits se font sentir rapidement, avec une relaxation profonde, une diminution du stress et beaucoup plus de calme. Cela va permettre de vider le mental surchargé, de faire de la place, de donner de l'espace pour de nouvelles intentions, et d'ouvrir la conscience. On élimine ainsi des schémas répétitifs, des pensées et croyances limitantes, en mettant fin au bavardage mental. On se sent plus léger, plus joyeux, on allège sa vie, son quotidien ! »

Je m'intéresse ensuite aux fréquences sacrées de guérison, des sons qui, dit-on, agiraient en profondeur sur notre esprit, notre cœur et notre âme en stimulant notre conscience. On les appelle le solfège originel ou solfège secret. Cette gamme a été développée par un moine bénédictin, Guido d'Arezzo (992-v. 1050), puis perdue pendant des siècles, retrouvée par le Dr Joseph Puleo et décrite dans *Codes de guérison pour l'apocalypse biologique* par le Dr Leonard Horowitz. Ces fréquences ont des pouvoirs particuliers ; elles étaient utilisées lors de bénédictions spirituelles ou dans les chants grégoriens et les musiques chamaniques…

Pour en savoir plus sur les fréquences sacrées :

174 Hz : favorise le sentiment d'ancrage, réduit la douleur physique, apporte un sentiment de sécurité et de sérénité.

285 Hz : redynamise les tissus et le corps, restructure les organes endommagés, régénère l'énergie.

396 Hz : restabilise le chakra racine, libère les sentiments de culpabilité et de peur, nettoie les blocages cachés et les croyances négatives.

417 Hz : nettoie les expériences traumatisantes du passé, accompagne vers le changement, dénoue les difficultés et les expériences négatives, donne de l'énergie pour changer sa vie.

432 Hz : réduit le stress et l'anxiété, augmente le bien-être, développe l'intuition et la créativité.

528 Hz : répare l'ADN, amène la paix intérieure, en lien étroit avec le nombre d'or, stimule la clarté d'esprit et l'éveil, favorise les miracles.

639 Hz : harmonise nos relations avec les autres, apaise les conflits, améliore la communication et augmente l'amour et la tolérance.

741 Hz : amène vers l'éveil, développe l'expression de soi, conduit à une vie plus saine et des changements dans le régime alimentaire.

852 HZ : conduit à la vérité, développe notre intuition, permet d'accéder à l'amour vrai (l'amour inconditionnel), transforme les cellules vers un niveau supérieur.

963 Hz : apporte un sentiment d'unité, reconnecte à l'énergie universelle et au monde spirituel, active le chakra du troisième œil, aide à exprimer notre vérité et notre vraie nature.

Notre corps posséderait en lui-même un immense potentiel de guérison qui pourrait être réactivé de diverses manières.

En réintégrant mes « dons » de femme guérisseuse, intuitive, voyante, c'est comme si j'avais l'impression de retrouver une juste place, alignée avec ce besoin que j'ai toujours eu d'aider à restaurer l'équilibre et l'harmonie autour de moi. J'imagine que des milliers d'autres hommes et femmes doivent également le ressentir dans leur cœur, comme une mémoire de « pouvoirs ancestraux », qui reviendrait par bribes, éveillant nos doutes dans toute la complexité de notre monde « moderne ».

« Soigne-toi ma fille avec les rayons du soleil et de la lune, avec le son de la rivière et la cascade, avec le voyage de la mer et la flotte des oiseaux.
Soigne-toi ma fille avec les feuilles de menthe, l'huile du neem et l'eucalyptus.
Adoucis-toi avec la lavande, le romarin et la camomille.
Embrasse-toi avec du grain de cacao et une touche de cannelle.

Mets de l'amour dans le thé au lieu du sucre et prends-le en regardant les étoiles.
Soigne-toi ma fille avec les baisers que te donnent le vent et les câlins de la pluie.
Deviens forte avec les pieds nus sur la terre et avec tout ce qui vient d'elle.
Deviens de plus en plus intelligente en écoutant ton intuition, en regardant le monde avec l'œil du front.
Saute, danse, chante pour te rendre plus heureuse.
Soigne-toi ma fille avec la beauté de l'amour, et souviens-toi toujours :
Tu es le médicament. »

Hernán Huarache Mamani,
La Prophétie de la femme médecine

Leçon n° 7 :
Le magnétisme et le pouvoir de guérison

- Le pendule est intéressant pour transmettre l'état d'énergie à un moment précis d'une personne.
- Il est bon de penser à se protéger lorsqu'on travaille sur le magnétisme et les énergies, pour ne pas être atteint par les pathologies de ceux qu'on soigne.
- Il faut prendre soin de son « point du bonheur », le thymus.
- Il est utile de s'intéresser à notre horloge biologique pour comprendre, en fonction des heures où surviennent nos moments de fatigue ou de stress, à quels organes ils sont reliés.
- Certaines fréquences musicales ont des pouvoirs d'harmonisation et de guérison.

Le taux vibratoire de ce qui nous entoure

Dialogues accordés avec mon enfant intérieur

Moi : As-tu déjà eu le sentiment de te sentir vide ?

Elle : Des milliers de fois. L'impression de vivre une solitude immense que rien, presque rien, ne pourrait effacer.

Moi : Pourquoi presque rien ?

Elle : L'amour pourrait combler tout ça.

*

Je commence à comprendre que tout ce qui nous approche, de près ou de loin, qu'il s'agisse de personnes, d'objets ou de lieux, influe sur notre taux vibratoire et que c'est un travail de tous les instants de choisir de maintenir en nous un taux vibratoire élevé.

Aujourd'hui, je comprends la signification du chemin que j'ai emprunté, de toutes ces montagnes que j'ai dû gravir et dépasser, lorsque j'ai décidé, dans un contexte d'énergies pourtant assez violentes et toxiques autour de moi, de me relier aux vibrations positives.

J'ai clairement fait le choix d'entrer en résistance contre ce que j'estimais être la dureté du monde et de la combattre avec les seules armes que j'avais trouvées en moi : l'enthousiasme, la bienveillance et les ondes positives. Au fond, c'est certainement ce qui m'a sauvée.

« Que la force me soit donnée de supporter ce qui ne peut être changé et le courage de changer ce qui peut l'être, mais aussi la sagesse de distinguer l'un de l'autre. »

Marc Aurèle, empereur romain, philosophe

Des années plus tard, j'aborde désormais la vie sous un tout autre prisme. Je ne peux m'empêcher de penser que nous sommes tous venus sur cette terre pour quelque chose de précis, que nous avons chacun une « mission de vie ». J'ai même le sentiment diffus que nous nous sommes fixés avant de venir un « plan de route », tel un chemin idéal à suivre avec des gens que nous devrons croiser au fil de nos péripéties. Il y aura les belles personnes, celles qui donnent des ailes et aident à avancer, celles qui font chanter votre cœur lorsque vous les rencontrez… et puis il y a les autres… Celles que l'on peut voir comme des ennemis à abattre, mais qui ne sont que la projection de ce sur quoi nous devons travailler en nous-même. Elles nous permettent par la contradiction et l'opposition d'avancer en niveau de conscientisation du monde et d'élever ainsi notre âme.

TÉMOIGNAGE

« Change ton monde intérieur », par Caroline Karout, psychologue

« La société n'est pas seulement le monde que tu perçois, c'est aussi le monde intérieur, le monde qui est en toi.

La violence extérieure n'est que le reflet de ta lutte avec toi-même, de tes frustrations, de tes émotions refoulées, de ta violence, de tes croyances.

Pour changer le monde extérieur, celui dans lequel tu évolues, sans violence, il suffit de changer ton monde intérieur, celui qui est en toi.

Alors, comment faire ?

Eh bien, c'est très simple et très difficile à la fois : change ton regard sur le monde et le monde changera.

Changer de regard veut dire changer d'angle d'observation pour avoir une autre perspective, une autre vision du monde.

Une vision unifiée, sortir de la division, de la dualité où il y a d'un côté le bien et de l'autre le mal, la matière et l'esprit, le visible et l'invisible, l'être humain et la nature, toi et moi.

Et pour développer une perception qui soit unifiée, entière et non duelle, c'est la manière dont tu vois et comprends le monde qui est appelée à changer.

"Aucun problème ne peut être résolu sans changer le niveau de conscience qui l'a engendré", disait Albert Einstein.

Nous sommes engagés au cœur d'un changement planétaire.

Cette transition fait partie de notre évolution en tant que race humaine.

Puisse cela se faire dans la douceur. »

La vie est parfois faite de défis et d'épreuves et lorsque nous tombons dans les pièges qu'elle nous tend et que nous reproduisons les mêmes erreurs, nous ne passons pas au niveau supérieur… Nous sommes voués à taper en vain à la même porte dix fois, vingt fois de suite jusqu'à ce que nous ayons compris le mécanisme à mettre en place pour entrer et avancer. À chacun ses défis, en fonction de ce qu'il doit travailler intérieurement pour évoluer. C'est ainsi que nous nous transformons en gravissant de sinueux chemins, parfois difficilement, mais souvent en y laissant des plumes. Pour moi, le but véritable de toute vie est d'élever nos consciences et d'expérimenter l'amour inconditionnel. Tout le reste n'est que décorum : le masque social, la fonction que vous exercez, ce que vous représentez, l'image que vous donnez ne sont que pure illusion. Lorsque vous augmentez en niveau de conscience, comme dans une radio avec différentes fréquences, vous montez en intensité, et vous retrouvez et attirez toutes les personnes qui sont sur cette même longueur d'onde. Parfois vous vous ferez de nouveaux amis, qui correspondront mieux à votre chemin de vie et à votre nouvel état d'esprit. Bien souvent, vous laisserez sur la route d'autres personnes, aux niveaux de fréquence inférieurs aux vôtres. Cela n'est pas obligatoirement définitif, car elles pourront elles aussi évoluer à leur tour et recroiser un jour votre parcours lorsqu'elles auront changé de niveau de fréquence. Laissez-leur le temps d'effectuer le travail nécessaire pour s'élever. Recherchez plutôt en attendant la compagnie des personnes de même niveau de fréquence que vous, ou de niveau supérieur, car elles vous tireront vers ce qui est juste pour vous : vers le haut.

« Croire que notre conscience se trouve dans le cerveau équivaut à croire que l'orchestre se trouve dans la radio », explique Nassim Haramein, physicien quantique.

L'atome, base de la matière, est composé d'énergie, de charges (protons, neutrons, électrons, etc.), elles-mêmes faites de particules.

Pour cet autodidacte et libre-penseur qui sort des circuits scientifiques conventionnels, tout dans l'univers est connecté grâce à une compréhension unifiée de la gravité : c'est l'espace qui définit la matière et non la matière qui définit l'espace. Ainsi, même le vide serait plein de l'énergie universelle, puisque tout ne ferait qu'un.

Les recherches de Nassim Haramein intriguent un nombre grandissant de scientifiques ; le physicien a beaucoup de détracteurs dans la communauté scientifique, comme Aurélien Barrau, astrophysicien et philosophe français. De l'autre côté, la structure de la réalité qu'il décrit, et qui se rapprocherait de certaines indications données par d'anciennes civilisations, a donné lieu à des équations qui auraient permis de faire des prédictions confirmées par le prestigieux Paul Scherrer Institute en Suisse.

« Dis-moi qui tu fréquentes, je te dirai qui tu hais », disait l'acteur, chanteur et humoriste Francis Blanche... Horrible devise qui m'a malheureusement été démontrée dans le milieu des médias où j'ai longtemps évolué : chacun s'y toise, se jalouse, s'envoie des « ma chérie » ou « mon chéri » à tout va sans pouvoir se supporter en réalité. Dans ce monde impitoyable, le parapluie de ma bienveillance brandi comme un doux cocon a plusieurs fois été transpercé. Et j'ai moi aussi fait bien des erreurs sur le chemin. Dans *Le Livre tibétain de la vie et de la mort*, Sogyal Rinpoché explique à ce sujet que les trois choses qui nous rendent malheureux sont la colère, la jalousie et le désir. C'est pourquoi j'essaie, autant que possible, de m'en écarter et m'en protéger.

Plus j'avance, moins je me sens en accord avec les auras et les taux vibratoires de certaines personnes. Lorsque c'est le cas, je m'en éloigne aussitôt.

Je crois tout simplement qu'à des moments de notre vie, nous nous sentons proche de certains profils pour différentes raisons, puis qu'il peut nous arriver de nous en éloigner lorsque ce « contrat d'âme » se termine : l'énergie négative stoppe d'elle-même la relation comme si elle nous libérait d'une dette karmique, que ce soit de façon volontaire ou provoquée par un événement extérieur (accident, trop-plein d'émotions, nouvelle compréhension des événements...). Les autres pourront avoir du mal à se décrocher, souhaitant recevoir encore toute votre attention et continuer à « vampiriser » votre énergie. Lorsque vous sentez que ce n'est plus juste avec quelqu'un, c'est que votre âme cherche à évoluer vers de nouvelles personnes dont l'énergie sera mieux ajustée à la vôtre.

Dans une corbeille de fruits sains, un seul fruit pourri peut contaminer tous les autres. Il en va de même quand nous sommes en contact avec des personnes négatives et toxiques. S'entourer de gens positifs, sains, enthousiastes et joyeux permet d'élever sa vibration. Fuyons les autres.

Je vous conseille donc de ne plus laisser entrer dans votre vie des relations fondées sur la peur, où vous vous sentirez comme « en laisse ».

Il est possible de couper ces liens intenses qu'on appelle « éthériques » afin qu'ils ne vous fassent plus souffrir et ne vous fatiguent plus. Pour ce faire, j'ai appris à demander l'aide de mon archange préféré, Michaël. Je l'appelle : « Cher Michaël, j'ai besoin de toi maintenant ! S'il te plaît, coupe les liens de peur/colère/tristesse/douleur/ressentiment qui me lient à cette personne et qui affectent ma vitalité et mon énergie. » Bien souvent, je ressens ensuite des changements dans mon corps, je suis plus légère, plus énergique, plus vivante. Parfois, j'ajoute : « Michaël, remplace pour moi la souffrance par de la douceur, de la bienveillance et de la paix, maintenant ! » À vous de jouer pour choisir votre « gardien » en fonction de vos croyances et de votre propre spiritualité.

TÉMOIGNAGE

« Rentre à l'intérieur de toi », par Caroline Karout, psychologue

« Il n'y a pas d'issue dans ce monde.
Tu es enfermé, confiné, conditionné.

Depuis tellement longtemps, j'observe la vie, j'observe ma vie…
Par ma profession, j'ai navigué dans des milliers d'histoires de vie.
J'ai exploré un nombre infini d'ouvrages de psychologie humaine.
Expérimenté tellement d'approches et de techniques.

Quels que soient les changements que tu effectues dans le monde (conjoint, profession, lieu de vie…), tu crois que ça change parce que la forme change, mais au fond rien ne change.

Ou que tu ailles dans la lutte, dans la fuite, tôt ou tard tu rencontres les barreaux de ta prison, des problématiques.

Des schémas répétitifs, les mêmes scénarios qui se répètent encore et encore.

Il n'y a pas d'issue dehors, dans le monde dans lequel tu évolues, parce que ce sont tes blessures (celles que tu hérites des générations qui te précèdent), que tu projettes sur l'écran de ta conscience, comme sur un miroir, et ça crée ta vie, ton histoire, ton rêve, ton cauchemar.

Le constat est affligeant n'est-ce pas ? Alors, que faire ?

Une issue, une seule, la seule.

Rentrer dedans, à l'intérieur de toi, loin, loin, loin.

Observer cet espace intérieur, observer le désastre, prendre conscience.

Puis relever tes manches, t'occuper de chaque blessure, de chaque émotion refoulée, de chaque pensée toute faite, de chaque conditionnement.

Apprendre à t'accueillir dans tous tes états, dans toute ta vulnérabilité, dans tout ce qui fait de toi ce que tu es.

Apprendre à sortir de la lutte et de la violence avec toi-même.

Apprendre à t'aimer, à te pardonner, à aimer l'autre, à lui pardonner aussi…

Apprendre à dire oui, à faire UN avec LA Volonté au plus profond de toi.

Te soumettre à LA Volonté, au Souverain en toi.

Obéir à l'Autorité à l'intérieur de toi.

Alors ta volonté n'est plus une volonté personnelle, mais LA Volonté de CE QUI EST.

De ce qui émerge en toi.

Et au fond de toi ça s'apaise… vraiment.
Tu l'observes enfin dans ta vie, dans les situations et avec les autres…
Tout devient fluide, tout se fait naturellement, tout est vivant, intense, joyeux… »

L'humain est un magicien qui s'ignore. Nos pensées ont leurs énergies propres. La peur est elle aussi une énergie déclenchée par notre imagination. Maîtriser nos pensées et notre imagination, c'est maîtriser leurs énergies et donc se renforcer pour avancer en confiance.

Pour en savoir plus :
La Divine Matrice, de Gregg Braden (J'ai lu) : les miracles pourraient en réalité nous indiquer nos immenses possibilités au-delà de nos limites scientifiques. Il existerait un lieu où commenceraient toutes choses, un endroit de pure énergie où tout serait possible. En 1944, Max Planck, le père de la physique quantique, a étonné le monde en disant que cette « matrice » était le lieu d'origine des étoiles, de l'ADN et tout ce qui existe.

J'attire maintenant dans ma vie des relations pour la plupart fondées sur la bienveillance et l'amour. Parfois, les rencontres sont très surprenantes, comme s'il y avait reconnexion et que je connaissais déjà la personne depuis toujours. Ce fut le cas par exemple avec mon amie Johanna. À Bali, tout le monde n'a eu de cesse de nous appeler les « jumelles » : nous avions chaque fois les mêmes goûts, les mêmes envies, les mêmes enthousiasmes, les mêmes idées au même moment… À la petite différence près que physiquement, je suis blanche et Johanna, noire.

Bref, je me rapproche en permanence de ces personnes que j'appelle « rayons de soleil ».

« Une personne “rayon de soleil”, c’est quelqu’un qui te tombe dessus quand tu ne t’y attends pas.
Cette personne n’est pas spécialement intelligente, belle, riche… c’est quelqu’un qui t’apporte de la lumière quand tu pensais que tu allais rester dans le noir pour toujours.
C’est quelqu’un de spécial, quelqu’un qui ne ressemble en rien à tous les gens que tu croises tous les jours.
C’est quelqu’un qui a un rire qui s’élève et qui te fait t’élever en même temps. C’est quelqu’un qui te fait sentir que tu es vraiment en vie, même après avoir été engourdi pendant des années. »

James Bodhisattva

Maintenant que je connais la magie de fréquenter un tel type de personnes, je les appelle de plus en plus à entrer dans mon existence. Je vous engage à demander : « Je souhaite que de telles rencontres rayons de soleil fassent irruption dans ma vie et que je puisse m’y abandonner de tout mon cœur. »

« Laisse partir les gens qui ne sont pas prêts à t’aimer !
C’est la chose la plus difficile que tu auras à faire dans ta vie, et elle sera aussi la plus importante : arrête de donner ton amour à ceux qui ne sont pas prêts à t’aimer.
La vérité, c’est que tu n’es pas tout le monde…
La chose la plus précieuse et la plus importante que tu as dans ta vie, c’est ton énergie.
Ce que tu donnes chaque jour est ce qui se créera de plus en plus dans ta vie.
C’est ceux à qui tu donneras ton temps et ton énergie qui définiront ton existence.
Fais de ta vie un refuge sûr, dans lequel seules les personnes “compatibles” avec toi sont autorisées.

> Décide que tu mérites une amitié réelle, un engagement véritable, et un amour complet avec les personnes qui sont saines et prospères.
> Puis attends… Et regarde à quel point tout commence à changer… »
>
> Anthony Hopkins

Je change mon regard sur la vie. Le matin, lorsque je me réveille, je décide que j'entre dans un monde où tout sera le plus doux possible et que de bonnes choses arrivent sur mon chemin.

Je tente de m'alimenter un maximum en paix, délicatesse, altruisme et humanité, dans les paroles autant que dans les pensées, les intentions et les actions. J'essaie également d'être tendre avec moi-même.

C'est ainsi que j'augmente peu à peu mon taux vibratoire.

Je m'intéresse de plus en plus à la physique quantique qui a mis en avant ce qui peut affecter notre fréquence vibratoire et auquel j'accorde une attention particulière :

- dans mes rencontres : on dit que nous sommes le produit des cinq personnes que nous fréquentons le plus. Si vous vous entourez de personnes positives, vous serez contaminé par leur vibration ;
- dans mes pensées : chaque pensée émet sa propre fréquence qui revient à son origine : si nous émettons des pensées négatives, elles se retournent contre nous. Il s'agit donc d'apprendre à cultiver un état d'esprit positif ;
- dans mes paroles : critiquer les autres altère notre fréquence vibratoire. S'il m'arrive d'avoir une pensée négative sur quelqu'un, je parviens souvent à me maîtriser en imaginant que la personne est derrière moi et m'écoute, cela me coupe *de facto* toute envie d'en dire du mal ;
- là où se pose mon regard : si on regarde des programmes télévisés mettant en valeur pessimisme, violence et malheur, cela affecte notre

fréquence vibratoire. Je contemple désormais des choses qui me font du bien et me permettent de vibrer plus haut, comme la nature… ;

- dans ce que j'écoute : je mets des musiques inspirantes, aux paroles positives et gaies, car cela me permet d'attirer la joie ;
- dans ce que je consomme : je mange des aliments plus vibrants, frais, moins transformés, plus naturels. Je remercie les aliments pour l'énergie qu'ils m'apportent. Je prête aussi attention à l'eau que j'ingère : je demande par l'intention de réénergiser l'eau que je bois ;
- dans ce que je visualise : je me plonge dans la réalité lumineuse que je veux voir en moi et autour de moi. Me connecter à l'énergie de cette réalité devient naturel pour moi et me porte vers de hautes vibrations ;
- dans mon corps : je fais des massages pour rehausser le taux vibratoire de mon enveloppe corporelle. Prendre soin de son corps est aussi vecteur de bonnes énergies ;
- chez moi : je suis attentive à ranger, laver, organiser et prendre soin de mon environnement. C'est ainsi que j'envoie un message positif à l'univers. J'y respire mieux.

Les douze symptômes de l'éveil spirituel seraient les suivants :

- j'apprécie chaque instant : je suis plus attentive au chemin qu'à la destination ;
- je n'attends rien en retour : merci *Les Cinq Accords toltèques* du chaman Don Miguel Ruiz ;
- je ne m'inquiète plus, car… je ne fais plus de suppositions et je n'entre plus dans la guerre de la compétition ni de la performance ;
- je n'ai plus d'intérêt pour les conflits, car c'est plutôt dans le silence et la méditation que les justes réponses me parviennent ;
- je n'interprète plus les actions des autres : je n'en fais pas une affaire personnelle ;
- je me sens connectée avec la nature ;

- je ne me juge plus : je trace ma route sans être freinée par l'avis des autres ;
- j'agis spontanément, sans peur et je fais toujours de mon mieux ;
- je positive et j'apprécie ceux qui m'entourent ;
- je ne critique plus les autres, car j'ai compris que chacun mène son propre combat personnel ;
- j'ai tendance à laisser les choses arriver, car j'ai confiance en l'univers et en ses signes ;
- j'ai souvent envie de sourire, car je me sens guidée, soutenue sur le chemin.

C'est ainsi que l'on peut attirer à soi de plus belles expériences et manifester une vie à la hauteur de ses objectifs.

Il est utile de nettoyer régulièrement son corps des énergies polluantes ; on peut le faire selon plusieurs techniques :

- Avec de l'encens : imprégnez-vous de l'odeur de l'encens pour vous purifier.
- Avec du gros sel : versez trois cuillères à soupe de gros sel dans un récipient contenant deux litres d'eau puis faites-y tremper vos pieds pendant une demi-heure en maintenant votre esprit sur des pensées positives.
- Avec de l'ail : très prisé contre le mauvais œil et les forces maléfiques, l'ail vous protège.

Ne dit-on pas que certains lieux ou objets ont une « âme » ?

J'ai découvert qu'ils avaient eux aussi leur propre énergie à travers de nouvelles expériences surprenantes, qui ont commencé par d'étonnantes visions.

Un jour, laissant mon esprit vagabonder, mon regard s'est posé sur un tableau que m'avait offert quelque temps auparavant une de mes amies d'enfance, Marie-Gabrielle. Cette toile, représentant un homme à mi-chemin entre Picasso et Jean-Paul Gaultier, s'est mise à changer d'aspect et à se transformer tour à tour en un visage de femme d'une grande douceur qui me regardait, puis en un visage de vieil homme qui m'a poussé soudain à émettre une phrase à voix haute : « Je veux voir mon fils. » J'ai clairement visualisé ce petit garçon, un jeune Asiatique au visage triste ; j'ai ressenti une peine immense, celle d'être séparée de quelqu'un d'extrêmement proche de moi… J'ai eu beaucoup de mal à me sortir de cet état de tristesse par la suite.

Autre expérience tout aussi troublante : Kim a peint pour moi une lionne en noir et blanc qui trône au-dessus de mon lit. Alors que je paressais dans ma chambre, mon œil a été attiré par le côté gauche du tableau. Comme en surimpression lumineuse, un couple qui s'embrassait m'est alors apparu. J'étais tellement stupéfaite de cette vision que je l'ai prise en photo puis envoyée à mon amie qui a été aussi abasourdie que moi de découvrir cette face cachée de son tableau !

Se peut-il que les objets puissent communiquer avec nous lorsqu'on accepte de lâcher prise, de déposer son mental et de s'ouvrir à l'invisible ?

Je n'ai jamais su rester enfermée dans une case. J'ai toujours détesté les étiquettes. Chaque fois qu'on m'indique la direction vers un chemin préformaté, je le regarde et j'en emprunte un autre, celui vers lequel me pousse mon instinct, celui qui n'a pas encore été défriché, créé.

Exercice pour votre troisième œil :

Demandez à quelqu'un de vous prêter un objet qui lui appartient, puis, les yeux fermés, concentrez-vous sur cet objet. Ressentez-en l'énergie, imaginez-vous fondre dans cet objet ; puis, lorsque vous vous sentirez prêt, racontez à l'autre personne tout ce que cet objet vous évoque.

TÉMOIGNAGE

«La géobiologie», par Élodie Lagarrigue, énergéticienne

«À Majorque, où je vis, j'ai rencontré Luis et sa femme Mary ; ils parlent aux esprits de la nature. J'avais déjà conscience que les églises étaient construites sur des lieux cosmo-telluriques, puisant dans l'énergie de la terre, et leur approche a attisé ma curiosité.

En voyage à Paris, un petit livre vert qui s'appelait *Les Nouvelles Énergies* de François Constanty m'a ensuite attiré dans une librairie. L'auteur vivait à Majorque ! C'était un signe ! Je l'ai contacté et me suis mise à travailler avec lui pour m'initier à la géobiologie. C'est la science qui étudie les rapports entre l'évolution géologique de la terre et celle des organismes vivants, en fonction des ondes liées aux courants d'eau souterrains, aux champs électriques et magnétiques, aux réseaux métalliques, aux failles géologiques, etc. La terre est ainsi quadrillée par des réseaux cosmo-telluriques de différents maillages suivant le métal qui brûle à l'intérieur. À chaque métal présent dans le sous-sol de la terre correspond un réseau particulier : le réseau Hartmann correspond au nickel, le réseau Curry au fer, le réseau Wissman à l'aluminium, le réseau Palm au cuivre, le réseau Peyre à l'or, etc.

Lors de mon voyage suivant en France, je me suis rendu dans l'église Saint-Sulpice. Au fond, il y avait un couloir par lequel on accédait à une petite chapelle d'ordinaire fermée au public. Je suis entrée dans la chapelle et me suis installée sur une chaise qui se trouvait sur une étoile. J'ai alors ressenti une énergie extrêmement puissante, comme la kundalini (énergie divine provoquant un état de félicité et d'harmonie).

Lors d'un nouveau stage de qi gong avec mon maître dans une bibliothèque, je me suis assise dans un coin et en tournant la tête, je me suis retrouvée à hauteur d'yeux avec un livre intitulé *La Ligne d'or*. C'est ainsi que j'ai décidé de commencer à travailler sur ce méridien d'or ! L'intérêt de se connecter à ces énergies est de faire monter son niveau vibratoire et d'avoir ainsi accès à de nouveaux champs de conscience.

Je vais pour cela dans des lieux, avec du cristal que je charge en énergie en récupérant de l'information sur place ; puis je me rends dans d'autres endroits et je crée des réseaux comme cela. Mon idée est de réactiver les lieux, d'en faire sortir toutes les énergies négatives. Je peux le faire aussi bien dans des lieux sacrés comme des cathédrales par exemple qui sont un peu polluées, que dans la nature où je me sers d'un tambour.

Je ressens très fort qu'il faut que je travaille sur le nettoyage, l'activation et le rééquilibrage énergétique de l'eau.

Lorsque je marche dans la nature, je suis capable de dire s'il y a un ruisseau d'eau souterrain. Je fabrique des cristaux, sur lesquels j'active des champs énergétiques en forme de Merkaba. La Merkaba (*Mer* = lumière, *Ka* = esprit, *Ba* = corps) est un tétraèdre étoilé, une étoile tridimensionnelle à huit pointes avec deux pyramides triangulaires dont l'une pointe vers le haut et l'autre vers le bas. On la retrouve dans le mysticisme juif en lien avec la vision du trône céleste et du char divin et le premier chapitre du livre d'Ézéchiel. Elle permet une harmonisation de l'énergie masculine et féminine, comme dans le yin et le yang. C'est un outil de guérison, d'équilibre et de protection.

Je suis capable de mesurer la vibration d'un objet avec un pendule. Un cristal dans la nature va vibrer à sept mille bovis et moi, je le fais monter à six cent mille bovis, qui est la vibration de la fleur de vie. Une fois chargés, on peut les mettre dans de l'eau pour arroser les potagers, ou boire cette eau pour purifier son corps et faire monter son niveau vibratoire. C'est tout le principe de redonner de la vie à l'eau. »

n’avait dit quelques années plus tôt qu’un jour je pourrais parler avec une plante, une pierre, un arbre ou des animaux, je me serais directement internée à Sainte-Anne !… et pourtant tout cela devient malgré moi mon quotidien.

En m’intéressant aux pierres, je découvre leur langage et leurs propriétés grâce à la lithothérapie (du grec *lithos*, « pierre », et *therapeia*, « thérapie »).

L’importance des pierres et cristaux est connue depuis des milliers d’années puisqu’on en ornait déjà dans les civilisations anciennes les tombeaux et sépultures.

Au Moyen Âge, alchimistes et astrologues s’en servaient comme outils de guérison et remèdes miracles.

La lithothérapie utilise les propriétés, pouvoirs vibratoires et résonances des pierres et des cristaux, soit sous forme d’élixirs, soit en massages, soit directement en contact avec la peau (bijoux…). Les pierres purifient, stimulent, nettoient et harmonisent le corps. Leurs formes, leurs textures, leurs couleurs, sont vecteurs d’une fréquence d’énergie particulière.

Quelques exemples de pierres et leurs propriétés :

Le jade calme et attire l’abondance.

La tanzanite régénère.

La labradorite apaise et aide à vaincre la timidité.

L’œil-du-tigre et l’œil-de-chat protègent des influences extérieures.

Le jaspe rouge aide à concrétiser ses projets.

La cornaline attire la joie de vivre et… les grossesses !

La tourmaline améliore le transit (posez-la environ dix minutes par jour sur votre ventre).

Le jaspe jaune aide à une digestion harmonieuse (posez-le environ vingt minutes par jour sur votre ventre).

Le quartz rose soulage les peines de cœur.

La topaze impériale est revitalisante.

L'aventurine aide à lutter contre les démangeaisons.

L'améthyste encourage la créativité et facilite le sommeil quand on la place sous son oreiller.

Le grenat favorise l'autonomie.

La citrine booste la confiance en soi, agit contre les pensées négatives et attire la prospérité.

La rhodonite nettoie les blessures affectives du passé et aide à mieux s'accepter soi-même.

L'amazonite lutte contre la tristesse et les idées noires.

L'onyx aide à se libérer de traumatismes.

Le lapis-lazuli contribue à la repousse des cheveux.

Le zirconium aide à la réussite dans le travail et confère l'habileté en affaires.

La tourmaline noire œuvre contre les pollutions électromagnétiques.

L'apatite aide au lâcher-prise.

L'agate est une pierre d'ancrage et de chance qui élimine les blocages énergétiques.

L'ambre symbolise la puissance divine et l'énergie solaire.

Le corail calme les émotions et rétablit la paix intérieure.

Le rubis est associé au courage ; c'est un symbole de loyauté et de charité.

La célestine assure la paix et l'harmonie et fortifie les relations amicales comme amoureuses.

Le diamant relie aux forces cosmiques et à la spiritualité, alignant les énergies du corps avec celles du cœur, de l'âme et de l'esprit.

À noter que les pierres doivent être régulièrement nettoyées et purifiées : au bout d'un certain temps en effet, elles ont donné toute leur énergie et ont besoin de se recharger de façon naturelle.

> Il existe pour cela différentes techniques en fonction des pierres.
>
> La plus simple : les faire tremper, pour la plupart, quelques heures dans un bol d'eau froide.
>
> Mais on peut également recharger ses pierres à la lumière du soleil ou de la lune (à la période de la nouvelle lune pour plus d'efficacité) en les y exposant quelques heures.
>
> Autre méthode : par le feu, grâce à la chaleur dégagée par les flammes, par exemple devant la cheminée ou à la lueur d'une bougie.
>
> On peut aussi les placer sur un amas de cristal de roche ou à l'intérieur d'une géode d'améthyste ou de quartz.
>
> Enfin, autre possibilité : à l'aide de la géométrie sacrée en déposant vos pierres sur des symboles de géométrie sacrée (fleur de vie, graine de vie, Métatron, etc.) pendant toute une nuit.

Il y a également diverses façons de purifier votre environnement.

Moi, la petite Indienne – par mes « vies antérieures » semble-t-il –, j'utilise le plus souvent de la sauge. La sauge blanche amérindienne est une plante médicinale sacrée pour de nombreux peuples indiens. On s'en sert pour les cérémonies religieuses comme la cérémonie de la fumée, les naissances et les décès.

Vous pouvez également utiliser du gros sel ou bien des vibrations de bols tibétains, ou tout simplement dans un premier temps… trier, ranger et évacuer les vieux bibelots et souvenirs porteurs d'une énergie trop lourde qui ne vous convient plus.

Mettez des fleurs colorées et des cristaux de quartz, utilisez des bougies flottantes, ouvrez grand les fenêtres, faites entrer la lumière du soleil et l'air frais et demandez intérieurement à rétablir l'harmonie dans votre maison.

Exemples de rituels pour éliminer les énergies négatives dans votre maison et vos objets divers :

- Enfumez votre portefeuille avec du vétiver ou du patchouli pour prévenir les dépenses inutiles.
- Placez le samedi une chandelle noire près de votre porte d'entrée pour tenir le négatif loin de votre cocon. Puis, le dimanche, mettez une chandelle blanche dans chacune de vos pièces pour purifier l'atmosphère.
- Tous les mardis, remplissez un vase à moitié avec de l'eau minérale puis mettez dedans des feuilles de persil et une demi-cuillère à café de cannelle et de sucre brun. Laissez mariner pendant une semaine dans la pièce que vous voulez assainir. Ressentez le changement d'énergie se produire. Plus le persil s'abîmera vite, plus la pièce aura une mauvaise énergie à transmuter ; auquel cas, videz le vase et répétez le process.
- Faites brûler de l'encens épicé chez vous pour en rehausser le pouvoir intérieur.
- Placez dans votre livre de prédilection une plume à laquelle vous aurez conféré au préalable une intention positive importante.
- Mettez du gros sel et quelques gouttes de vos huiles essentielles préférées dans votre bain pour purifier tant votre baignoire que votre corps.

La beauté est partout. Entraînez-vous à la percevoir. Diriger notre esprit vers le Beau nous fait du bien, libère notre âme et nous réconcilie avec les autres comme avec nous-même. Réapprenez à vous émerveiller de l'instant présent.

Leçon n° 8 : Travailler sur son taux vibratoire

- Tout ce qui nous approche, qu'il s'agisse de personnes, d'objets ou de lieux, influe sur notre taux vibratoire.
- Ne laissez plus entrer dans votre vie des relations fondées sur la peur où vous vous sentirez comme « en laisse ». Rapprochez-vous plutôt des personnes « rayons de soleil ».
- Protégez-vous des basses énergies avec de l'encens, du gros sel ou de l'ail.
- Utilisez les propriétés des pierres pour purifier, stimuler, nettoyer et harmoniser votre énergie.

Ces guides qui nous accompagnent sur le chemin

Dialogues accordés avec mon enfant intérieur

Moi : Crois-tu dans les anges ?

Elle : Je crois que si je suis un ange parfois, je peux être un démon aussi. Je ne suis pas en équilibre.

Moi : Crois-tu que tu le seras un jour ?

Elle : Je ne sais pas.

Moi : Inch' Allah.

*

Je ne fais que douter. Je suis le Doute. J'ai peur de tout et je refuse d'être classée dans la catégorie des illuminées. Mais je ne peux ignorer non plus certaines choses en moi. De nombreuses personnes me disent que j'ai un don immense et merveilleux lorsque je leur transmets certains messages que je « reçois » pour elles. Ai-je la chance d'avoir un accès privilégié à ce qu'on appelle « l'invisible » ou suis-je désormais schizophrène ? « Si tu veux trouver des chemins, tu ne dois pas dédaigner même la folie, vu qu'elle est une si grande partie de ton être… » souffle Carl Jung à mon oreille au fil de son grand *Livre rouge*…

J'avais déjà entendu des histoires de personnes à qui est apparue un jour la « Vierge Marie », telle une révélation. Je faisais partie des moqueurs. Eh bien, je l'ai vue plusieurs fois. La vie nous donne toujours des leçons. Étonnamment, bien que j'aie cet esprit railleur, « Marie » ou en tout cas la représentation que je m'en suis faite, m'a toujours prise dans ses bras comme le ferait une mère depuis que je suis petite ; il me semblait naturel pour moi de me réfugier au creux d'elle. Plus tard, cette présence s'est estompée, mais elle est toujours restée en arrière-plan. Présence douce, protectrice et discrète.

Comment expliquer d'ailleurs que, moi qui ne suis pas croyante, lorsque je me retrouve dans une situation de peur intense, je répète en boucle : « Sainte Marie, mère de Dieu, priez pour nous pauvres pêcheurs, maintenant et à l'heure de notre mort. »

De la même manière, j'ai toujours eu la sensation que l'archange Michaël m'accompagnait depuis toute petite et repoussait tous les obstacles de son bouclier lumineux.

Enfin, je suis née en (19)72, comme les soixante-douze anges, et je m'appelle Christ-elle…

La Kabbale est une tradition mystique juive très ancienne ; on dit que c'est Adam, le premier homme de la création, qui fut enseigné par Raziel, l'ange des mystères, lorsqu'il fut chassé du paradis terrestre. Elle recèlerait la partie non écrite des lois qui furent transmises aux hommes par Moïse. Dans la tradition kabbalistique, le nom de Dieu est composé de soixante-douze lettres. Chacune de ces lettres étant représentée par un ange, d'où soixante-douze anges au total.

Je n'appartiens à aucune religion. Ma mère est catholique et mon père athée, issu d'une famille protestante. Mes parents ne m'ont pas baptisée à la naissance. Ils ont décidé de me laisser choisir. Bien mauvaise idée, car à treize ans, lorsque j'ai voulu me faire baptiser, le prêtre m'a demandé de faire un discours devant tout le monde pour expliquer en quoi j'avais la foi et pourquoi je voulais « rejoindre Dieu »… « Faire comme mes copines » ne semblait pas être une réponse acceptable et, comme j'étais terriblement timide, j'ai refusé de m'exécuter.

Cela a été mon premier acte de rébellion envers Dieu.

Mes amies suivant des cours de catéchisme, je voulus m'y inscrire pour les accompagner. J'ai assisté à ces cours pendant une dizaine d'années dans la paroisse proche de chez mes parents, et j'ai eu la chance de tomber sur un prêtre plutôt moderne dans son approche. Je n'oublierai jamais ce moment où il nous a demandé : « Savez-vous pourquoi il y a des guerres ? » À la demande du prêtre, nous avons réfléchi, sans trouver d'issue au problème. La réponse a fini par tomber : « C'est parce que Dieu a décidé de donner aux hommes un immense cadeau : la liberté. »

Liberté, un mot qui dominait déjà mon esprit et ma vie. Liberté, un mot à la consonance en or pour moi… Je suis libre, libre de choisir ce qui est bien ou mal, libre de décider de ma vie, libre d'aimer qui je veux, libre de m'affirmer telle que je suis.

Quid de la liberté par rapport à tous nos conditionnements ?

Aux États-Unis, le laitier dépose des bouteilles de lait fermées par des capsules métalliques devant les portes des maisons. Il se trouve que des mésanges bleues boivent ce lait en perçant de leurs becs ces capsules. Leur comportement s'est peu à peu généralisé à d'autres mésanges bleues dans plusieurs régions – et à d'autres pays – alors même que c'est une race d'oiseaux qui ne volent jamais à plus de vingt kilomètres de leur nid…

De la même manière, des scientifiques ont étudié le comportement de singes sauvages sur l'une des îles de l'archipel japonais. Ils se nourrissaient en effet exclusivement de patates douces à l'état naturel jusqu'au jour où l'un d'entre eux lava sa patate dans la rivière avant de la manger, répétant cette même action tous les jours qui suivirent… Les autres singes, intrigués, l'imitèrent, puis tous les singes de l'île firent de même. Des singes qui vivaient sur des îles voisines adoptèrent cette habitude sans qu'il n'y ait eu aucun contact physique entre eux.

Rupert Sheldrake, un biologiste spécialiste de biochimie et de biologie cellulaire, explique cela par sa théorie de la résonance morphique, qu'il a baptisée « hypothèse de causalité formative ». Selon lui, la mémoire est inhérente à la nature. Ainsi, nous héritions tous d'une mémoire collective, une sorte d'immense banque de données avec un ensemble d'informations sur notre espèce provenant non seulement de la génétique, mais également d'influences invisibles agissant à distance.

Comme si les consciences individuelles étaient reliées à une conscience collective, sur le même principe que l'inconscient collectif développé par le psychiatre Carl Gustav Jung.

C'est ce qu'on appelle aussi l'hypercommunication. Les auteurs allemands Grazyna Gosar et Franz Bludorf expliquent qu'il y a bien longtemps, nous étions tous connectés à ce qu'ils appellent la conscience de groupe puis que nous avons développé l'individualisme et la conscience individuelle qui nous en ont coupé.

À nous de vivre en conscience, en apprenant à n'en garder que le meilleur et à faire usage de notre liberté intérieure. Autrement dit à conserver les bons côtés de l'hypercommunication sans pour autant être contrôlés à distance. Utilisons ainsi la puissance mentale de notre individualité, et cela participera à apporter une nouvelle forme de conscience positive dans l'humanité.

Pour en savoir plus :

Une nouvelle science de la vie et *La Mémoire de l'univers*, de Rupert Sheldrake (Le Rocher).

Vernetzte Intelligenz (« Intelligence en réseau »), de Grazyna Fosar et Franz Bludorf.

En plus des cours de catéchisme, comme mes amies allaient à la messe et que je voulais toujours être avec elles, je les ai suivies. Là, j'ai très vite été déçue par ce que mes yeux d'enfant voyaient. Des gens priaient ; ils disaient avec ferveur : « Dieu est amour », mettaient ensuite une petite pièce dans la bourse pour l'aumône que leur tendaient les enfants de chœur. Je les regardais donner un sou également au mendiant à la sortie de l'église. Mais je voyais ces mêmes personnes se comporter comme des sagouins irrespectueux au quotidien. Je me suis fait ma propre opinion : je n'irai peut-être pas à la messe tous les dimanches comme eux, mais chaque jour de ma vie j'essaierai de me comporter bien avec autrui. J'ai toujours essayé de tenir cette ligne de conduite que mon cœur avait adoptée d'emblée à l'adolescence. Je suis une universaliste qui aime le monde.

Pour en revenir aux méditations, je vois peu à peu apparaître des « anges » et cela me trouble. Comme si l'on voulait tout m'enseigner progressivement, en me faisant faire le tour de chaque univers : il y a eu successivement les animaux, les arbres, les fleurs, les légumes, les chiffres, les haïkus... et voici que les anges s'en mêlent.

C'est ainsi que je découvre la différence entre les anges et les archanges... S'il y a soixante-douze anges, on compte quinze archanges (en moyenne, car tout dépend de la religion à laquelle on se rattache). Les archanges sont des anges d'un ordre spirituel supérieur qui possèdent une vibration, des vertus et une couleur d'aura particulière. On peut leur associer les vibrations de certaines pierres.

Liste des archanges avec leurs propriétés :

Archange Métatron : c'est le grand architecte de l'univers, il a connu une vie terrestre avant de s'élever. Il est très puissant et comprend parfaitement tous types de problèmes, qu'il aide à résoudre en vous purifiant.

Aura : violet rayé vert.

Pierre : tourmaline.

Archange Michaël (Michel) : c'est le chef des forces célestes, l'archange protecteur par excellence. Il éloigne la peur et tout sentiment négatif, coupe les liens énergétiques toxiques et les mémoires transgénérationnelles bloquantes. Il donne du courage et de la force et aide à débarrasser sa maison des ondes toxiques.

Rayon bleu de la foi et de la protection.

Pierres : agathe, améthyste.

Archange Raphaël : c'est l'archange guérisseur, il a une très forte capacité de guérison physiquement, mentalement, émotionnellement et spirituellement, et ce, à travers tous les espaces-temps et les dimensions. Il apaise, soigne, accélère le processus de guérison d'une blessure, allège les souffrances et atténue les douleurs. Il aide à garder un corps en bonne santé. Il communique souvent par le biais d'intuitions et de pressentiments.

Aura : vert émeraude.

Pierres : émeraude, malachite.

Archange Chamuel (Samuel, Camael) : c'est l'archange de l'amour, il aide à trouver son âme sœur et à apaiser et harmoniser vos relations. Il répand de l'amour pur et inconditionnel dans notre cœur, et facilite le pardon.

Aura : vert pâle.

Pierre : fluorite verte.

Archange Gabriel : c'est l'archange de la communication, il apporte les messages. Dans la Bible, c'est lui qui a annoncé la venue au monde de Jésus à Marie et Joseph. C'est pourquoi on le surnomme le « Messager ». Il aide aussi les parents qui souhaitent avoir un enfant à concevoir ou à adopter.

Aura : cuivrée.

Pierres : cristal, citrine, métal, cuivre.

Archange Sandalphon : frère jumeau de Métatron, il est l'un des deux archanges qui étaient mortels, mais qui ont vécu des vies spirituelles si remarquables qu'ils ont rejoint le royaume des archanges. Il fut le prophète Élie dans sa vie sur terre. On dit qu'il peut transmettre directement vos vœux à Dieu. Il répond parfois à travers des paroles de musique.

Aura : turquoise.

Pierre : turquoise.

Archange Ariel : c'est l'archange le plus proche de la nature, il aide à voir la beauté du monde et œuvre pour la protection de l'environnement. Il guide pour écouter son cœur et ses rêves et trouver sa mission de vie. Il ramène l'humanité à l'équilibre. Lorsqu'il est près de vous, il se peut que vous sentiez ou entendiez le souffle du vent.

Aura : rose pâle.

Pierre : quartz rose.

Archange Azraël : c'est l'archange de la mort, qui guide vers l'au-delà au moment de la mort, en éclairant le chemin de retour. Il aide dans les périodes de deuil et réconforte dans la perte d'êtres chers.

Aura : jaune pâle.

Pierre : cristal de calcite.

Archange Raziel : c'est le gardien des secrets et l'ange des mystères. Il permet d'élever sa capacité de perception extrasensorielle et aide à saisir les principes sous-jacents de la vie. Il délivre des messages sacrés et donne accès à des informations sur le monde terrestre, mais aussi sur d'autres mondes (les sept paradis), ce qui permet de renforcer la foi de celui qui les reçoit, mais également sa créativité en insufflant de l'inspiration et des idées. Lorsqu'un arc-en-ciel apparaît, c'est le signe que l'archange Raziel n'est pas loin.

Aura : arc-en-ciel.

Pierre : cristal de quartz clair.

Archange Haniel (Anaël) : il vous aide à avoir une vie sereine, harmonieuse et pleine de clairvoyance. Il introduit la grâce et la beauté dans votre vie, et vous aide à sortir vos talents cachés. Pour les femmes, il aide à gérer les douleurs des règles.

Aura : bleu pâle presque blanche.

Pierre : pierre de lune.

Archange Jérémiel : il est là pour vous permettre de faire le point sur votre vie et de vous réorienter.

Aura : violet foncé.

Pierre : améthyste.

Archange Jophiel : il éloigne les pensées négatives et les idées noires et vous épaule dans les moments difficiles. Il élève l'esprit et apporte la joie, le rire et le bonheur.

Aura : rose fuchsia.

Pierre : rhodonite.

Archange Raguel : c'est l'archange de la justice ; il vous coache dans les situations compliquées, permet de résoudre les conflits et aide ceux qui se sentent blessés ou maltraités à reprendre possession de leur pouvoir.

Aura : bleu clair.

Pierre : aigue-marine.

Archange Uriel : il agit en mentor pour vous aider dans les situations délicates. Il est la sagesse bienveillante, reconnu pour sa capacité à éclairer les esprits de l'inspiration divine, notamment lorsque vous sortez de votre zone de confort. Vous saurez qu'il vous a répondu quand vous aurez des pensées ou des idées répétitives utiles et positives.

Aura : jaune pâle.

Pierres : cristal d'ambre, pierre de soleil, rubis.

Archange Zadkiel (Tadkiel) : c'est l'archange de la pitié, du pardon, de la compassion. Il vous apporte du réconfort. Il intervient par le biais de messages répétitifs, pertinents et pleins d'amour. Il aide à se pardonner à soi-même et à nettoyer son cœur. Il favorise le fonctionnement de la mémoire.

Aura : bleu indigo.

Pierre : lapis-lazuli.

Les archanges et les anges sont là pour faciliter votre vie. Puisqu'on nous a donné le libre arbitre, ils ne se permettront pas d'intervenir si vous ne les appelez pas. Il faut les solliciter pour qu'ils agissent. N'hésitez donc pas à leur adresser une demande en bonne et due forme !

Le premier de la longue liste des archanges que je verrai apparaître dans mes méditations sera Métatron. Je me trouve alors en pleine nature, allongée, le regard perdu dans le vague, lorsque je vois devant moi un vieil homme penché sur son bureau en train d'écrire. J'entends clairement le mot « Enoch ». Quelle n'est pas ma surprise lorsque j'apprends qu'il est le père de Mathusalem, l'arrière-grand-père de Noé et qu'il était un être humain que « Dieu » transforma ensuite en archange, sous le nom de « Métatron ». Il utilise des formes géométriques sacrées, comme le cube de Métatron, pour équilibrer et purifier les centres d'énergie du corps. Il guide les hommes dont il connaît les souffrances vers leur chemin spirituel et pénètre notre réalité à travers le soleil. M'est-il apparu parce que je venais quelques minutes auparavant de fixer le soleil comme à mon habitude ?

ı savoir plus sur le cube de Métatron :

ıer le cube de Métatron aide à la pleine conscience. On l'afficher en décoration pour augmenter le taux vibratoire d'une pièce ou méditer dessus lorsqu'on doit prendre des décisions importantes. On peut aussi poser une carafe d'eau dessus pour purifier et dynamiser l'eau.

Pour savoir qui est votre ange gardien, c'est par ici !

Vous le trouverez en fonction de votre jour et mois de naissance. Prononcez son nom trois fois à voix haute, visualisez sa couleur et prononcez votre souhait. Puis remerciez-le pour sa présence et son aide. Nous vous indiquons aussi l'heure qui correspond à la période la plus influente pour bénéficier de son soutien et la couleur qui le caractérise.

Naissance entre le 1er janvier et le 9 février : LES ARCHANGES. Action : ils protègent et apportent l'harmonie. Couleur : violet.

Du 1er au 5 janvier : Nemamiah : il est symbole de prospérité et de noblesse. Il permet de se renouveler sans cesse et de ne pas laisser la routine s'installer. Potentiel maximal entre 18 h 40 et 19 heures.

Du 6 au 10 janvier : Yeialel : il enseigne la patience pour réaliser ses souhaits. Potentiel maximal entre 19 heures et 19 h 20.

Du 11 au 15 janvier : Harael : il aide les femmes à devenir maman. Il transmet les informations pour la réalisation des projets. Potentiel maximal entre 19 h 20 et 19 h 40.

Du 16 au 20 janvier : Mitzrael : il apprend le don de l'observation pour atteindre ses objectifs en réajustant sans cesse le tir pour être sur son juste chemin. Potentiel maximal entre 19 h 40 et 20 heures.

Du 21 au 25 janvier : Umabel : il apprend la générosité et la capacité à réparer les heurts. Potentiel maximal entre 20 heures et 20 h 20.

Du 26 au 30 janvier : Iahhel : il harmonise raison et sentiments, masculin et féminin et équilibre chacun. Les énergies contraires deviennent complémentaires. Potentiel maximal entre 20 h 20 et 20 h 40.

Du 31 janvier au 4 février : Anauel : il développe l'esprit de synthèse et apprend l'anticipation et la tolérance. Potentiel maximal entre 20 h 40 et 21 heures.

Du 5 au 9 février : Mehiel : il facilite la capacité à écrire, notamment la rédaction des écrits administratifs ou juridiques. On l'appelle l'ange des imprimeurs. Potentiel maximal entre 21 heures et 21 h 20.

Naissance entre le 10 février et le 20 mars : LES ANGES.
Action : ils éclairent notre route. Couleur : vert.

- **Du 10 au 14 février : Damabiah :** c'est l'ange de l'eau. Il accentue la sensibilité et veille à tout ce qui se rapporte à la féminité, à la grâce et à la beauté. Potentiel maximal entre 21 h 20 et 21 h 40.
- **Du 15 au 19 février : Manakel :** il autorise à faire des pauses pour se ressourcer. Potentiel maximal entre 21 h 40 et 22 heures.
- **Du 20 au 24 février : Eyael :** il rappelle l'enfance et l'innocence. Il enseigne comment trouver intérieurement ses repères. Potentiel maximal entre 22 heures et 22 h 20.
- **Du 25 au 29 février : Habuhiah :** il aide à se renouveler sur le plan physique et intellectuel. Potentiel maximal entre 22 h 20 et 22 h 40.
- **Du 1er au 5 mars : Rochel :** il incite à aller chercher le meilleur au fond de soi. Potentiel maximal entre 22 h 40 et 23 heures.
- **Du 6 au 10 mars : Jabamiah :** il développe le sens esthétique et créatif. Potentiel maximal entre 23 heures et 23 h 20.
- **Du 11 au 15 mars : Haiaiel :** il développe la clairaudience et aide à saisir les bonnes opportunités, par notre capacité à écouter. Potentiel maximal entre 23 h 20 et 23 h 40.
- **Du 16 au 20 mars : Mumiah :** il dissipe la peur et la tristesse et permet de rebondir après un échec. Potentiel maximal entre 23 h 40 et minuit.

Naissance entre le 21 mars et le 30 avril : LES SÉRAPHINS. Action : ils purifient les pensées. Couleur : or.

- **Du 21 au 25 mars : Vehuiah :** il donne la volonté et la motivation pour se lancer et aide à la réussite notamment professionnelle. Potentiel maximal entre 0 h et 0 h 20.
- **Du 26 au 30 mars : Yeliel :** il apporte la stabilité, clarifie les situations, apaise les conflits. Potentiel maximal entre 0 h 20 et 0 h 40.
- **Du 31 mars au 4 avril : Sitael :** il développe le bon sens pratique et aide à trouver une solution rapide à ses problèmes. Potentiel maximal entre 0 h 40 et 1 heure.
- **Du 5 au 9 avril : Elemiah :** il rend combattif et aide à dépasser les périodes douloureuses et les épreuves. Il favorise également voyages et déplacements. Potentiel maximal entre 1 heure et 1 h 20.
- **Du 10 au 14 avril : Mahasiah :** il réconcilie et rapproche les êtres, il reconnecte à son entourage et apporte la paix. Potentiel maximal entre 1 h 20 et 1 h 40.
- **Du 15 au 20 avril : Lelahel :** il met en valeur votre beauté extérieure et harmonise vos actions. Il favorise les carrières artistiques. Potentiel maximal entre 1 h 40 et 2 heures.
- **Du 21 au 25 avril : Achaiah :** il aide à résoudre les questions difficiles et stimule votre intelligence. Potentiel maximal entre 2 heures et 2 h 20.
- **Du 26 au 30 avril : Cahetel :** il bénit votre maison et est symbole de croissance et de fertilité. Il vous insuffle de nouvelles idées prometteuses. Potentiel maximal entre 2 h 20 et 2 h 40.

Naissance entre le 1er mai et le 10 juin : LES CHÉRUBINS. Action : ils sont porteurs de messages d'amour et de sagesse. Couleur : argent.

- **Du 1er au 5 mai : Haziel :** il aide à prendre du recul et provoque les belles rencontres. Potentiel maximal entre 2 h 40 et 3 heures.

- **Du 6 au 10 mai : Aladiah :** il aide à s'apaiser et à mettre de côté le passé, à cautériser ses blessures ainsi que celles de votre entourage. Potentiel maximal entre 3 heures et 3 h 20.
- **Du 11 au 15 mai : Lauviah :** il donne du courage pour atteindre ses objectifs, à obtenir un emploi ou être promu. Potentiel maximal entre 3 h 20 et 3 h 40.
- **Du 16 au 20 mai : Hahaiah :** il protège des influences négatives et des abus de confiance, il inspire la création artistique et favorise les rêves prémonitoires. Potentiel maximal entre 3 h 40 et 4 heures.
- **Du 21 au 25 mai : Iezalel :** il permet d'accéder à ses souvenirs. Il solidifie les couples, les amitiés, les associations. Potentiel maximal entre 4 heures et 4 h 20.
- **Du 26 au 31 mai : Mebahel :** il soutient vos justes désirs. Il invite à faire attention aux autres comme à soi-même. Potentiel maximal entre 4 h 20 et 4 h 40.
- **Du 1er au 5 juin : Hariel :** il apprend la patience et aide aux actions justes et dans le bon timing. Potentiel maximal entre 4 h 40 et 5 heures.
- **Du 6 au 10 juin : Hekamiah :** il protège du mensonge et de la trahison et aide à avoir le bon jugement et à connaître la vraie valeur des personnes. Potentiel maximal entre 5 heures et 5 h 20.

Naissance entre le 11 juin et le 22 juillet : LES TRÔNES.
Action : ils apprennent à corriger nos erreurs et à dépasser les épreuves.
Couleur : indigo.

- **Du 11 au 15 juin : Lauviah :** il apprend à voir le sens caché derrière les épreuves et mène à la sagesse. Potentiel maximal entre 5 h 20 et 5 h 40.
- **Du 16 au 21 juin : Caliel :** il donne la bonne direction et aide à mener à bien ses projets, à force de patience et de ténacité. Potentiel maximal entre 5 h 40 et 6 heures.

- **Du 22 au 26 juin : Leuviah :** il apprend à devenir le capitaine de son destin et à prendre de la distance par rapport aux jugements de l'entourage. Potentiel maximal entre 6 heures et 6 h 20.
- **Du 27 juin au 1er juillet : Pahaliah :** il donne de l'énergie pour réaliser ses projets et stimule l'action. Potentiel maximal entre 6 h 20 et 6 h 40.
- **Du 2 au 6 juillet : Nelchael :** il aide à faire preuve de bon sens et à assumer ses responsabilités en étant fidèle à ses engagements. Potentiel maximal entre 6 h 40 et 7 heures.
- **Du 7 au 11 juillet : Yeiayel :** il vous tient loin des hypocrites et des personnes toxiques. Il favorise les contacts avec l'étranger. Potentiel maximal entre 7 heures et 7 h 20.
- **Du 12 au 16 juillet : Melahel :** il aide à prendre conscience des conséquences de ses actions et à trouver la paix. Lorsqu'on découvre la cause du problème, celui-ci est à moitié résolu. Potentiel maximal entre 7 h 20 et 7 h 40.
- **Du 17 au 22 juillet : Haheuiah :** il apporte une bonne santé morale et physique et libère les émotions du passé. Potentiel maximal entre 7 h 40 et 8 heures.

Naissance entre le 23 juillet et le 2 septembre : LES DOMINATIONS. Action : ils font prendre conscience de la richesse de la vie et mettent en avant l'importance de l'optimisme. Couleur : bleu.

- **Du 23 au 27 juillet : Nithaiah :** il enseigne la valeur de chaque chose, développe l'intuition et les rêves prémonitoires. Il aide pour tous les aspects immobiliers. Potentiel maximal entre 8 heures et 8 h 20.
- **Du 28 juillet au 1er août : Haaiah :** il apprend à négocier efficacement et à sortir vainqueur d'affaires administratives ou juridiques. Potentiel maximal entre 8 h 20 et 8 h 40.
- **Du 2 au 6 août : Yeratel :** il trouve des solutions immédiates aux problèmes et apprend à rebondir en cas d'échec. Potentiel maximal entre 8 h 40 et 9 heures.

- **Du 7 au 12 août : Seheiah** : il enseigne comment triompher de l'adversité et à saisir les opportunités sans attendre. Potentiel maximal entre 9 heures et 9 h 20.
- **Du 13 au 17 août : Reiyel** : il apprend à apprécier l'instant présent, à avoir foi en soi et à réussir à son maximum. Potentiel maximal entre 9 h 20 et 9 h 40.
- **Du 18 au 22 août : Omael** : il apporte la fécondité, la maternité ou la naissance de nouveaux projets. Il donne de l'énergie et rassemble les générations. Potentiel maximal entre 9 h 40 et 10 heures.
- **Du 23 au 28 août : Lecabel** : il aide à visualiser l'avenir. Potentiel maximal entre 10 heures et 10 h 20.
- **Du 29 août au 2 septembre : Vasariah** : il encourage les talents d'orateur, les échanges constructifs et les arguments convaincants. Potentiel maximal entre 10 h 20 et 10 h 40.

Naissance entre le 3 septembre et le 13 octobre : LES PUISSANCES. Action : ils éveillent les belles valeurs et apprennent à prendre de la distance avec les influences extérieures. Couleur : rouge.

- **Du 3 au 7 septembre : Yehuiah** : il protège les justes et déjoue les mauvais stratagèmes. Il rend audacieux et encourage à oser et à mettre en action des idées originales. Potentiel maximal entre 10 h 40 et 11 heures.
- **Du 8 au 12 septembre : Lehahiah** : il favorise les bonnes associations et les relations de confiance, sincères et épanouissantes. Potentiel maximal entre 11 heures et 11 h 20.
- **Du 13 au 17 septembre : Chavaquiah** : il fait disparaître les rancunes et encourage les échanges profonds. Potentiel maximal entre 11 h 20 et 11 h 40.
- **Du 18 au 23 septembre : Menadel** : il met en avant un enracinement familial solide et développe les facultés d'adaptation. Potentiel maximal entre 11 h 40 et 12 heures.
- **Du 24 au 28 septembre : Aniel** : il facilite le courage et donne la renommée au travail. Potentiel maximal entre 12 heures et 12 h 20.

- **Du 29 septembre au 3 octobre : Haamiah** : il aide à trouver son âme sœur et favorise les histoires d'amour dans la durée. Potentiel maximal entre 12 h 20 et 12 h 40.
- **Du 4 au 8 octobre : Rehael** : il soude les liens familiaux dans la bienveillance. Potentiel maximal entre 12 h 40 et 13 heures.
- **Du 9 au 13 octobre : Ieiazel** : il favorise les carrières liées au secteur de la communication et de l'art (édition, médias…). Potentiel maximal entre 13 heures et 13 h 20.

Naissance entre le 14 octobre et le 22 novembre : LES VERTUS. Action : ils libèrent la conscience pour aider à trouver son identité propre. Couleur : orange.

- **Du 14 au 18 octobre : Hahahel** : il aide à ne pas se laisser corrompre par le pouvoir et l'argent et à suivre des buts nobles. Potentiel maximal entre 13 h 20 et 13 h 40.
- **Du 19 au 23 octobre : Mikael** : il aide à rester fidèle à soi-même tout en développant une autorité naturelle. Potentiel maximal entre 13 h 40 et 14 heures.
- **Du 24 au 28 octobre : Veuliah** : il favorise la ténacité et la discipline. Il soutient matériellement tous les projets justes. Potentiel maximal entre 14 heures et 14 h 20.
- **Du 29 octobre au 2 novembre : Yelaiah** : il aide à donner un sens à sa vie, à inspirer confiance et à trouver les mots justes. Potentiel maximal entre 14 h 20 et 14 h 40.
- **Du 3 au 7 novembre : Sehaliah** : il aide à réussir à ses examens et concours et donne du courage. Potentiel maximal entre 14 h 40 et 15 heures.
- **Du 8 au 12 novembre : Ariel** : il envoie des messages prémonitoires bienveillants par le biais des rêves et promet la réussite matérielle. Potentiel maximal entre 15 heures et 15 h 20.
- **Du 13 au 17 novembre : Asaliah** : il ouvre le cœur et permet de décoder les non-dits. Potentiel maximal entre 15 h 20 et 15 h 40.

- **Du 18 au 22 novembre : Mihael :** il aide à éviter le danger et favorise les échanges reposant sur la confiance mutuelle et les relations avec le sexe opposé. Potentiel maximal entre 15 h 40 et 16 heures.

Naissance entre le 23 novembre et le 31 décembre : LES PRINCIPAUTÉS.
Action : ils créent les liens amoureux. Couleur : jaune.

- **Du 23 au 27 novembre : Vehuel :** il apporte la compassion et la compréhension de la souffrance des autres. Il permet de reconnaître vos compétences et vous aide à évoluer professionnellement. Potentiel maximal entre 16 heures et 16 h 20.
- **Du 28 novembre au 2 décembre : Daniel :** ange de la miséricorde, il apprend à pardonner pour avancer dans la bonne direction et faire les bons choix. Potentiel maximal entre 16 h 20 et 16 h 40.
- **Du 3 au 7 décembre : Hahasiah :** il aide à se ressourcer, à développer son intuition et à réaliser de grands projets. Potentiel maximal entre 16 h 40 et 17 heures.
- **Du 8 au 12 décembre : Imamiah :** il aide à faire le tri et à organiser ses idées. Il apporte la réussite dans la vie sociale et professionnelle. Potentiel maximal entre 17 heures et 17 h 20.
- **Du 13 au 16 décembre : Nanael :** il libère le talent créatif, permet de rétablir l'ordre et la justice. Potentiel maximal entre 17 h 20 et 17 h 40.
- **Du 17 au 21 décembre : Nithael :** il favorise la bonne santé et la longévité et apprend à dépasser efficacement ses limites. Potentiel maximal entre 17 h 40 et 18 heures.
- **Du 22 au 26 décembre : Mebahiah :** il pointe notre lumière intérieure et soutient nos quêtes spirituelles. Potentiel maximal entre 18 heures et 18 h 20.
- **Du 27 au 31 décembre : Poyel :** il met en avant l'importance de la famille, de l'équipe et promet l'abondance. Potentiel maximal entre 18 h 20 et 18 h 40.

Je trouve de plus en plus de plumes sur mon chemin. Les plumes d'oiseaux sont partout où je marche, comme si elles balisaient ma route. J'apprends qu'elles ont, elles aussi, une symbolique. On dit qu'une plume est la façon qu'a un ange pour vous dire qu'il est près de vous. En fonction de la couleur des plumes, le message se fait plus précis.

Les Indiens attribuent aux oiseaux le pouvoir de communiquer avec les dieux. Dans le Coran, les oiseaux symbolisent l'immortalité de nos âmes et dans la tradition islamique, ils représentent les anges. Pour les Égyptiens, ils symbolisent à la fois la tête d'un dieu et l'âme du défunt. Dans la Bible, on trouve de nombreux oiseaux ; saint François d'Assise est même appelé « saint François des oiseaux ».

Aussi, pensez à remercier lorsque vous trouvez une plume !

Signification des plumes en fonction de leur couleur

Plume blanche : votre ange est là.

Plume grise : vous allez trouver la paix.

Plume bleue : faites confiance à votre intuition, vous êtes protégé.

Plume noire : un ange protège votre éveil, fin de la souffrance.

Plume verte : guérison pour vous ou vos proches, harmonie et abondance.

Plume rouge : éveil spirituel, vos besoins matériels seront satisfaits, force, courage et énergie.

Plume marron : attendez pour prendre une décision.

Plume mauve : avouez vos sentiments, développez votre intuition.

Plume blanche et noire : changement prochain, équilibre.

Plume rose : amour romantique, annonce une bonne surprise.

Plume jaune : vous êtes sur le bon chemin, énergie positive, joie, prospérité, abondance.

Plume orange : vous allez réussir, il est temps de vous fier à votre créativité.

Plume rousse : période de transmutation et d'élévation spirituelle.

Plume blanche et brune : le bonheur est en chemin, avancez sans crainte.

Plume blanche, bleue et noire : des changements positifs à venir.

Plume mouchetée : votre tristesse sera passagère, le soleil revient.

Plume rayée : bon équilibre entre votre vie matérielle et spirituelle.

Plume violette et noire : mysticisme et spiritualité.

Plume verte et rouge : augmentation de vos finances, gains à venir.

Plume rouge et brune : vous devez guérir les animaux.

Une plume est un cadeau de la nature, un message déposé sur votre chemin. Chez les Indiens, sa forme est également importante. Par exemple, si une plume était fendue en deux, cela signifiait que le guerrier avait été blessé plus d'une fois au combat, tandis qu'une plume dentelée prouvait qu'il avait terrassé plusieurs adversaires.

Signification des plumes en fonction des oiseaux

Plume d'aigle : message divin.

Plume de colombe : annonciateur de paix.

Plume de hibou : symbolise la sagesse.

Plume de rouge-gorge : indique un nouveau départ.

Plume de paon : immortalité et fertilité.

Plume de grive : symbolise la joie.

Plume de pigeon : invite à l'amour et la tendresse.

Plume d'oie : parle de voyage.

Je découvre que d'autres messages sont aussi annonciateurs de la présence d'un ange. En effet, à cette époque, je vois systématiquement des heures symétriques ou inversées. Cela porte un nom : les heures miroirs.

Signification des heures miroirs

0 h : vous avez un choix à faire ou une situation revient à son point de départ. Votre ange vous invite au lâcher-prise.

1 h 1 : même si vous vous sentez seul, vous êtes en sécurité, isolez-vous pour méditer et vous reconnecter à vous-même. Redécouvrez votre pouvoir créateur.

2h2 : on vous cache quelque chose. Reconnaissez votre valeur.

3h3 : méfiez-vous d'une personne de votre entourage. Réunissez toutes vos forces et passez à l'action.

4h4 : vous allez devoir faire face à une situation compliquée, utilisez tous vos talents, vos dons et vos atouts pour en sortir. Faites-vous confiance et suivez votre cœur.

5h5 : vous êtes aidé pour vos besoins matériels et financiers. Demandez et vous trouverez des réponses à vos questions. Une personne que vous connaissez vous aime.

6h6 : faites de l'espace dans votre vie pour retrouver l'équilibre et faites la paix avec vous-même.

7h7 : regardez-vous avec bienveillance, vous êtes protégé pour créer la vie que vous méritez. Une personne aux yeux clairs éprouve des sentiments pour vous.

8h8 : alignez-vous sur le plan divin et osez prendre votre place, car une situation pourrait tourner à votre désavantage. Vous allez vivre un grand changement.

9h9 : acceptez de montrer votre vulnérabilité, de belles amitiés sont en chemin.

10h10 : un miracle va se produire. Quelqu'un a eu un coup de foudre pour vous. Faites preuve d'audace.

11h11 : alignez vos pensées sur le bien. Quelqu'un que vous aimez risque de vous faire souffrir. Laissez les émotions vous traverser.

12h12 : saisissez l'instant et faites un vœu.

13 h 13 : vous êtes en train d'apprendre une leçon importante et un de vos souhaits va se réaliser.

14 h 14 : connectez-vous à vos talents et à votre chemin spirituel pour dépasser les échecs et vos ombres.

15 h 15 : les changements que vous faites en ce moment vous permettent de grandir. Focalisez-vous sur ce que vous voulez et attirez-le à vous. Possible retour de votre ex.

16 h 16 : ralentissez et faites le point sur vos intentions et vos objectifs. Voyez la vérité dans son ensemble.

17 h 17 : vos blocages disparaissent pour que vous puissiez aller au bout de vos rêves. Avancez avec humilité.

18 h 18 : votre vœu va se réaliser, ayez confiance. Activez vos capacités créatives.

19 h 19 : reconnectez-vous à l'énergie féminine. Une guérison maternelle est possible. Soyez patient et connectez-vous à l'instant présent.

20 h 20 : l'énergie du pardon et de la compassion vous accompagne dans vos relations personnelles et professionnelles. Ouvrez-vous, tout est possible. La personne que vous aimez pense à vous.

21 h 21 : élevez vos pensées, lancez-vous et le succès sera au rendez-vous.

22 h 22 : prenez conscience de votre pouvoir et vos dons. Vous êtes né pour briller. Laissez éclater votre petit brin de folie. Une personne qui vous aime va vous appeler.

23 h 23 : vos efforts portent leurs fruits.

Pour en savoir plus : *Les Anges et les nombres*, de Kyle Gray (Exergue). Ouvrez le livre au hasard pour recevoir un message !

Signification des heures miroirs en amour

0 h : vous devez faire un choix entre deux personnes.

1 h 1 : une personne est amoureuse de vous.

2 h 2 : une personne que vous aimez vous cache quelque chose d'important.

3 h 3 : une personne se méfie de vous.

4 h 4 : une personne que vous aimez vous ment.

5 h 5 : une personne est en train de tomber amoureuse de vous.

6 h 6 : une personne se moque de vous.

7 h 7 : une personne va bientôt vous tromper.

8 h 8 : un proche se méfie de vous.

9 h 9 : un de vos amis est en train de tomber amoureux de vous.

10 h 10 : un ami proche tente de séduire votre conjoint.

11 h 11 : excusez-vous auprès de votre conjoint.

12 h 12 : méfiez-vous de l'un des membres de votre famille.

13 h 13 : partez en vacances avec votre amoureux.

14 h 14 : quelqu'un pense à vous.

15 h 15 : partez en week-end en amoureux.

16 h 16 : une personne que vous connaissez va devenir très importante pour vous.

17 h 17 : on risque de bientôt vous trahir.

18 h 18 : mettez vos problèmes de côté.

Signification des heures inversées

1 h 10 : quelqu'un vous aime d'un amour bienveillant.

2 h 20 : de bonnes nouvelles vont arriver. La chance vous accompagne.

3 h 30 : quelqu'un vous désire.

4 h 40 : vous avez trahi quelqu'un.

5 h 50 : vous allez bientôt recevoir une bonne surprise.

10h1 : la personne que vous aimez pense à quelqu'un d'autre.

12h21 : quelqu'un parle mal de vous. Énergies de trahison.

13h31 : il va arriver quelque chose qui ne va pas vous faire plaisir.

14h41 : vous avez perdu quelque chose que vous allez retrouver.

15h51 : quelqu'un a envie d'une histoire d'amour avec vous.

20h2 : vous manquez à quelqu'un.

21h12 : quelqu'un veut le meilleur pour vous.

23h32 : quelqu'un se moque de vous.

Signification des heures triples

1h11 : votre succès dépend de vous.

2h22 : vous êtes protégé.

3h33 : le bonheur arrive.

4h44 : on va vous aider.

5h55 : cette période n'est qu'un mauvais moment qui va passer.

13h33 : gardez la foi.

14h44 : vous allez avoir une belle et longue vie.

15h55 : prêtez attention à vos prémonitions, vous êtes de plus en plus clairvoyant.

21h11 : vous avez peu d'énergie.

23h33 : vous avez tout en vous pour réussir.

Signification des numéros des anges

Les numéros des anges sont des séquences de nombres constituées de trois chiffres.

111 : un nouveau départ se prépare.

222 : équilibre et paix.

333 : vos relations évoluent positivement.

444 : vous êtes sur la bonne voie.

555 : un grand succès à venir.

666 : arrêtez de douter de vous.

777 : vous êtes sur un chemin spirituel.

888 : allez vers plus de stabilité.

999 : un nouveau cycle de votre vie commence.

Après les anges, c'est au tour des maîtres ascensionnés de faire irruption dans mes méditations. Je ne vois d'abord que des hommes avec des barbes. Puis j'entends des bribes de mots ou je vois clairement le visage d'un homme ou d'une femme.

Ce sont des guides très élevés spirituellement, qui auraient vécu sur terre et y auraient coché toutes les bonnes cases : accomplissement de leur mission de vie, mise à l'écart de leur ego, niveau de conscience élevé, vibrations positives. Ils aideraient les humains à évoluer le mieux possible au fil de leurs différents défis.

Quelques exemples de maîtres ascensionnés :

EL MORYA : il fut incarné entre autres en Abraham, plusieurs pharaons, en le roi mage Melchior, l'empereur Moghol Akbar, le mahatma El Morya Khan. C'est lui qui, en tant qu'Arthur, roi d'Angleterre, aurait convoqué les chevaliers de la Table ronde à la cour de Camelot pour entreprendre la quête du Saint-Graal et s'initier aux Mystères du Christ.

LE SEIGNEUR LANTO : maître des sages et des philosophes, il fut empereur de Chine dans les années 500 av. J.-C. Il est gardien de la flamme dorée du Christ et de la triple flamme bleu-jaune-rose de la Trinité.

PAUL LE VÉNITIEN : il s'est incarné dans l'Atlantide comme en Égypte, en fin connaisseur des lois cosmiques et de la géométrie sacrée. Sa dernière incarnation fut Véronèse, le grand artiste italien qui vécut au XVIe siècle.

SÉRAPIS BEY : il fut le grand prêtre du temple de l'Ascension en Atlantide puis à Louxor, pharaon Amenhotep III (1400 av. J.-C.) qui mena l'Égypte à la prospérité et à la paix et fit construire de nombreux monuments dont le temple de Louxor. Il fut aussi incarné en tant que Léonidas, roi de Sparte, vers environ 480 av. J.-C.

HILARION : il fut Platon, puis Jamblique, un néoplatonicien, Saül le Tarsien, le persécuteur romain converti au christianisme à la vision du Christ et devenu l'apôtre Paul. Il s'incarna trois cents ans plus tard en Hilarion, un ermite, puis en Léonard de Vinci et en Paul Claudel.

LADY NADA : flamme jumelle de Jésus-Sananda, elle fut aussi Marie-Madeleine, Élisabeth, mère de saint Jean le Baptiste et cousine de Marie. Elle défendit les pauvres et les opprimés. Elle veille à l'éducation des enfants.

SAINT-GERMAIN : le maître de l'alchimie. En Atlantide, il gardait le Temple de la flamme violette. Il fut le prophète Samuel et saint Joseph, père de Jésus, et se réincarna en Alban, qui fut décapité et devint saint. Il s'incarna également en Merlin le magicien et au XIIIe siècle, en Angleterre, il fut le moine franciscain Roger Bacon, scientifique visionnaire et philosophe, emprisonné durant quinze ans pour hérésie. Il fut l'un des premiers à dire que la Terre était ronde et se réincarna en Christophe Colomb et en Francis Bacon à la fin du XVIe siècle.

J'apprends qu'au-delà de la couleur de son aura, à chaque ange est attribué un rayon sacré d'une certaine couleur aux propriétés particulières. Les maîtres ascensionnés sont les maîtres des rayons sacrés. Il existe sept rayons sacrés principaux.

Pour en savoir plus sur les sept rayons sacrés :

Premier rayon : « le rayon bleu », celui de la Volonté et du Pouvoir.

L'archange Michaël veille sur ce rayon et le maître El Morya le gouverne. Qualités : initiative, action, puissance.

Astre : Mercure.

Jour : dimanche.

Deuxième rayon : « le rayon jaune », celui de la Sagesse et de l'Intelligence.

L'archange Jophiel veille sur ce rayon et le seigneur Lanto le gouverne.

Qualités : perception, connaissance, discernement.

Astre : Soleil.

Jour : lundi.

Troisième rayon : « le rayon rose », celui de l'Amour.

L'archange Chamuel (Camael) veille sur ce rayon et le maître Paul le Vénitien le gouverne.

Qualités : compassion, humilité, créativité, tendresse, beauté, tolérance, douceur.

Astre : Vénus.

Jour : mardi.

Quatrième rayon : « le rayon blanc », celui de la Pureté.

L'archange Gabriel veille sur ce rayon et le maître Sérapis Bey le gouverne.

Qualités : pureté, clarté, élévation.

Astre : Lune.

Jour : mercredi.

Cinquième rayon : « le rayon vert », celui de la Santé et de l'Abondance.

L'archange Raphaël veille sur ce rayon et le maître Hilarion le gouverne.

Qualités : concentration, vérité, connaissance.

Astre : Jupiter.

Jour : jeudi.

Sixième rayon : « le rayon rubis et or », celui de la Paix.

L'archange Uriel veille sur ce rayon et Lady Nada le gouverne.

Qualités : joie, tranquillité, équilibre, dévotion.

Astre : Mars.

Jour : vendredi.

Septième rayon : « le rayon violet », celui de la Transmutation.

L'archange Zadkiel veille sur ce rayon et le maître Saint-Germain le gouverne.

Qualités : liberté, mouvement, capacité à pardonner, diplomatie, transformation.

Astre : Saturne.

Jour : samedi.

TÉMOIGNAGE

« Travail sur les chakras : harmonisation énergétique des chakras et nettoyage de son aura », par Marion Desmaison, coach & énergétique

« Le terme *chakra*, qui signifie "roue" ou "disque", est le nom sanskrit traditionnellement donné à des objets ayant la forme d'un disque, parmi lesquels figure le soleil.

Les chakras sont des nœuds de correspondance entre le corps physique et le corps énergétique, comme les nœuds de l'arbre font se correspondre l'intérieur et l'écorce. Ils apparaissent comme des vortex d'énergie à action tourbillonnante, en forme de cônes, de cloches ou d'entonnoirs. Leur extrémité évasée – ou bouche – fait saillie dans le corps énergétique et leur extrémité étroite pénètre la première couche de l'aura jusqu'à la surface de la peau.

Quand je fais un soin énergétique, je passe ma main en tournant dans le sens des aiguilles d'une montre au-dessus de chacun des sept chakras principaux en demandant à la personne de visualiser les couleurs correspondantes, tout en lui communiquant les mots clés relatifs à ces chakras.

Le chakra racine : c'est le chakra qui enracine à la terre et relie à la vie au quotidien. C'est de lui que vient la vitalité et la force physique. Il apporte la sécurité et permet que l'on se sente bien dans son environnement, dans toute situation.

Couleur : rouge.

Élément : terre.

Mots clés : confiance, sécurité, vitalité, base, stabilité, survie, pouvoir, réalisation, calme, courage.

Affirmations : “Je suis convaincu d'être en sécurité”, “Je prends corps, je m'enracine”.

Le chakra sacré : c'est le chakra qui est lié au plaisir, à la sexualité, à la procréation. Il est le lieu du dynamisme et du changement, de tout ce qui rend la vie plaisante. C'est de cette énergie que la dualité yin-yang est issue et qui gère les relations avec le partenaire.

Couleur : orange.

Élément : eau.

Mots clés : accepter son énergie, ses sentiments, sans crainte ; enthousiasme, franchise, créativité.

Affirmations : “J'accepte mon intimité et pardonne tous les traumatismes du passé”, “Je suis accueilli, je trouve ma place, je prends ma place”.

Le chakra du plexus solaire : c'est le chakra des énergies de la transformation de ce qui est assimilé, il permet de mettre en œuvre sa volonté et sa vision, de s'imposer au monde. Au travers de ce chakra se manifestent nos émotions.

Couleur : jaune.

Élément : feu.

Mots clés : appréciation, pouvoir personnel, travail, émotions, croyances personnelles, identité sociale, influence, autorité, sang-froid, énergie, paix, éclat, joie, harmonie intérieure, vitalité, force intérieure.

Affirmation : "Je trie, j'assimile, je maîtrise, je construis, je transforme."

Le chakra du cœur : c'est le chakra de la médiation entre l'esprit et la matière, à partir duquel se construisent les relations fondées sur les sentiments d'amour. C'est lui qui permet de définir le cadre de référence interne d'une personne, pour qu'elle sache toujours ce qui est bon ou pas pour elle, il suffit d'écouter son cœur.

Couleur : vert.

Élément : air.

Mots clés : amour inconditionnel, harmonie, pardon, compassion, compréhension, transformation personnelle, chaleur, division, dévotion, désintéressement.

Affirmation : "Je suis ouvert à donner et recevoir de l'amour inconditionnel."

Le chakra de la gorge : c'est le chakra de la communication et de l'expression de soi. Il fonctionnera bien si la communication est efficace aussi bien vers l'extérieur qu'à l'intérieur. Les chakras sacré et de la gorge sont étroitement reliés, car dans la communication, le premier régit le domaine corporel et instinctif, et le second les domaines intellectuel et symbolique.

Couleur : bleu clair.

Élément : éther.

Mots clés : expression libre de soi, estime de soi, créativité, communication, inspiration, sagesse, confiance, intégrité, vérité, liberté, indépendance.

Affirmation : “Je m’exprime en toute sécurité, en toute liberté.”

Le chakra du troisième œil : c’est le chakra qui permet de percevoir notre moi supérieur, ce qui n’est pas matériel. C’est le siège de l’intuition et d’une conscience supérieure.

Couleur : indigo.

Élément : lumière.

Mots clés : harmonie, clairvoyance, intuition, vision intérieure, compréhension, perception, imagination, concentration, paix intérieure, projection, manifestation.

Affirmation : “Je deviens conscient, j’intègre sereinement ce que je deviens.”

Le chakra coronal : ce chakra transcende la fonction des deux chakras supérieurs précédents, et chacun des six chakras précédents lui est relié sur le plan énergétique, il est donc la synthèse et l’aboutissement de tous.

Lorsqu’il est éveillé et équilibré, si tous les chakras précédents sont en harmonie, on peut se brancher sur la connaissance ultime au-delà de l’espace et du temps, là où le présent rejoint l’éternité. C’est cet état que les sages qualifient de béatitude ou d’extase.

Couleur : violet.

Élément : pensée.

Mots clés : liberté, connexion, perfection, intégration, unité avec le divin, sagesse et but, conscience universelle, compréhension, éclairement.

Affirmation : “Je suis connecté sur le plan intime et divin.” »

«L'étoile qui luit, prie;
L'arbre qui fleurit, prie;
Le chat qui ronronne, prie.
La prière est un courant d'énergie qui réunit les mondes.
Vivez chaque minute comme une prière.
La prière est toujours reçue.
Le mieux est de laisser parler son cœur.
Faites de chacun de vos actes, de chacune de vos pensées, une prière…»

Don Marcelino,
homme de connaissance amérindien,
nomade originaire du Pérou

Leçon n° 9 :
Vos guides sont près de vous

- N'hésitez pas à solliciter l'aide de vos anges. Ils sont là pour vous faciliter la vie.
- Les plumes sont des messages laissés par vos anges et vos guides sur votre chemin.
- Les heures miroirs ou inversées indiquent la présence de vos anges autour de vous.
- Les maîtres ascensionnés sont des guides très élevés spirituellement qui vous aident à évoluer le mieux possible au fil de vos différents défis.
- À chaque ange est attribué un rayon sacré d'une certaine couleur aux propriétés particulières et qui correspond également à un maître ascensionné.

Les gardiens de la galaxie

Dialogues accordés avec mon enfant intérieur

Moi : Quand pour la première fois es-tu allée dans le cosmos ?

Elle : Avec Goldorak et Capitaine Flam, je vais souvent dans le cosmos. Le soir dans mon lit, je m'imagine déchirer le ciel jusqu'aux étoiles pour partir sauver le monde, car je ne supporte pas l'injustice.

Moi : Je vois sur toi Bouddha et une étoile cosmique.

Elle : C'est quoi une étoile cosmique ?

Moi : Je ne sais pas. Ça doit être beau, ça doit être bleu, ça doit tourner sur elle-même.

Elle : Oui c'est beau, c'est bleu et l'étoile tourne bien sur elle-même.

*

Pendant toute une période, je me retrouve propulsée « dans l'espace » au fil de mes méditations. Drôle de sensation que de me sentir « voler », planer plutôt, sans drogues aucunes.

Je découvre des vortex – sortes de tourbillons en dynamique des fluides où l'écoulement se fait principalement en rotation autour d'un axe rectiligne ou incurvé –, je croise différentes planètes, je ressens les énergies de la Lune, et je prends connaissance de formes géométriques étranges…

Un nouvel univers s'ouvre à moi, comme si j'évoluais de planète en planète, tel le Petit Prince !

Ces balades dans le cosmos sont le résultat de plusieurs sorties de corps effectuées bien malgré moi. Un jour, alors que j'étais allongée, je me suis soudain perçue comme poussée par une force incroyable : était-ce mon esprit, ou mon âme, ou mon corps ou moi tout entière ? Toujours est-il que j'ai eu la sensation de m'évader de mon corps physique pour m'élever peu à peu. Comme s'il restait là, et que tout le reste s'était mis, bien malgré moi, en lévitation rapide. Sortir de mon appartement, de mon immeuble, de mon quartier puis de ma ville et de mon pays à une vitesse vertigineuse. Me sentir flotter dans les airs puis soudain voler dans le noir au milieu des étoiles. Cette sensation m'a d'abord profondément effrayée ; elle s'est accompagnée de ressentis peu agréables, parmi lesquels une intense nausée ainsi que des vertiges répétés et mon cœur qui battait à cent à l'heure. J'avais comme l'impression que mon corps allait mourir et je ressentais une peur extrême de le suivre et même, par la suite, de le réintégrer.

J'avais le sentiment de tourner sur moi-même sans savoir parfaitement diriger mon vaisseau interne. Puis, très progressivement, j'ai commencé à trouver cela agréable. Pourtant, la redescente a été plus complexe, car trop fulgurante à mon goût : lorsque j'ai réintégré mon corps, j'ai eu la sensation de me sentir à nouveau prisonnière, dans une pesanteur difficilement soutenable. Il a fallu que je rouvre enfin les yeux sur le monde pour que ce sentiment s'évapore peu à peu.

J'ai découvert que bien d'autres personnes que je ne soupçonnais pas autour de moi avaient vécu des expériences similaires. Comme, par exemple, Laurent, avec qui j'ai travaillé dans l'audiovisuel, et dont voici le témoignage.

TÉMOIGNAGE

«Mon premier voyage astral», par Laurent Gamot, praticien de massage bien-être et soins énergétiques, ex-responsable des chefs comptables de TPS (Télévision par satellite)

«Un soir, au coucher, je pris la décision d'abandonner une lutte épuisante qui consistait à maintenir un lien amoureux, dans une relation qui aujourd'hui demeure ma seule expérience d'amour inconditionnel. J'avais vingt-cinq ans. Sans aucune expérience ni connaissance spirituelle.

Lorsque je fermais les yeux, j'avais pour habitude de voir un point lumineux. En l'observant ce soir-là, je me suis imaginé astronaute sans vaisseau, perdu dans le vide astral, ayant pour seule direction ce point lumineux que j'ai associé à une étoile. Parfois cette "étoile" disparaissait, se cachait à ma vue; alors mon regard la cherchait, créant ainsi au fur et à mesure un tunnel sinueux qui s'élargissait, et dans lequel j'ai cheminé trois ou quatre heures durant. J'y ai rencontré des personnages pas vraiment accueillants.

J'étais dans l'interrogation de ce qui se passait, mon cœur battait fort dans ma poitrine; en ouvrant grand les yeux et en observant la lumière des lampadaires à travers les volets, je stoppais le processus un instant, ce qui me permettait de reprendre "mon souffle". Et dès que je refermais les yeux, je plongeais à nouveau dans le tunnel. Cela s'est reproduit deux ou trois nuits de suite. Il fallait que j'attende de tomber de sommeil pour éviter le processus.

Soudain je me suis retrouvé devant un rideau de lumière, haut de trois ou quatre mètres, derrière lequel des ombres s'approchaient avec une attitude bienveillante. J'ai alors posé cette question: "Si je passe le rideau de lumière, je meurs?" Lorsqu'on m'a répondu par l'affirmative et que j'ai compris que je pouvais mourir en passant ce rideau de lumière, mon être a refusé l'idée, la peur m'a envahi et j'ai fait un retour en arrière en une fraction de seconde, occasionnant un puissant claquement dans mes oreilles qui furent sensibles plusieurs jours après.

Les nuits suivantes furent difficiles à gérer, puisque dès que je fermais les yeux mon être replongeait dans ce tunnel.

Sur l'instant je ne parlai pas de lâcher-prise, je n'en avais aucune notion. Je n'avais encore jamais lu de livre sur ces phénomènes.

Le lâcher-prise "corporel" permet la déconnexion du mental qui cherche des solutions pour résoudre un problème donné. Cela laisse place à la possibilité d'accéder à notre conscience/inconscience et ainsi de "voyager" dans le monde astral qui est aussi le monde spirituel.

Les rencontres y sont de toutes sortes et l'expérience peut être dangereuse quand le sujet n'a aucune connaissance, d'autant plus lorsqu'il ressent des émotions négatives. »

Lors de mon premier « voyage », je vois une magnifique étoile bleue très lumineuse. Je découvre qu'il s'agirait de ce qu'on appelle « l'étoile de l'homme cosmique ». Des scientifiques auraient annoncé avoir détecté, grâce au télescope spatial *Hubble*, l'étoile la plus lointaine, cent fois plus éloignée que les autres précédemment observées. Une supergéante bleue située à 9,3 milliards d'années-lumière de la Terre, qui serait un million de fois plus lumineuse et environ deux fois plus chaude que le Soleil. Elle se nomme Icare. Selon certains, cette étoile bleue aurait une énergie céleste particulière ; symbole de paix, elle serait en lien avec un niveau de guérison dimensionnel très élevé et participerait également à augmenter notre taux de fréquence vibratoire, ouvrant intensément le chakra de la conscience ainsi que le canal de la lumière développant l'intuition, la médiumnité et la canalisation de l'énergie divine pour les traitements. Elle accélérerait d'autre part notre développement spirituel pour nous permettre d'intégrer plus rapidement nos changements individuels sur le plan terrestre et amplifier notre vibration personnelle.

La première planète que je croise ensuite dans « mon cosmos intérieur » est Uranus, du latin *Ouranos* (le dieu du ciel). C'est la septième planète du Système solaire, découverte en 1781 par l'astronome britannique William Herschel. Elle est d'un beau bleu-vert, car son atmosphère contient du méthane, ce gaz qui absorbe les rayons du Soleil, à l'exception du bleu et du vert.

Notre système solaire compte officiellement huit planètes, Pluton étant classée au rang de planète naine.

Mercure est grise. Vénus est jaune. La Terre est bleue et blanche. Mars est rouge. Jupiter est jaune avec des bandes équatoriales brunes. Saturne est jaune. Uranus est verte, teintée d'opale. Neptune est bleue.

Chaque planète a sa propre symbolique.

Ainsi, Mercure est liée à la communication, au partage, à la sociabilité, à la curiosité.

Vénus est évidemment symbole d'amour, de sensualité, de désir, de beauté, d'harmonie, mais aussi des arts.

La Terre évoque la sensibilité, la fécondité et l'inconscient.

Mars indique le courage, l'énergie, l'endurance et l'instinct sexuel.

Jupiter nous parle de finances, de récompenses, de rayonnement professionnel positif.

Saturne correspondrait à la réponse de l'homme à ses frustrations, cette planète serait liée aux notions de concentration et de renoncement.

Uranus, quant à elle, symbolise la révolte, la révolution, l'indépendance, la liberté, l'innovation, l'imprévu. Elle pousse à penser grand. Pas étonnant qu'elle me soit apparue en premier !

Neptune parle de spiritualité, d'imaginaire et d'émotions.

Enfin, Pluton est liée à la dualité vie/mort, création/destruction. Elle peut également être assimilée à la régénération et à la créativité.

TÉMOIGNAGE

« Planning de la semaine suivant les planètes », par Deolinda Ribeiro qui a travaillé près de trente ans à l'Unesco, notamment au Centre du patrimoine mondial

« Lundi : jour de la Lune donc mettre du blanc, du gris-bleu pâle, des perles, des pierres de lune, de la topaze bleue… et blanchisserie – propreté – mets blancs : chou-fleur, yaourt, fromage blanc, purée, poisson blanc…

Mardi (le meilleur jour de la semaine) : journée de Mars, la planète de l'énergie, donc rouge rubis – traiter tous les dossiers/réunions difficiles, ardues. Mets rouges : tomates, choux rouges, betteraves, poivrons rouges, viande rouge, thon…

Mercredi : jour de Mercure dédié à la communication et la culture, donc vert émeraude – le consacrer à tous les écrits, appels téléphoniques, sorties au théâtre, séances de cinéma. Mets verts : haricots verts, poireaux, concombres, épinards…

Jeudi : jour de Jupiter, planète de la chance, donc émeraude – faire ses comptes et jouer au loto… Mets violets : aubergines, myrtilles…

Vendredi : journée de Vénus, planète de l'amour, donc rose – prendre soin de soi et des autres ; coiffeur, séance de massage, s'offrir des fleurs, dîner en amoureux. Mets roses : framboises, fraises…

Samedi : jour de Saturne, la planète austère, donc noir et bleu foncé, perles noires, saphirs. Faire ses courses et le ménage. Mets : avocat…

Dimanche (*Sun Day*) : jaune orange, or, topaze jaune… prendre un bain de forêt, s'occuper des plantes, du jardin, rire avec des amis. Mets : mangue, pamplemousse, champagne… »

Au cours de mes méditations, j'entends également le nom d'autres astres mystérieux. Comme Orion, que je découvre être l'une des vingt-huit constellations du zodiaque chinois. Dans la mythologie grecque, Orion est un chasseur orgueilleux qui n'a peur de rien. Devenue constellation, elle prend diverses significations en fonction des civilisations, symbolisant tantôt un guerrier pour les Aztèques, tantôt le dieu Osiris pour les Égyptiens…

De la même manière, Antarès se révèle à moi ; c'est une étoile géante, la plus brillante de la constellation du Scorpion, située à environ cinq cent cinquante années-lumière de la Terre. Elle représenterait l'équilibre et la voie de l'action. Pour les Égyptiens, elle serait liée à la déesse Isis…

J'entends également parler du « diamant cosmique ». Il serait empli d'une énergie de transmutation et de purification à travers sa flamme violette, en lien avec l'archange Gabriel. On pourrait faire appel à sa flamme violette pour transmuter des problèmes, blocages, maladies… Elle aiderait dans toutes les situations qui manquent d'harmonie, pour aider à rétablir équilibre, paix et sérénité. Une sorte d'armée de lumière pour lutter contre les mauvais coups du sort… Il semblerait donc intéressant d'activer ses « énergies diamant » pour aligner ses actes, paroles, sentiments et pensées sur l'amour inconditionnel et l'unité.

Il n'est pas rare, lorsque je fais ces « voyages dans l'espace » intérieurs, que j'aperçoive des formes géométriques, que je connais pour la plupart. Mais pas toutes. Je vois par exemple une sorte de fleur avec des pétales en forme de losanges qui tourne sur elle-même, des cercles entrelacés, mais aussi des triangles.

Je découvre que ce qui s'ouvre à moi sont ce qu'on appelle la « géométrie sacrée » et la symbolique pythagoricienne. Les figures géométriques seraient un art qui permettrait de communiquer la sagesse divine à travers des symboles. Platon et Pythagore ont utilisé ce langage mystérieux, tout comme de nombreux philosophes et mathématiciens grecs. Les lieux sacrés comme les cathédrales ou les pyramides sont construits selon les principes de la géométrie sacrée, s'appuyant sur le nombre d'or que l'on retrouve dans les proportions présentes dans la nature, comme dans les fleurs et leurs pétales. De nombreuses cultures ont reconnu que certaines formes permettaient de mieux capter les énergies cosmiques. Ainsi, la géométrie sacrée est l'ensemble des formes géométriques aux dimensions parfaites possédant un très haut niveau vibratoire. C'est l'expression d'une profonde harmonie, de l'équilibre ultime, de la symétrie et de la beauté. La science s'est intéressée à ces motifs géométriques en tant que formes moléculaires qui sont à la base de toute vie dans cet univers.

Il y a, par exemple :

- *La fleur de vie* : son cercle central représenterait la source de la vie. Elle est composée de sept cercles illustrant le développement de l'existence à partir de son noyau, la graine de vie. Cette rosace illustre la forme de construction de l'ADN, des végétaux, des minéraux et des formules mathématiques.
- *Le tétraèdre* : associé à Jupiter, il symbolise le feu, l'énergie du ciel vers la terre. Il possède quatre sommets et six arêtes. Il agirait sur le deuxième chakra, en lien avec la conscience familiale.
- *La pyramide de cristal* : elle permet aux hommes de se rapprocher des dieux. Le sommet figure le point de contact entre la Terre et le Ciel.
- *Le parallélépipède* : il a six faces parallèles deux à deux. Ses quatre diagonales sont sécantes en leur centre commun. Il représente la stabilité, la tranquillité, mais aussi le divin en reliant le supérieur et l'inférieur.

- *Le triangle isocèle* : c'est un triangle ayant au moins deux côtés de même longueur et deux angles égaux. Il symbolise la trinité dans le christianisme ; l'étoile de David, chez les juifs, se compose de deux triangles opposés.
- *Le losange* : c'est un quadrilatère dont les côtés ont tous la même longueur, ou un parallélogramme avec au moins deux côtés consécutifs de même longueur. Il symbolise le féminin, le passage initiatique dans le ventre du monde, la porte entre deux mondes.
- *Le cube de Métatron* : il est formé de treize cercles qui figurent le fruit de la vie. Il est très complexe, représentant l'origine de la Création. Dans le judaïsme et la Kabbale, Métatron était un ange qui tenait compte des actes de chaque être humain.
- *La spirale dorée* : elle représente l'accomplissement de soi, l'équilibre des forces, le renouvellement continuel, l'éternité. C'est une spirale logarithmique avec un facteur de croissance appelé nombre d'or. Sa représentation la plus courante est le coquillage.
- *Le pentagramme* : il symbolise la connaissance cachée. Son étoile à cinq branches représente les cinq sens ou les cinq éléments ; comme dans la représentation de l'homme de Vitruve de Léonard de Vinci.

La géométrie sacrée est une discipline ancienne qui explore les formes géométriques et les motifs considérés comme sacrés ou ayant une signification spirituelle. Elle est présente dans de nombreuses cultures et traditions à travers le monde, notamment dans l'architecture sacrée, l'art, la spiritualité et les pratiques de guérison.

Les Celtes ont également utilisé de mystérieux symboles qu'on appelle « druidiques ».

Parmi eux :

- *Le triskel* : formé de trois bras en spirale unis par un point central, il représente l'équilibre entre le corps, l'esprit et l'âme et la perfection.
- *La croix celtique* : elle symbolise les quatre directions : nord, sud, est et ouest ; les quatre éléments : terre, air, eau et feu et le croisement entre deux chemins, celui des vivants et celui des morts.
- *Le triquètre* : il représente les trois forces de la nature : terre, eau et air ; mais aussi la vie, la mort et la réincarnation.
- *La croix solaire* : formée d'une croix aux bras égaux placée dans un cercle, elle est associée au soleil. Elle représente le calendrier solaire, les solstices, les équinoxes et les quatre saisons.

Les symboles sont utilisés pour représenter les croyances, les valeurs et les principes spirituels des anciennes traditions celtes et druidiques. Ils sont des moyens de transmettre des idées philosophiques et cosmologiques complexes de manière visuelle et symbolique. Ils servent à établir une connexion avec les ancêtres et les esprits de la nature et sont comme des portails ou des points de contact pour établir une communication spirituelle et recevoir des enseignements ou des guidances des mondes invisibles.

Plus j'évolue sur le chemin de la spiritualité, plus je me sens sensible, d'humeur changeante et avec un sommeil complexe. C'est à ce moment-là que je m'intéresse aux phases de la Lune. Elle qui, par un effet gravitationnel, aurait une influence sur les marées terrestres, aurait-elle aussi de l'effet sur mon moral ? Notre corps étant composé environ de soixante-dix pour cent d'eau, la Lune pourrait par ce biais agir sur notre sang, imposant à nos cellules des sortes de marées émotionnelles intérieures.

Les rayonnements de la Lune auraient une influence sur notre humeur, car ils agiraient sur notre système nerveux et sur les glandes régulatrices des hormones comme les surrénales, la thyroïde et l'hypophyse.

Une nuit de pleine lune où je ressentais une très grande fatigue, j'ai vu dans mes rêves une jeune femme tout de blanc vêtue, qui me dit : « Mets de la sélénite. » La sélénite, la « pierre de lune », tire son nom de la mythologie grecque et plus particulièrement de la déesse Séléné, associée à la lune blanche, symbole de perfection et de pureté. Au fil de mes rêves, il semblerait qu'on me souffle les remèdes à mes maux terriens quotidiens par un biais céleste que je ne m'explique pas encore. Cela semble fonctionner, car depuis que je porte de la sélénite, comme par magie, l'énergie revient en force.

> « À l'école, ils ne t'ont pas parlé
> De la Lune et de ses phases,
> De la Terre et de ses cycles,
> … Ils t'ont dit de t'adapter,
> De t'intégrer,
> Ils t'ont dit de t'asseoir
> Toujours au même endroit,
> Ils t'ont dit de te taire
> Et d'écouter leur seul point de vue… »
>
> Lucie Labiche

Je décide de m'intéresser à ses différentes phases :

- Phase 1. La nouvelle lune : ses énergies sont positives et permettent de nous aider à évacuer de vieilles énergies. Il est recommandé de méditer à la nouvelle lune pour se purifier et se protéger.
- Phase 2. Le premier croissant de lune : cette période est très utile pour avancer dans notre travail intérieur et notre développement personnel, car elle nous met face à nos ombres…
- Phase 3. Le premier quartier de lune : on attire les énergies positives et on se recharge en bonne énergie.

- Phase 4. La lune gibbeuse croissante : les énergies sont très lourdes. On peut se sentir stressé. Pendant cette période, on peut faire des demandes concernant les aspects matériels ou affectifs de notre vie.
- Phase 5. La pleine lune : les énergies sont à leur point culminant, il faut en profiter pour sentir sa propre puissance et faire des demandes à l'univers !
- Phase 6. La lune gibbeuse décroissante : c'est le moment de se poser et se reposer, de faire des choses douces pour délier toute tension énergétique.
- Phase 7. Le dernier quartier de lune : l'ombre prend le dessus pour faire remonter et évacuer les énergies néfastes. Cela nous permet aussi de tester la loyauté de notre entourage.
- Phase 8. Le dernier croissant de lune : phase utile pour se recentrer sur soi-même. Elle favorise les prises de conscience.

Selon le signe dans lequel la lune est positionnée, on dit que son influence change.

Selon la tradition amérindienne, à chaque mois correspond une pleine lune avec des propriétés particulières. Pour eux, la Lune est une entité vivante qui protège et enseigne. La Terre et la Lune auraient créé des gardiennes pour nous guider, symbolisant les lunaisons.

Ainsi, la lune de janvier (lune du loup) nous apprend à écouter.

La lune de février (lune des neiges) nous enseigne la sagesse et apprend à se relier à notre mémoire ancestrale.

La lune de mars (lune des semences) est symbole de préparation mentale et physique à la prospérité.

La lune d'avril (lune rose) incite à mettre en œuvre nos objectifs, elle est signe de fertilité et de croissance.

La lune de mai (lune fleurie) est excellente pour notre énergie et les décisions que nous prenons.

La lune de juin (lune des fraises) est favorable au bon suivi de nos projets : santé, amour et abondance.

La lune de juillet (lune du tonnerre) est symbole de renouveau : c'est la récolte du fruit de nos actions.

La lune d'août (lune des herbes) est le temps de la célébration et du partage. La nature est généreuse et l'abondance à portée de main.

La lune de septembre (lune des récoltes) est parfaite pour partager avec les autres et célébrer le chemin parcouru.

La lune d'octobre (lune des chasseurs) sert à dresser un bilan et à évaluer si nous sommes bien en accord avec nos envies et nos valeurs.

La lune de novembre (lune des castors) est là pour resserrer les liens familiaux et amicaux.

La lune de décembre (lune des longues nuits) : c'est l'heure de l'introspection, de faire le point et de prendre du recul pour se ressourcer.

Pour en savoir plus :

Les 13 Mères originelles, de Jamie Sams (Guy Trédaniel éditeur).

J'apprends à faire des rituels en fonction des différentes phases de lune.

Il y a des cérémonies bien précises à mettre en place, comme celle-ci à la pleine lune : allumez une bougie. Replongez-vous dans votre passé et plus particulièrement sur ce que vous souhaitez changer ou voir évoluer, écrivez ce qui vous préoccupe. Puis visualisez ce que vous voulez voir se réaliser dans votre vie, en ressentant le bien-être que cela vous apportera. Dites à la lune que vous pardonnez : une situation, une personne ou vous-même.

À vous de créer votre propre rituel, en vous servant de toute la magie de l'instant, de la douceur et de la bienveillance que vous y mettrez.

En voici quelques exemples :

- Remerciez la lune pour les résultats que vous avez obtenus et les leçons acquises.
- Écrivez vos souhaits. Déposez-les dans un verre d'eau et laissez-les flotter sous la lune.

- Demandez à la lune, paumes vers le ciel : « Chère lune, accorde-moi .... (écrivez ici votre demande). Merci chère lune d'exaucer ma demande. »
- Brûlez de la sauge ou du palo santo dans une coquille d'ormeau pour purifier l'atmosphère. Utilisez une plume pour diffuser la fumée partout dans la pièce. Puis écrivez un poème à la lune ou offrez-lui un cadeau pour la remercier de sa générosité : des fleurs, des pierres, votre poème, une chanson…
- Écrivez les habitudes néfastes dont vous voulez vous débarrasser, à raison d'une habitude par petit papier. Puis brûlez ces papiers un par un, tout en les envoyant mentalement sur la lune.

Enfin, je découvre qu'il existe une astrologie dite « soli-lunaire ». Chacun d'entre nous peut ainsi calculer son signe lunaire et en apprendre plus sur lui-même. Votre signe lunaire dépend de la position de la lune dans votre thème natal et correspond au signe dans lequel se trouvait la lune au moment de votre naissance. Votre personnalité peut être influencée par votre signe lunaire autant que par votre signe solaire. Les douze signes lunaires sont, dans l'ordre, Bélier, Taureau, Gémeaux, Cancer, Lion, Vierge, Balance, Scorpion, Sagittaire, Capricorne, Verseau et Poissons.

Il existe huit types soli-lunaires :

- *Les types nouvelle lune* : ils sont nés à la nouvelle lune ou dans les trois jours qui suivent. Ils ont la plupart du temps une nature impulsive, émotive, et confondent souvent rêve et réalité.
- *Les types premier croissant de lune* : ils sont nés entre trois jours et demi et sept jours après la nouvelle lune. Ils se battent pour surmonter les obstacles en affirmant leur personnalité.
- *Les types premier quartier de lune* : ils sont nés entre sept jours et dix jours et demi après la nouvelle lune. Ce sont des personnalités portées sur l'action, au caractère bien affirmé.
- *Les types gibbeux* : ils sont nés trois jours et demi avant la pleine lune. Ce sont des personnes qui aiment communiquer et aider les autres.

- *Les types pleine lune*: ils sont nés à la pleine lune ou dans les trois jours et demi qui suivent. Ce sont des personnes objectives, dans le relationnel, qui se sentent souvent un peu décalées.
- *Les types gibbeux*: ils sont nés entre trois jours et demi et sept jours après la pleine lune en lune décroissante. Ils aiment enseigner et transmettre et peuvent parfois être influençables ou fanatiques.
- *Les types derniers quartiers de lune*: ils sont nés entre sept jours et dix jours et demi après la pleine lune. Ils ont des idées pour changer le futur.
- *Les types balsamiques*: ils sont nés trois jours avant la nouvelle lune. Ce sont des inventeurs et des pionniers.

Pour en savoir plus:

Le signe lunaire est basé sur la position de la Lune au moment de votre naissance. Il représente votre côté émotionnel et intérieur, complétant ainsi votre signe du zodiaque solaire qui se base sur votre date de naissance. Il peut vous donner des informations précieuses sur votre manière de ressentir et de réagir émotionnellement aux événements de la vie.

J'établis un nouveau protocole personnel de «voyance» pour ne pas oublier de poser les bonnes questions intérieurement chaque fois que cela est nécessaire.

Ainsi, lorsque je me mets en méditation sur quelqu'un, j'essaie de me laisser traverser; je demande qu'on m'envoie sur cette personne pour m'éclairer, dans l'ordre:

- des animaux;
- des lettres;
- des chiffres;
- des anges/archanges/maîtres ascensionnés;
- des musiques, des paroles de chansons;
- des haïkus;

- des émojis ;
- des odeurs ;
- des éléments du cosmos ;
- des objets ;
- je demande à voir la personne enfant ;
- je la scanne pour voir son enfant intérieur et ses vies antérieures.

Leçon n° 10 : Le pouvoir du cosmos

– La géométrie sacrée est un mystérieux langage qu'il faut apprendre pour mieux capter les énergies cosmiques.
– Les planètes ont une signification particulière si on les perçoit au cours d'une voyance.
– L'énergie de la pleine lune est purifiante, nous pouvons nous en servir pour nous débarrasser des mauvaises vibrations.
– Au-delà de notre signe solaire, nous avons un signe lunaire et un type soli-lunaire qui en disent long sur notre personnalité.

Secrets de sorcières

Dialogues accordés avec mon enfant intérieur

Moi : Quelle est la première fois que tu as vu le futur ?

Elle : Je vois le futur quand je lâche mon esprit. Alors je sens ce qui va arriver. En bien comme en mal. J'essaie de combattre cela, car parfois ce que je ressens va à l'encontre de ce que je voudrais que la vie m'apporte.

Moi : Que penses-tu des sorcières ?

Elle : Elles sont moches.

Moi : Se pourrait-il que tu sois une sorcière ?

Elle : Je vois une croix qui arrive sur moi et j'ai peur.

*

Plus j'avance dans la vie, plus j'ai l'impression d'être à Poudlard, en école de sorcellerie. C'était tellement plus simple avant, quand le noir était noir et le blanc tout blanc, et que je pouvais classer chaque chose dans le format bien approprié qu'on m'avait inculqué.

Mais maintenant tout a changé. J'ai des visions sur le passé, le présent, mais aussi le futur.

Je n'ai pas besoin de toucher pour ressentir les autres, je peux entrer en eux rien qu'en me concentrant, qu'ils soient proches ou loin, que je les connaisse ou pas.

Je me souviens de cette fois où j'ai parlé avec Julie, que je ne connaissais pas, et avec qui j'ai fait une méditation dans le cadre d'un cours de magnétisme. Des images ont aussitôt afflué sur elle dans ma tête. D'un côté j'entendais : « Jolie Julie/Tu as de l'esprit/Tu sais en payer le prix », de l'autre je voyais danser une petite fille brune et un vieil homme renfrogné la regarder avec envie. Le regard qu'il portait sur elle était très étrange et dérangeant. Puis j'ai vu la petite fille cesser de rire. Enfin je l'ai aperçue en femme, qui se souriait à elle-même petite fille, en train de jouer avec un cerf-volant sur la plage : « Je suis revenue, tu m'attendais, n'est-ce pas ? » Je vois une pieuvre qui s'en va. Lorsque je relate tout cela à Julie, elle fond en larmes, me révélant qu'elle habitait au bord de la plage avec son grand-père, qui abusa d'elle durant son enfance. Adolescente, elle s'enfuit de cette maison. C'est un peu comme si je lui avais enlevé son appréhension d'y retourner : elle savait dorénavant qu'elle serait assez forte pour affronter cela et être heureuse malgré tout.

Une autre fois, j'ai parlé avec Macha, une Russe. Je voyais sur elle une maison, un petit garçon avec des sabots et un problème à la jambe qui disait à sa mère : « Tu crois qu'on s'en sortira un jour ? J'ai froid. » Je sentais aussi la présence d'un homme barbu noir, malade et allongé : « Je vais mourir ? » « Ne t'en fais pas », et j'entendais des mots que je ne connaissais pas comme « *dedushka* ». Puis j'ai vu une roue qui tourne et un avion. Macha sera bouleversée quand je lui raconterai ma vision : le vieil homme allongé, c'est son père, « *dedushka* » signifiant « grand-père ». À la mort de son père, elle a fui un mari violent pour prendre l'avion, direction la liberté en France, où elle est arrivée il y a peu de temps…

Parfois, en fonction de la personne que j'ai en face de moi, je me mets à parler d'autres langues que je ne connais pas, aussi incroyable que cela puisse paraître. Par exemple, à une jeune Vietnamienne qui s'inquiète de savoir si elle va gagner suffisamment d'argent pour avancer dans ses projets, « on » me dit de répondre : « *Tien doi dao* » et « *tien chao phan* », elle reste ébahie – et moi aussi – lorsqu'elle m'explique qu'en vietnamien cela signifie « abondance d'argent ». Elle a eu sa réponse…

Sur une autre jeune femme, Hélène, j'entends le pin-pon d'une ambulance, puis des chants celtes et « Quimper ». Je vois beaucoup d'eau, avec une cascade, une barque, une fille aux cheveux blonds.

— Je veux rentrer chez moi.

— Inonde-toi et tu verras.

— Immerge-toi et tu sauras.

J'apprendrai par la suite qu'Hélène est une ancienne infirmière revenue vivre chez ses parents en Bretagne. Elle sera touchée par ce que je lui dirai concernant ses expériences avec l'eau, car elle me confiera avoir toujours eu le sentiment d'avoir vécu au temps de l'Atlantide, cette cité qu'on dit engloutie par les flots, où elle se voyait en jeune femme blonde…

TÉMOIGNAGE

« Le Voyage de l'eau », par Karine, coach

« L'eau

Je suis née une journée chaude d'un mois de juin. Quelques semaines après, mes parents m'ont amenée sur la terre de mes ancêtres, la Bretagne du bord de l'océan.

J'ai certainement su nager en même temps que marcher.

L'océan, mais aussi chaque lac, étang, rivière. C'est l'eau qui me fascine. Si douce, et en même temps entêtée… rien ne l'arrête.

C'est certainement cette sensibilité qui m'a amenée naturellement vers les métiers de soin.

J'ai travaillé de 1996 à 2018 comme infirmière dans différents services de dialyse. En écrivant ces lignes, je prends conscience du lien fort entre dialyse, néphrologie, fonction rénale, et les liquides. Cette eau physiologique.

Est-ce un hasard ? Peut-être…

J'ai vécu, lors d'un voyage chamanique, allongée sur une plage bretonne, une expérience extraordinaire.

Une sirène est venue me chercher, m'a amenée dans les profondeurs. J'y ai vu Poséidon. J'y ai vu une magnifique ville.

Puis j'ai nagé avec les grands cétacés sur des voies sous-marines d'une beauté singulière.

Comment s'imaginer une ville sous l'eau, cette vie sous l'eau.

Je me suis sentie chez moi sous ces fonds marins. Je touchais mon essence, ma vraie nature.

J'aurais pu penser que mon imagination m'avait joué des tours si à ma sortie de voyage la chamane ne m'avait raconté ce même voyage, dans le moindre détail.

Je parle de l'océan. De la Bretagne.

Alors comment ne pas parler de cette terre granitique, de cette culture druidique si présente.

Les forces telluriques y sont puissantes. La nature verdoyante sublime l'ambiance.

C'est un pays de mystère, de puissance et chargée d'histoire.

C'est un pays authentique. Rude certes. Mais aussi où il fait bon vivre.

J'y rencontre tant de gens amoureux de leurs terres, de leur culture.

Mon "mantra" breton favori : *Breizh da viken*. Bretagne éternellement. »

Des messages affluent de personnes qui me remercient de la justesse de ce que je leur ai transmis. Pourtant, j'ai toujours cette peur de me tromper lorsque je « vois » des choses sur les autres. Je me remets sans cesse en question.

Peu à peu j'affine les messages et les chemins de communication.

Je demande à mes « guides » de m'aider dans l'ouverture de ma clairvoyance à voir ce que je désire ; puis je les remercie.

Souvent j'allume une bougie et/ou de l'encens pour attirer les bonnes énergies.

Parfois, je m'entraîne de différentes manières :

- Lorsque je reçois un appel téléphonique, j'essaie de deviner avant de décrocher qui appelle et quel est le motif de l'appel.
- Dans un restaurant, avant même de voir la carte, j'essaie de savoir quels seront les plats proposés.
- Dans la rue, je tente d'imaginer le type de voiture qui va arriver, sa couleur, le nombre de personnes qui seront à l'intérieur ; j'essaie même de voir comment ils sont.
- J'essaie de deviner où se trouve un ami et ce qu'il fait à une heure précise.
- Lorsque je prends un objet dans la main, j'essaie de découvrir toute son histoire et son parcours pour arriver jusqu'à moi.
- Lorsque j'ai rendez-vous avec quelqu'un que je ne connais pas, j'essaie de ressentir la personne, d'imaginer son visage, son caractère, ses centres d'intérêt.
- Je suis attentive à ce que mes oreilles perçoivent, les plus petits bruits ou chuchotements, et parfois j'appelle dans ma tête une personne que j'ai envie d'entendre.

Désormais je me balade dans le futur comme un lieu que j'irais visiter, dont j'inspecterais les multiples recoins. Comme une touriste, j'emporte mes valises, mon vécu, mon sens critique, mon enthousiasme dans ce voyage intérieur. Et je découvre tantôt avec joie, tantôt avec peur ou dégoût, ce qui se présente devant mes yeux. Puis je le consigne tel un journal de bord dans un petit cahier.

Sur ce chemin, je me rends compte que je sais faire des choses que je n'ai jamais apprises nulle part. Peut-on instinctivement retrouver les pouvoirs de ses anciennes vies ? Lorsque j'ai pris pour la première fois un jeu de tarot entre les mains, c'est comme si j'avais toujours su m'en servir. Au fil des cartes, la vie de l'autre se dessine instantanément devant mes yeux.

« J'en ai marre, me dit mon fils (celui qui déteste les trucs "perchés"), tu ne peux pas être normale comme toutes les mères ?! »

Non, je ne peux pas. Plus j'avance, plus finalement j'ai envie de tout essayer. J'achète même une boule de cristal. Tant qu'à paraître illuminée, autant voir jusqu'où cela pourra me porter.

Ce qu'on appelle la voyance par boule de cristal s'appelle la « cristallomancie », autrement dit l'art de lire dans les surfaces lisses et réfléchissantes pour se mettre en contact avec d'autres plans.

Dans l'Antiquité, les Perses faisaient des prédictions dans les miroirs ou dans de l'eau. L'eau, comme le cristal, a des propriétés chimiques, la faculté d'être très énergétique et d'accumuler les flux psychiques.

Certaines boules de cristal sont en cristal de roche, en cristal de Murano et même en verre.

Comment purifier une boule de cristal ?

1. Nettoyez-la dans un bain d'eau minérale avec du gros sel de Noirmoutiers, pendant environ trois heures, en recouvrant le tout d'un voile. Puis rincez-la soit à l'eau claire, soit au vinaigre. Essuyez-la avec un chiffon doux et mettez-la pendant trois heures à la lumière du soleil.
2. Purifiez-la avec de l'encens du Liban.
3. Rechargez-la avec l'énergie de la lune une fois par mois.

4. Pour la laver de temps en temps, imprégnez une éponge douce de sérum physiologique puis laissez-la sécher au soleil et polissez-la avec un chiffon doux.
5. Rangez-la toujours à la même place, à côté d'objets ou de photos que vous aimez. Quand vous ne vous en servez pas, entourez-la d'un tissu de couleur noire ou bleu nuit.

Comment magnétiser sa boule de cristal ?

Tenez-la dans les mains en la malaxant et en vous concentrant. Fermez les yeux puis imaginez que vous envoyez sur la boule un rayon lumineux blanc depuis votre troisième œil et qui rentre à l'intérieur de la boule. Lorsque vous sentez des picotements dans votre main et de la chaleur sur la boule, elle est chargée.

Prenez alors votre boule dans la main droite et concentrez-vous sur elle en visualisant ce à quoi elle va vous servir. Imaginez-la entourée d'une lumière blanche. Refaites le même exercice au quotidien pendant huit jours, à la même heure.

Vous êtes le seul dorénavant à pouvoir toucher votre boule.

Comment vous servir de votre boule de cristal ?

Placez-la à trente centimètres de vous.

Videz votre mental. Passez la main au-dessus de la boule pour lui rappeler votre présence. Puis fixez votre boule, inspirez. Sentez-vous uni à la boule comme si vous ne formiez plus qu'un et que vous captiez son énergie. Lâchez prise et laissez les visions venir à vous. Donnez libre cours à vos émotions et à vos ressentis tout en ne quittant pas la boule des yeux. Puis posez vos questions dans votre tête. Il se peut que dans un premier temps vous voyiez de la fumée ou des nuages, puis peu à peu des images vont venir à vous. Vous pouvez aussi voir des ondulations dans votre boule ; si elles vont de haut en bas, elles signifient la réussite et une réponse positive à votre question ; inversement, de bas en haut, elles annoncent une difficulté et une réponse négative à votre question ; de droite à gauche, elles parlent de sentiments ; de gauche à droite, elles parlent de raison et d'aspects matériels (finances, travail...). La boule peut aussi prendre des couleurs différentes : blanc pour une réussite et un amour pur, noir pour des obstacles ou un échec, rose ou rouge pour l'amour, mauve ou violet pour la spiritualité, vert ou bleu pour les finances et le travail.

Pour en savoir plus :
Manuel d'utilisation de la boule de cristal, de Charly Samson (Trajectoire).
Comment voir dans la boule de cristal, de Caroline Leroy (Exclusif).

Je teste aussi la pierre des fées. Appelée aussi « calcite des fées », c'est une pierre en argile fossilisée. Son énergie est apaisante et permet de s'ancrer et de se connecter à sa propre puissance. On dit que la pierre des fées exauce les vœux : formulez votre souhait et soufflez-le sur elle ! On ne sait jamais...

Les fées, toute une histoire ! Imaginer qu'elles puissent exister apporte beaucoup de poésie dans la vie, et me ramène à toutes les légendes et contes que j'ai pu lire dans mon enfance. On dit que bien souvent les fées sont ces fameux « amis invisibles » avec qui discutent certains enfants. Au XVIe siècle, le médecin, astrologue et alchimiste Paracelse a établi une nomenclature de ces êtres. Philosophe de la nature, il concevait les phénomènes naturels comme des processus alchimiques de transformation et voyait l'homme comme un composé, céleste et terrestre en même temps. Dans *La Grande Astronomie*, il explique : « Dieu après avoir créé le grand monde (le macrocosme) a formé le petit monde (le microcosme). L'homme est ce petit monde qui contient toutes les qualités du grand monde. »

Classification des êtres de la nature

Élémentaux de la terre : les gnomes, les lutins, les trolls.

Élémentaux de l'air : les fées, les elfes, les sylphes.

Élémentaux de l'eau : les sirènes, les ondines, les nymphes, les naïades, les vouivres.

Élémentaux du feu : les salamandres, les licornes, les dragons.

Dans les traditions et les récits folkloriques, la couleur des fées peut revêtir une signification symbolique. Chaque couleur peut représenter des attributs ou des aspects particuliers associés aux fées.

Blanc : pureté, chasteté.

Noir : transformation, séparation.

Rouge : courage, combat, sexe, chair, passion, amour, un brin de folie dans l'air.

Orange : joie, vitalité, renaissance, mouvement.

Jaune : dynamisme, énergie, soleil.

Vert : espoir, nature, guérison.

Rose : cœur, amour, tendresse, douceur.

Bleu : pureté, éveil.

Mauve : spiritualité, élévation.

Mon fils s'amuse sur mon téléphone à chercher son horoscope et son astrologie dans tous les pays possibles.

Pourquoi n'y avais-je pas pensé seule ? Au fond c'est un drôle de jeu que d'aller chercher son signe astrologique dans toutes les civilisations et tous les pays…

Sur un plan plus ludique, j'ai pu m'apercevoir que certains attribuent des significations précises à nos éternuements, démangeaisons et autres manifestations naturelles, ainsi que des pouvoirs magiques à nos animaux de compagnie comme les chats.

Je me suis amusée à vous en répertorier quelques-unes ci-dessous. Je ne peux bien évidemment pas en valider la véracité, mais j'ai trouvé amusant d'en connaître l'existence.

Les éternuements

Imprévisible, l'éternuement survient à n'importe quel moment.

Selon la tradition populaire, il est l'expression d'un souhait ou d'un événement précis, d'où l'expression « à tes souhaits ».

Signification des éternuements en fonction des horaires :

0 h 01 à 0 h 30 : votre autre en aime une autre.

0 h 31 à 1 heure : un roux vous aime.

1 h 01 à 1 h 30 : une nuit tourmentée s'annonce.

1 h 31 à 2 heures : un blond vous aime.

2 h 01 à 2 h 30 : un homme marié pense à vous.

2 h 31 à 3 heures : un garçon veut vous embrasser.

3 h 01 à 3 h 30 : un brun vous aime.

3 h 31 à 4 heures : la chance va vous sourire.

4 h 01 à 4 h 30 : un coup de foudre va arriver.

4 h 31 à 5 heures : un ami vous aidera.

5 h 01 à 5 h 30 : un ami vous décevra.

5 h 31 à 6 heures : vous allez découvrir un porte-bonheur.

6 h 01 à 6 h 30 : vous vous ferez vite un ami.

6 h 31 à 7 heures : une maladie vous guette.

7 h 01 à 7 h 30 : vous serez heureux tout le week-end.

7 h 31 à 8 heures : vous serez heureux toute la journée.

8 h 01 à 8 h 30 : vous allez recevoir une lettre.

8 h 31 à 9 heures : des aventures concernant votre famille arrivent.

9h01 à 9h30 : un blond pense à vous.
9h31 à 10 heures : un heureux message va venir.
10h01 à 10h30 : un heureux avenir s'annonce.
10h31 à 11 heures : vous lui manquez.
11h01 à 11h30 : vous allez vivre une grande joie.
11h31 à 12 heures : ne soyez pas jaloux.
12h01 à 12h30 : une dépense d'argent va arriver.
12h31 à 13 heures : vous allez passer journée inoubliable.
13h01 à 13h30 : on va vous donner un baiser.
13h31 à 14 heures : un brun pense à vous.
14h01 à 14h30 : vous allez vivre un refus.
14h31 à 15 heures : une dispute va arriver.
15h01 à 15h30 : un rêve se réalisera.
15h31 à 16 heures : il pense à vous.
16h01 à 16h30 : vous pouvez compter sur vos proches.
16h31 à 17 heures : on vous aime en secret.
17h01 à 17h30 : on va vous rendre visite.
17h31 à 18 heures : il embrasse une autre en pensant à vous.
18h01 à 18h30 : une rentrée d'argent approche.
18h31 à 19 heures : une commande va être livrée.
19h01 à 19h30 : restez vigilant.
19h31 à 20 heures : quelque chose a changé.
20h01 à 20h30 : votre partenaire reste fidèle.
20h31 à 21 heures : vous allez recevoir un cadeau.
21h01 à 21h30 : vous allez devoir faire des adieux.
21h31 à 22 heures : une rencontre va vous surprendre.
22h01 à 22h30 : vous serez heureux.
22h31 à 23 heures : on va vous donner un second baiser.

23 h 01 à 23 h 30 : vous avez été trompé.

23 h 31 à 0 h : un coup de fil va retentir.

Les démangeaisons

Lorsque vous vous grattez, votre corps vous envoie un message reflétant ce qu'il se passe à l'intérieur de vous. Si vous êtes attentif et à l'écoute de votre corps, vous comprendrez qu'il vous parle.

Signification des démangeaisons en fonction des endroits du corps

Le sommet de la tête : promotion, chance ; se gratter la tête porte bonheur en général

La joue ou l'oreille gauche : on vous fera des compliments.

La joue ou l'oreille droite : attendez-vous à des remarques désagréables.

L'œil gauche : une déception vous attend.

L'œil droit : une rencontre, celle d'un vieil ami ou autre.

L'intérieur du nez : chagrin, des soucis.

L'extérieur du nez : vous serez embrassé ou maudit d'après le dicton, ou ferez la rencontre d'un imbécile dans l'heure qui suit.

La bouche : quelqu'un a envie de vous embrasser ou est sur le point de vous embrasser.

Les lèvres : on vous insulte à votre insu.

Le dos : déception.

L'épaule gauche : chagrin, mauvaise journée.

L'épaule droite : héritage.

Le coude gauche : mauvaises nouvelles.

Le coude droit : bonnes nouvelles.

La cheville gauche : dettes à payer.

La cheville droite : attendez-vous à recevoir de l'argent.

Le ventre : invitation (souvent pour un repas).

Le flanc droit : une personne chère pense à vous.

Les reins : réconciliation.

Les cuisses : déplacement, déménagement.

Le genou en général est signe de jalousie.

Le genou gauche : médisance.

Le genou droit : bonne nouvelle.

Les jambes : surprises agréables.

Plante du pied gauche : voyage à perte.

Plante du pied droit : voyage agréable et profitable.

Le bout du nez : un petit vieux veut vous embrasser et un petit jeune en meurt d'envie.

La main gauche qui démange : dépense d'argent imminente, vous devrez en donner (gardez la main fermée sans la gratter).

La main droite qui démange : rentrée d'argent imprévue (laissez la main ouverte et grattez-la).

Les doigts : cette partie du corps est souvent liée à l'impatience face aux détails du quotidien ou à la volonté de vouloir que tout soit parfait.

La poitrine : des démangeaisons à cet endroit signifient que vous avez de fortes attentes envers votre enfant, celui que vous désirez avoir, ou votre conjoint.

Attention : quand vous vous mordrez la langue la prochaine fois, repensez à ce présage… peut-être étiez-vous, vous aussi, en train de dire du mal de quelqu'un !

L'importance des oreilles

Connaissez-vous cette croyance populaire qui dit que lorsque vous avez l'oreille gauche (côté cœur) qui siffle, c'est qu'on pense à vous et que quelqu'un est en train de dire du bien de vous ? Et que lorsqu'il s'agit de l'oreille droite qui siffle, c'est le contraire : quelqu'un est jaloux et dit du mal de vous ? Il y aurait un moyen de contrer la méchanceté qui est alors dite sur vous : mordez-vous le petit doigt, la personne qui parle de vous dans votre dos se mordra la langue, vous aurez votre vengeance !

C'est aussi par l'oreille gauche, paraît-il, que vos guides communiqueraient avec vous. Et un bruit répété dans votre oreille gauche peut aussi être le signe de votre éveil spirituel et qu'un changement important arrive bientôt dans votre vie.

Nos cheveux, ces antennes

Ils sont étroitement corrélés à notre état intérieur puisqu'ils sont liés à la qualité de notre sang qui lui-même dépend de nos états d'âme. Ne dit-on pas « se faire des cheveux blancs » (s'inquiéter), « s'arracher les cheveux » (exprime une situation de stress), « avoir mal aux cheveux » (avoir mal à la tête), « se prendre aux cheveux » (se battre), « tiré par les cheveux » (qui n'est pas naturel)…

Les cheveux sont comme des antennes cosmiques permettant d'accéder à des plans subtils de conscience. Ainsi, couper ses cheveux peut être une vraie démarche thérapeutique destinée à se libérer de souffrances.

TÉMOIGNAGE

« La coiffure énergétique », par Jean-François Alfaro, coiffeur énergétique et praticien en soins quantiques

« Enfant, j'avais énormément de ressentis… Je voyais des entités dans la maison de mes parents, je sentais des présences. J'en ai parlé à mon entourage, mais on m'a dit : "arrête d'y penser, ça va te passer !" Et en effet, cela s'est éteint vers mes sept ans.

À vingt-sept ans, le 12 octobre 1997, jour de mon anniversaire, j'ai appris que j'avais un problème physiologique grave. Je suis allé consulter bon nombre de thérapeutes et je me suis rendu compte que je savais intuitivement ce qui allait se passer avant d'entrer chez eux. Je suis devenu coiffeur, mais j'ai toujours senti que j'avais encore plus à apporter aux autres. Lorsque je coiffe quelqu'un, je fais des coupes énergétiques, suivies d'un soin quantique. Je me relie à mon cœur et à celui de la personne. L'énergie que je perçois alors m'indique une ligne selon laquelle couper. Le cheveu est une antenne mémoire qui permet une connexion avec les autres, il est donc important d'être bien aligné dans son énergie. »

Les arcs-en-ciel

Dans la Bible et les anciennes prophéties, un arc-en-ciel est synonyme de chance et de présence divine. Bouddhistes et hindouistes le considéraient comme une représentation des chakras. Pour les Celtes, l'arc-en-ciel était un pont entre le monde matériel et celui des esprits.

La symbolique de l'arc-en-ciel vient nous signifier un renouveau, un nouveau départ positif, de garder espoir, de suivre notre cœur et d'avoir foi dans un futur empreint de douceur.

Symbolique des couleurs de l'arc-en-ciel : chaque couleur possède sa propre vibration.

Le rouge est la couleur de la vie, de l'autonomie, de la puissance et de l'ancrage.

Le orange est la couleur de l'énergie, du mouvement, du réconfort et de la joie.

Le jaune est la couleur de l'intellect et du soleil.

Le vert est la couleur de la nature et de la guérison.

Le bleu est la couleur de la créativité et de l'art.

L'indigo (entre le bleu persan et le doux bleu lavande) est la couleur de la créativité et du voyage.

Le violet est la couleur de la spiritualité.

La magie des chats

Les chats, et tout particulièrement les femelles, seraient à l'écoute de votre état mental, de vos souffrances et de vos ressentis. On les dit à la fois psychologues, très bons neurologues et cardiologues (vous auriez 40 % de risques cardiaques en moins si vous avez un chat chez vous, selon une étude américaine) ! Ils détecteraient les champs magnétiques et seraient ainsi capables de compenser les déficits énergétiques physiques et mentaux. Ils sentent l'aura humaine et en rééquilibrent les énergies. Leur présence est excellente pour lutter contre le stress, l'anxiété, la dépression et la tension artérielle.

Pour en savoir plus :

Voici quelques aspects clés de l'approche « Dans la peau des animaux » de Laila Del Monte :

1. **Communication intuitive** : elle enseigne des techniques de communication qui permettent aux humains de se connecter avec les animaux, aux niveaux émotionnel et énergétique.

2. Empathie et respect : elle encourage les gens à reconnaître que les animaux ont leurs propres pensées, sentiments et besoins.

3. Éducation et sensibilisation : elle promeut également la protection de la faune et la conservation de la nature.

4. Travail avec une grande variété d'animaux : elle travaille avec une grande variété d'animaux, notamment des chiens, des chats, des chevaux, des dauphins… Elle montre comment sa méthode peut être appliquée à différentes espèces pour améliorer la relation homme-animal.

Les encens

On dit que lorsqu'on met des encens, ils attirent les anges et vos guides et ont une fonction de protection. Ils permettraient d'accroître notre niveau de conscience et apporteraient l'apaisement intérieur.

À chaque encens ses propriétés. Je vous en recense ici quelques-uns pour que vous puissiez les choisir au mieux en fonction de votre besoin du moment.

Liste non exhaustive des encens avec leurs propriétés

Acacia : pour harmoniser sa maison et protéger du « mauvais œil ». Vous pouvez également pour les grands nettoyages utiliser du benjoin noir.

Cannelle et bois d'agar : pour mieux dormir.

Lotus : pour être de bonne humeur.

Aloès : pour attirer la chance, l'amour et la force.

Cèdre, pin et pois de senteur : pour renforcer les amitiés.

Bois de santal, vanille et ylang ylang : pour attirer l'amour et la joie. Pour les femmes exclusivement : l'encens Lourdes.

Patchouli, épinette, ambre gris, musc et gingembre : pour augmenter votre potentiel de séduction. Ce sont des encens aphrodisiaques.

Rose : pour favoriser et intensifier les sentiments.

Jasmin : pour attirer douceur, calme et sérénité. Bien pour méditer.

Tilleul : pour dissoudre les pensées et les jugements négatifs et pour les demandes spéciales.

Lavande et myrrhe : pour protéger sa famille, apporter le bonheur et la santé et éliminer les ondes négatives.

Guinée : pour trouver un emploi et réaliser ses rêves.

Mannes, nazareth et bergamote : pour favoriser les activités commerciales, les finances, la prospérité.

Liban : pour régler les problèmes administratifs ou avec la justice.

Pour en savoir plus : *Guide de l'encens*, de l'aromathérapeute Suzanne Fischer-Rizzi (Alliance Magique).

Les huiles essentielles

Une huile essentielle est un extrait aromatique obtenu par distillation de certaines plantes. Chaque huile a des propriétés particulières :

- Pour calmer les douleurs : huile de lavande (cicatrisation, infections respiratoires, douleurs rhumatismales), gaulthérie (anti-inflammatoire), tea tree (anti-infections, antibactérienne).
- Pour l'équilibre hormonal : réglisse, basilic.
- Pour augmenter son énergie : orange, pamplemousse.
- Pour lutter contre la dépression : citron, verveine.
- Pour améliorer le sommeil : camomille.
- Pour combattre le stress : eucalyptus.

Les huiles essentielles peuvent être utilisées de diverses façons : en massage, dans le bain, par diffusion et dans certains cas par ingestion. Elles sont toutefois déconseillées chez l'enfant, la femme enceinte ou allaitante, les personnes âgées ou souffrant de pathologies chroniques.

Pour tester :

Huiles essentielles Young Living, Myrtéa, DoTerra.

Pour en savoir plus :

auparfum.com : le magazine de tous les parfums.

Nez, la revue trimestrielle olfactive, mouvement culturel dédié à l'olfaction et au parfum : mag.bynez.com.

Le Guide des émotions olfactives, de Patty Canac (Ambre).

Au-delà de l'aspect olfactif plaisir, une odeur peut avoir un pouvoir thérapeutique et rééduquer votre odorat. L'aromathérapie traite les problèmes somatiques et l'aromachologie les soucis psycho-émotionnels en misant sur l'influence des odeurs sur les comportements.

Faites confiance à votre nez, choisissez l'huile essentielle qui vous attire, mettez-en une goutte au creux de votre poignet, respirez et ressentez… C'est parti pour le voyage sensoriel !

Leçon n° 11 :
Quelques secrets pour la route

- Il est amusant de tester son horoscope de tous les pays.
- Lorsque vous vous grattez, votre corps vous envoie un message reflétant ce qu'il se passe à l'intérieur de vous.
- Lorsque vous éternuez, regardez l'heure, cela a une signification !
- Faire brûler de l'encens permet d'accroître notre niveau de conscience et apporte l'apaisement intérieur.
- Vous pouvez utiliser une pierre des fées pour la chance et la protection.

Je crois, tu crois, ils croient…

Dialogues accordés avec mon enfant intérieur

Moi : Faut-il croire en quelque chose ?

Elle : Même si le soleil se casse la tête parfois sur la pluie, je crois en moi.

Moi : Pourquoi crois-tu en toi ?

Elle : Parce que je suis seule et que c'est tout ce qui me reste pour rendre encore les choses possibles.

Moi : Et si tu croyais en nous ?

Elle : Oui, peut-être qu'il y a un « nous ».

*

Au fur et à mesure que le temps passe, je comprends que faire un travail sur nos croyances les plus ancrées peut s'avérer intéressant pour évoluer en niveau de conscience et nous ouvrir à l'invisible. Certaines croyances que nous traînons depuis longtemps sont positives, mais d'autres nous pourrissent la vie. Ne croyez-vous pas qu'il est temps de vous pencher là-dessus ? En ce qui me concerne, c'est après avoir traversé des épreuves personnelles qui m'ont amenée à voir la vie différemment, à réfléchir sur moi-même et à tester toutes sortes de techniques de développement personnel, que progressivement mon troisième œil s'est ouvert de plus en plus et s'est mis à envoyer des messages à tout le reste de mon corps pour l'aider.

J'ai également intégré que croire dans nos capacités nous ouvre des possibilités infinies et nous sort de l'univers étriqué et formaté dans lequel nombre de personnes veulent nous ranger.

Ne vous laissez jamais cataloguer par qui que ce soit et ne laissez personne vous dire ce que vous êtes ou pas capable d'accomplir. C'est en testant, en expérimentant, en ressentant, en avançant chaque jour un peu plus que vous vous rendrez compte que vos capacités sont infinies.

Vous vous apercevrez également que vous n'êtes pas seuls ; vos ancêtres, vos vies antérieures, vos pouvoirs antérieurs, vos guides et vos défunts vous accompagnent sur le chemin. J'ai pu en faire l'expérience maintes fois lorsque je me suis retrouvée dans des situations délicates, que je les ai « appelés » à mon aide et que, « comme par miracle », l'équilibre s'est rétabli d'une façon si étrange que je ne pouvais ni le soupçonner ni même l'imaginer. L'univers a beaucoup joué avec moi, mais m'a envoyé des solutions inédites, ludiques, pour me tirer de mauvais pas.

Au fur et à mesure que j'affrontais des situations épineuses que je n'arrivais pas à résoudre par les moyens classiques, j'ai usé de tous les moyens pour avancer et j'ai fait appel à « tout le monde » pour me secourir : mes guides, mon grand-père décédé, les archanges, les maîtres ascensionnés, Jésus, Marie, Bouddha, Allah, Mahomet, Moïse, Abraham, Isaac, Jacob, l'énergie universelle du cosmos, l'énergie de mes vies antérieures, des chamans, et j'en passe ! Avec tout cela, je me disais que je ne pouvais que m'en sortir !

Le plus étrange, c'est que cela a marché, je suis bien forcée de le reconnaître. D'où cette croyance positive et ancrée en moi aujourd'hui : « J'ai une bonne étoile au-dessus de la tête » !

J'ai appris à voir ma vie comme une armoire avec plusieurs compartiments, tiroirs et étagères. Chaque chose à sa place ; ainsi peuvent coexister ma rationalité et mon côté plus « perché » : le secret c'est que je ne les range pas à la même place !

Le pouvoir de la parole et des mots

La parole est une énergie. Elle peut construire comme détruire, séduire comme manipuler, guérir comme blesser, quelle que soit la langue utilisée, en fonction de son rythme, l'accent, l'intonation, son style, son lexique et ses expressions. Elle révèle notre façon de penser.

Toute parole émet des ondes et possède une fréquence vibratoire particulière. À nous de transmettre la bonne énergie en trouvant les bons mots, la bonne parole. C'est comme une petite musique qui traverse un immense champ énergétique, celui de l'univers.

Voici quelques exemples de paroles négatives :

« Je ne peux me le permettre » : vous ne risquerez donc pas d'attirer l'abondance à vous puisque vous avez décidé qu'elle n'est pas pour vous.

« Tous les riches sont corrompus » ou « je déteste les bobos » : si l'argent est si mauvais, vous ne voudrez pas inconsciemment en attirer dans votre vie.

« Je dois perdre du poids » : si c'est un devoir, vous n'aurez pas envie de vous y soumettre bien longtemps.

Dans son livre *La nuit, j'écrirai des soleils*, Boris Cyrulnik met en avant la puissance des paroles et explique qu'il faut chercher les mots qui donnent forme à la détresse pour mieux la voir hors de soi et métamorphoser sa souffrance.

Dans la tradition judéo-chrétienne, on attribue à la parole le pouvoir sacré de créer : « Dieu dit : que la lumière soit, et la lumière fut. »

Elle revêt pour certains un caractère magique, dans les prières, les prophéties, les formules magiques, les charmes ou les malédictions.

Pour promettre quelque chose, « on donne sa parole ». Certaines paroles peuvent être douloureuses – on parle alors de « violences verbales» – et laisser des traces indélébiles à ceux qui les reçoivent. Inversement, de douces paroles resteront à vie gravées dans les cœurs.

Elles peuvent devenir dans certains cas une arme sociale. La parole apparaît comme un handicap pour les illettrés et analphabètes qui auront des difficultés à s'adapter et s'intégrer dans la société. Bien manier la langue est pour beaucoup le signe d'un accès élevé à la connaissance.

Lorsqu'on respecte quelqu'un, on l'écoute, «on lui laisse la parole», on le traite avec égard, on parle de «communication non violente».

La parole a un rôle guérisseur et nombreux sont les thérapeutes qui l'utilisent, à commencer par les psychologues, les hypnothérapeutes, les médiateurs, qui s'en servent pour exorciser les traumatismes ou tout ce que l'inconscient refoule.

Comme le souligne Bouddha : «Les mots ont le pouvoir de détruire et de soigner. Lorsqu'ils sont justes et généreux, ils peuvent changer le monde.»

Dans le ventre de sa mère, le bébé perçoit les mots de manière vibratoire.

À sa naissance, le bébé perçoit près de trois mille mots. La plupart des enfants disent leur premier mot entre dix et seize mois et font des phrases courtes à l'âge de deux ans. Adultes, nous utilisons cinq mille mots en moyenne, et le dictionnaire en répertorie près de quatre-vingt-dix mille !

Si vous vous nourrissez des mêmes mots que tout le monde, vous vivrez la même vie que tout le monde. Si vous voulez une vie nouvelle, il vous faudra des mots nouveaux, explique l'auteur Laurent Nunez dans son livre *Il nous faudrait des mots nouveaux.*

Le Japonais Masaru Emoto, qui a fait de nombreuses expériences sur la mémoire de l'eau, a mis en lumière les qualités vibratoires des mots que nous employons à travers son impact sur les cristaux d'eau.

Le biophysicien et biologiste moléculaire Pjotr Garjajev a analysé le comportement vibrationnel de l'ADN, montrant que notre ADN réagit au langage.

Je comprends que je dois vraiment faire attention à ce que je dis. J'apprends à utiliser le langage autrement, à trouver le mot juste, à tourner comme on le dit « sept fois ma langue dans ma bouche avant de parler ».

Je vois sous une nouvelle lumière le « ta parole sera impeccable » des *Accords toltèques* de Don Miguel Ruiz. Nous pouvons choisir de penser juste, de sélectionner nos mots avec acuité, de devenir conscients de nos paroles et de les rendre inspirantes.

Je mets de la poésie dans ma vie à travers les mots de María Sabina, guérisseuse et poétesse pueblo : « Guérissez-vous avec la lumière du soleil et les rayons de la lune. Avec le bruit de la rivière et de la cascade. Avec le balancement de la mer et le flottement des oiseaux. Mettez de l'amour dans le thé au lieu du sucre et buvez-le en regardant les étoiles. Soyez plus intelligent chaque jour en écoutant votre intuition, en regardant le monde avec votre front. »

> « Est-ce que les verbes peuvent s'inventer ?
>
> Je veux t'en dire un : je te ciel, et ainsi mes ailes s'étirent, gigantesques, pour t'aimer sans limites. »
>
> Frida Kahlo

TÉMOIGNAGE

« Au commencement était le Verbe... », par Stéphane Régent, coach

« "Au commencement était le Verbe..." : ce sont les premiers mots que l'on retrouve dans l'Évangile selon saint Jean. Cette phrase a eu et a toujours une résonance particulière dans ma vie, comme un fil rouge ou plutôt un fil bleu (c'est ma couleur préférée, j'aime la vibration de cette couleur).

Depuis mon adolescence, je ressens la proximité avec les mondes invisibles et la perception de la vibration des mots. Dès la préadolescence, j'entendais des mots résonner particulièrement dans ma tête comme des vers de poésie. Vers mes quinze ans, j'ai eu ce qu'on appelle un éveil spirituel. À l'époque, j'ai vécu cela dans ma chair comme un tsunami énergétique et émotionnel, avec des crises d'angoisse et des courants électriques qui parcouraient mon corps.

À la suite de cette expérience, j'ai ressenti de manière intuitive la psychologie intime des personnes, et aussi leurs charges énergétiques. Des mots me traversaient avec une fulgurance et s'avéraient justes pour éclairer une situation.

Une fois adulte, j'ai pu ressentir ces fulgurances en situation de crise en tant que négociateur dans le cadre d'entreprises. Je sentais les enjeux réels, les forces en présence et l'équilibre à trouver.

Cela a tracé mon chemin de vie.

J'ai pu découvrir qu'à la racine, il y a toujours un mot.

Et ce mot peut être créateur ou destructeur. Le retrouver amène une clé vibratoire qui contribue à aider la personne à retrouver sa Voie (dans la joie). Je pourrais même dire à retrouver sa voix, sa vibration propre. »

« Oiseaux » est, avec sept lettres, le plus long mot dont on ne prononce aucune des lettres : [o], [i], [s], [e], [a], [u], [x]. C'est aussi le plus petit mot de langue française contenant toutes les voyelles.

La langue des oiseaux est faite de rébus, c'est un langage codifié utilisé dans de nombreux ouvrages comme *Cyrano de Bergerac*, *Don Quichotte*, *Les Contes de ma mère l'Oye*, ou encore *Les Voyages de Gulliver*.

La « langue des oiseaux » est une forme poétique et symbolique de communication qui trouve ses racines dans la spiritualité et la mystique. Elle invite les individus à explorer des vérités profondes en utilisant des métaphores et des symboles liés aux oiseaux et à leurs chants, favorisant ainsi une compréhension plus profonde de soi-même et du divin.

Le light langage

Pour certains, notre âme aurait son propre langage, on l'appellerait le *light langage*, langage originel, de la lumière, ou encore « langage galactique ». C'est un langage fait de sons, de chansons, de bruits et de dialectes, une façon de communiquer sur un niveau multidimensionnel. Il n'a pas d'alphabet, c'est une expression vibratoire qui influerait sur notre ADN, au-delà des limites humaines. Tel des hiéroglyphes anciens, il contiendrait une énergie codée, intégrée dans les mots, le mouvement et les symboles.

Il purifierait notre corps et notre énergie, stimulerait notre intuition, nous libérerait de croyances limitantes et nous permettrait de nous aligner sur le chemin de notre âme.

En permettant de se dégager de son ego, il déverrouillerait tout notre ADN, nous reconnectant à notre âme, notre cœur et nos talents, mais aussi à notre famille d'âmes, à une profonde connexion sacrée, et à notre « mission de vie ».

Pour créer votre tableau vibratoire personnalisé : il s'agit d'un tableau composé pour vous, qui vous aide à révéler ce que vous êtes au plus profond de vous-même. Prix : 222 à 333 euros.

TÉMOIGNAGE

« Le langage galactique », par Jean-François Alfaro, coiffeur énergétique et praticien en soins quantiques

Pour parler le langage galactique de l'âme, je me mets sur la fréquence de la personne que j'ai en face de moi et j'écoute sa voix intérieure. Son cœur me transmet des messages, comme une rose qui s'épanouit en s'ouvrant. Je ressens les vibrations.

Ce langage peut signifier des informations spécifiques à la personne, mais sa partie consciente ne pourra pas les traduire, excepté en ressentis. Elle pourra parler d'apaisement, de se sentir bien, de relaxation, « je me suis endormie », « c'était le meilleur moment du soin ». Je ne cherche pas à comprendre, je transmets simplement l'information dans l'unité du cœur. C'est une réponse simple à la complication de notre mental. Le cœur est beaucoup plus simple qu'on ne le pense.

J'appelle cela le langage universel de l'âme.

Reprogrammer son esprit : la puissance des ondes thêta

Bruce Lipton, biologiste cellulaire américain pionnier de la nouvelle science de l'épigénétique, explique dans son livre *La Biologie des croyances* que ce n'est pas notre hérédité qui influe sur notre biologie, mais nos pensées et nos croyances. Nous serions ainsi programmés avant l'âge de sept ans à avoir des perceptions qui impacteront toute notre vie d'adulte… Ce programme se mettrait en place dès le moment où le spermatozoïde rencontre l'ovule ! Le défi pour nous serait tout au long de notre existence de parvenir à le modifier.

À travers ses explications, je comprends une partie du chemin personnel que j'ai fait, qui a toujours été de lutter contre le formatage. Je comprends aussi pourquoi mon fils aîné, quoique jeune encore, me dit souvent combien la vie telle qu'elle est formatée par la société lui semble être un non-sens. Il a, depuis tout petit, toujours été à l'écoute des autres, à défendre les plus faibles et à avoir du mal à s'intégrer dans des cadres trop stricts comme ceux imposés à l'école. Il ne peut avancer s'il n'en comprend pas la nécessité et le sens profond ; même si cela demande une certaine adaptation au départ, je trouve que c'est une grande qualité.

Pour en revenir à Bruce Lipton, il va même plus loin, affirmant qu'une conscience basse peut créer n'importe quelle maladie et que 90 % des maladies n'ont rien à voir avec un défaut de notre corps, mais sont plutôt étroitement liées au stress et donc à nos croyances limitantes. Je ne m'avancerai pas là-dessus, à chacun ses certitudes.

J'ai approfondi mon travail sur mes propres croyances limitantes à travers notamment l'étude du ThetaHealing®, une technique de relaxation profonde qui permet de nous alléger d'un poids en transformant un blocage à la racine. Je me suis alors rendu compte que j'étais capable de reprogrammer toutes mes croyances et même de me « télécharger » de nouveaux sentiments.

Cette méthode, créée en 1995 aux États-Unis par Vianna Stibal à la suite de sa guérison d'une tumeur à la jambe, s'inspire des sagesses anciennes et des neurosciences. Elle permet de travailler sur nos connexions neuronales et de reprogrammer nos croyances limitantes ; et lorsqu'on change d'état d'esprit, notre vie change. L'idée : creuser chaque croyance pour découvrir la croyance « racine ». Une vingtaine de croyances peuvent être rattachées à une même croyance racine, et lorsqu'on la trouve, on la remplace par une croyance positive pour faire tomber toutes les mauvaises croyances en même temps ! Cette technique aide non seulement à modifier ses croyances, mais également à changer son énergie et ses vibrations pour manifester sa vie rêvée.

Pour en savoir plus : https://thetahealingfrench.com.

Méditations de Vianna Stibal : https://soundcloud.com/thetahealingbyvianna.

En France et à Londres, Nina Caniac prend le relais : https://pegasus-gate.com/.

S'ouvrir à la magie des signes

Nous vivons dans une société rationnelle, où tout doit avoir une justification logique et carrée ; de nombreuses personnes veulent tout expliquer de manière « sensée » et scientifique. Il m'est avis qu'il est bon parfois de se laisser porter par la vie et les événements imprévus, pour être capable d'en saisir toute l'essence.

Bien souvent, vous vous apercevrez que les signes se fondent sur votre vécu et vos ressentis, certains ne parleront qu'à vous, en fonction de votre personnalité, et ne seraient pas interprétés de la même manière par un autre. Attention cependant à ne pas inventer des signes là où il n'y en a pas et à ne pas altérer la réalité en voulant interpréter tout et n'importe quoi. Laissez-vous traverser tout simplement. Faites-vous confiance.

Voici deux exemples de l'univers bien aligné qui me répond sur le plan sentimental :

- Le 15 août 2020 : je marche dans la rue en me demandant si l'homme qui me plaît à ce moment a envie de me revoir. Non loin, assis à la table d'un café, un homme parle fort au téléphone. Comme s'il s'adressait à moi, il dit : « Mais évidemment qu'il en crève d'envie, bien sûr que oui ! »
- Le 18 janvier 2021 : le matin je dis à « l'univers » : « Je vous croirai si vous m'envoyez trois signes pour me dire si Éric (un nouvel ami) va être important dans ma vie. » Le soir même, je reçois un message sur

LinkedIn de la part d'un certain Éric (que je ne connais pas), puis je reçois un e-mail d'un autre Éric (que je ne connais pas non plus), enfin j'allume la télévision et je regarde une série dans laquelle une fille demande : « Comment s'appelle-t-il ? » ; on lui répond : « Éric. »

Il y a différents types de signes. À vous de les reconnaître et de faire ensuite les bons choix au quotidien en pleine conscience.

Voici ceux que vous pouvez trouver sur votre chemin :

1. Les synchronicités

Le biologiste autrichien Paul Kammerer a été le premier à s'intéresser aux coïncidences et à la « loi des séries ». Le psychiatre Carl Gustav Jung reprendra ensuite ce concept pour établir sa théorie sur les synchronicités et expliquer des perceptions extrasensorielles (télépathie, prémonitions, rêves, intuitions...) résultant de l'occurrence simultanée d'au moins deux événements sans lien de causalité, mais dont l'association prend un sens pour la personne qui les perçoit. Il travaillera sur le sujet avec la collaboration du célèbre physicien autrichien, prix Nobel de physique, Wolfgang Ernst Pauli.

Le docteur en psychologie et chercheur californien à l'Institut des sciences noétiques, Dean Radin, définit cette expérience de synchronicités comme une situation incontrôlée qui fait sens.

En 1754, l'écrivain britannique Horace Walpole illustre ces synchronicités dans son livre *Les Aventures des trois princes de Serendip*, créant le mot *serendipity*, qui va encore plus loin que le terme « synchronicité ». La sérendipité est l'art de trouver ce que l'on ne cherche pas.

Ces signes du destin pourraient être des projections mentales de nos besoins, désirs subconscients, traumatismes ou hasards qui ne sont pas totalement improbables mathématiquement.

Pour Anne Ancelin Schützenberger, la sérendipité se situe entre « le hasard et la nécessité, l'espoir perdu et l'espérance, la foi du charbonnier, la naïveté de l'enfant et la sagacité», et évoque «l'importance des rencontres fortuites heureuses et bénéfiques, et le don de saisir la chance au passage». Il faut du temps et un peu de pratique pour apprendre à interpréter les signes de son quotidien, mais cela peut se révéler très utile ! Attardez-vous sur les coïncidences qui jalonnent votre existence, elles peuvent vous montrer la route à emprunter et révéler des choses sur votre personnalité, vos envies et votre évolution.

«Le hasard», disait Albert Einstein, «c'est Dieu qui se promène incognito.»

Pour en savoir plus :

Quelle coïncidence ! Hasards, surprises et synchronicités : suivez les signes de votre vie, d'Elisabeth Horowitz (Chemins de l'harmonie).

Le plaisir de vivre, d'Anne Ancelin Schützenberger (Payot).

Le Pouvoir des coïncidences, de David Richo (Payot-Rivage).

Le Génie des coïncidences, de John Ironmonger (10/18).

Écoute les signes que la vie t'envoie : le roman des synchronicités, de Géraldyne Prévot-Gigant (Leduc).

Mettez-vous dans une posture d'ouverture pour être capable de percevoir et de prêter attention aux signes parfois subtils qui parviendront jusqu'à vous.

Un exemple emprunté à ma vie pour vous illustrer cela : lorsque j'ai rencontré celui qui, à l'époque, allait devenir mon mari, mon attention a tout de suite été aiguisée lorsqu'il m'a dit s'appeler Stéphane (comme mon frère). De son côté, il avait une sœur qui se prénommait Christelle (comme moi !) et qui était mariée à un certain Franck (du même prénom que mon autre frère !). J'ai compris instantanément que cela n'avait rien d'anodin et qu'on voulait me signifier que la personne que j'avais en face de moi allait être très importante…

2. Les problèmes de santé et accidents de la vie

Lorsque vous ressentez une douleur ou êtes blessé, c'est bien souvent aussi un message de l'univers pour vous inciter à vous poser, à ralentir votre rythme et à prendre soin de vous. Une douleur à un endroit de votre corps peut vous avertir que vous n'êtes pas sur le bon chemin et qu'il faut changer quelque chose dans votre vie.

De la même manière, la jeune autrice Annaëlle Chimoni, polyhandicapée et autiste, était dotée d'une étonnante clairvoyance. Condamnée au silence, elle a pu s'exprimer grâce au clavier informatique et a ainsi écrit son opus *Le Livre d'Annaëlle* à l'âge de huit ans, deux ans avant son décès. Elle y explique que sa condition lui permet *a contrario* de profiter à fond des plus petits plaisirs.

Comme dans un jeu vidéo, chaque jour on vous envoie un nouveau défi... Qu'il va falloir surmonter d'une certaine manière. Vous aurez remarqué que tant que vous n'avez pas la bonne façon de réagir, vous vous retrouvez face à la même porte fermée. Lorsqu'on a l'impression d'être bloqué en permanence par le même « mur », c'est simplement parfois parce que la vie nous dit : « Va plutôt par-là, ce sera mieux pour toi. »

Vous pourrez également ressentir des émotions qui ne correspondent pas aux situations que vous vivez. Cela peut soit vous indiquer que quelque chose doit changer dans votre vie, soit que vous prenez sur vos épaules le poids des émotions d'une personne de votre entourage et que l'on vous demande de vous en rendre compte et de couper ce lien toxique.

Développer vos capacités extrasensorielles vous permettra de capter différemment les messages. Abandonnez vos idées préconçues, soyez attentif à votre environnement, prenez conscience de tout ce qui vous entoure, faites confiance à la vie, ralentissez, prenez le temps, repérez les répétitions, ouvrez votre cœur... et le champ des possibles.

Vous pouvez également demander à l'univers de recevoir un signe dans une situation particulière. Le monde vous parle, écoutez-le. Autorisez la magie à entrer dans votre vie, il se peut qu'elle vous guide vers votre destinée ! Apprendre à reconnaître les signes de la vie permet d'avancer plus vite.

Un jour, à l'occasion d'un salon du livre, je discute avec le journaliste Antoine Leiris, auteur du texte *Vous n'aurez pas ma haine*, écrit après l'attentat du Bataclan où sa femme Hélène a tragiquement succombé. Il me dit : « Il n'y a pas de bien ni de mal. Nommer les choses, c'est les réduire, ne pas laisser de part au mystère. » Et il a raison… Nous sommes enfermés dans un monde de dualité, mais en réalité nous sommes tellement plus que cela !

Leçon n° 12 : Nos croyances positives sont la clé d'une vie heureuse

- Apprenez à voir votre vie comme une armoire avec plusieurs compartiments, tiroirs et étagères. Chaque chose à sa place !
- Il est possible de reprogrammer son esprit et ses croyances en utilisant la fréquence « thêta ».
- Vos vies antérieures, vos pouvoirs antérieurs, vos guides et vos défunts vous accompagnent sur le chemin.
- Toute parole émet des ondes et possède une fréquence vibratoire particulière. Maîtrisez votre langage pour contrôler votre vie.

Conclusion

« Haut potentiel émotionnel », ça vous dit quelque chose ?

C'est ainsi qu'on m'a collé une nouvelle étiquette sur le dos pour expliquer tous ces nouveaux ressentis et « dons » qui s'ouvraient à moi. Diagnostiquée HPE, au moins on pouvait me ranger bien à l'abri dans une définition. C'était plus clair pour tout le monde. On m'a aussi appelée « vieille âme », « médium », « chamane »… Lorsque je fais le compte, finalement, j'ai une drôle de liste de facultés qui se sont déclenchées en moi : entre les flashs, les prémonitions, la lecture des chakras et des auras, le sound healing, les visions sur les fronts des gens, la médiumnité, les liens avec les mémoires akashiques, la possibilité d'entrer dans la peau de quelqu'un et de parler avec la nature… et j'en passe…

Mais la liberté est si chère à mes yeux que je dois m'échapper de toutes les étiquettes. Car j'ai simplement aujourd'hui envie d'être. Être avec vous. Partager.

Quel bonheur pour chacun d'entre nous de goûter – et de vivre – pleinement sa liberté. Quel plaisir de respirer, de sentir, de toucher, d'expérimenter, de percevoir, de savourer, de s'extraire de toutes catégories, de tous mots, de toute enveloppe.

J'ai compris que l'invisible nous accompagne et que ce que nous voyons sur cette terre n'est pas forcément la seule réalité. À nous de choisir si nous voulons – ou pas – regarder cet invisible en face et lui laisser de la place dans notre vie. Nul besoin d'être fou ou illuminé pour y accéder.

« La spiritualité n'est pas un système religieux ou une philosophie culturelle. Elle est une fonction naturelle vivante de l'être humain. Elle est indépendante de toute croyance, religion ou dogme. Elle consiste à reconnaître l'existence de notre Moi véritable, de notre ESSENCE, et à apprendre à nous laisser guider par elle. C'est donc la découverte d'une autre dimension de nous-même, une partie lumineuse, puissante et grandiose, qui ne demande qu'à être développée par l'expérience. »

Alain Boudet

S'il y a bien un trait de caractère dont je peux me prévaloir, c'est le courage. Non pour me vanter, c'est simplement un constat. Car il m'en a fallu pour traverser de nombreux défis. Je me serais volontiers passée des épreuves et du courage. Mais je crois que tout est juste. Et qu'il m'a fallu probablement tout cela pour accéder à un autre niveau de conscience moi aussi. Je ne serais peut-être pas arrivée à pénétrer cet univers invisible si je n'avais pas appris (par la force des choses) à mettre de côté mes conditionnements et mes certitudes bien ancrées. J'ai été forcée, malgré moi, de foncer tête baissée dans l'inconnu. J'ai été obligée, en derniers recours, d'accepter de lâcher prise.

Je comprends que je ne suis qu'un grain de sable dans l'infinité du monde et que je dois avoir foi en l'univers et en sa toute-puissance. C'est seulement lorsque j'ai intégré cela que « là-haut » (où « qu'ils » soient), « ils » ont accepté de me laisser entrevoir les choses, de me les expliquer et de me répondre. J'ai fait un deal avec l'Invisible : « Je veux bien servir ce qui est juste, mais il faut me simplifier la vie, me l'adoucir, placer les bonnes personnes sur mon chemin, m'apporter l'abondance pour que je n'aie pas à me soucier trop des questions matérielles. »

Être comme une passerelle avec un, ou plusieurs autres mondes, communiquer avec mon âme, comme dans une sorte de métaphysique indicible, indescriptible. Comment me passer à présent de cet outil incroyable et extraordinaire qui, grâce à de nouvelles perceptions, m'offre un nouveau regard et une façon détonnante et si décalée de décrypter le monde ?

Comme le dit mon amie Marion, si nous n'étions pas remplies de cicatrices, nous n'aurions pas la magie pour les faire disparaître…

Imaginer « Dieu », ou tout autre nom qu'on lui donne, en face de moi et lui dire ce que je pense du fait qu'il m'a envoyée ici, dans cette vie, avec ces parents-là, cet entourage-là et ces épreuves-là. Et lui dire : « J'accepte tout, mais la prochaine fois donne-moi s'il te plaît un mode d'emploi plus clair dès le départ. » Et si au fond, le but du jeu était de se souvenir du mode d'emploi ?

J'ai de la gratitude pour le chemin que j'ai déjà parcouru. Je vis aujourd'hui cette connexion comme une chance, avec le sentiment d'avancer avec de puissants alliés autour de moi. Cela m'a renforcée, m'a guidée, m'a transportée. Apprendre à sortir de la dualité terrestre du « moi » du « je suis meilleur que toi » pour entrer dans l'amour inconditionnel. Je suis une, mais je suis aussi nous. Lorsqu'on a respiré la lumière, on ne peut plus que la transmuter et la transpirer par tous les pores. J'avance maintenant vers l'inconnu avec un certain espoir.

Peut-être, au fond, avons-nous choisi de venir ici, sur cette terre, nous incarner. Peut-être avons-nous librement décidé de vivre la peur, la manipulation, la solitude, la douleur, le mensonge, les blessures d'abandon, de trahison, d'humiliation, la violence, pour traverser nos ombres, élever notre âme, comprendre que nous ne sommes pas seuls, éprouver l'amour, redécouvrir la force de notre sensibilité et du partage et trouver notre propre lumière pour, enfin, rayonner. La vie est un « je », mais également un « jeu ». C'est votre jeu, votre partie. C'est vous qui dirigez…

Avec ce livre, j'ai voulu partager avec vous ce que j'ai pu découvrir du monde invisible, pour vous permettre d'élargir votre vision, de vous donner les moyens de développer l'intuition que vous avez déjà en vous, de vous encourager à vous faire confiance, à écouter la joie même dans les moments sombres, à reconnaître ce dont vous avez besoin loin des préjugés et des croyances limitantes, à découvrir votre vérité profonde, à vibrer plus fort en vous en remettant à vos ressentis et à votre liberté intérieure loin des règles conventionnées. Ne laissez personne diriger votre cœur, votre âme tient les rênes et nourrit votre être. Rappelez-vous, la seule personne qui vous accompagne toute votre vie, c'est vous-même.

Il y a une loi spirituelle en Inde qui dit : « Le moment où c'est le moment est le bon moment », autrement dit, tout arrive au bon moment : lorsque nous sommes prêts à nous ouvrir à quelque chose de nouveau dans notre vie, c'est là qu'il advient.

À chaque jour suffit sa joie.

Soyez un peu fous, car, comme le disait Michel Audiard, « bienheureux les fêlés, car ils laisseront passer la lumière ».

Accepter la magie (l'âme agit). Bâtir des ponts entre nous et le ciel, et participer à lutter contre la froideur du cœur et les sécheresses de l'âme. Je suis prête à présent pour le voyage dans la joie, avec cette vision plus élargie de la vie, et cette conscience de notre place spirituelle dans ce monde.

Maintenant, la question est : que vais-je faire de tout cela ?! Eh bien, cela commence ici, dans ce livre, en vous transmettant l'enseignement que j'ai reçu du monde spirituel. Voilà vous savez tout... ou presque... le reste fera l'objet d'autres ouvrages, émissions, documentaires, conférences, magazines, chaînes, films probablement, dans ma tête ou dans la vraie vie... Une nouvelle aventure chaque fois.

Ou m'emmènera-t-on demain ? Je ne sais pas. Tout ce dont j'ai conscience à présent est que la lumière est au bout du chemin et que désormais je vais enfin pouvoir traverser des parties ensoleillées.

Je suis moi. Unifiée, une. La chasse aux sorcières est terminée. Me voici, les amis. Je ne me cache plus. Ne me jugez pas trop, je ne vous juge pas non plus.

> « Sur ton chemin il y aura des instants où tu feras des arrêts.
> D'autres sur lesquels tu feras des embardées.
> D'autres où tu marcheras avec des gens qui te sont proches.
> D'autres où tu devras marcher seul.
> Il y aura des jours où tu seras heureux.
> D'autres où tu te sentiras triste.
> Mais il ne faut pas t'inquiéter.
> Tu n'as pas pris le mauvais chemin.
> C'est la vie tout simplement. »
>
> Lynn Farwin

Leçon n° 13 : L'invisible, cet ami qui vous veut du bien

- Soyez dans l'ouverture de cœur, même face aux phénomènes « paranormaux ».
- Acceptez de lâcher prise par rapport à ce que vous vous imaginiez de la vie, pour vous ouvrir à ce que l'existence vous présente.
- Demandez l'aide de vos guides pour vous accompagner sur le chemin et ayez de la gratitude pour tout ce qui vient à vous.
- Lorsqu'on s'ouvre à l'invisible, tout peut arriver.

Les plus

Les livres à feuilleter

À l'écoute de votre sixième sens, Sonia Choquette (J'ai lu)

Bibliothérapie : 500 livres qui réenchantent la vie, Tatiana Lenté et Héloïse Goy (Hachette)

Ce dont je suis certaine, Oprah Winfrey (Trésor caché)

Conversations avec Dieu, Neale Donald Walsch (J'ai lu)

Il existe une solution spirituelle à tous vos problèmes, Wayne W. Dyer (J'ai lu)

Le Pouvoir du moment présent, Eckhart Tolle (Ariane)

La Magie, Rhonda Byrne (Guy Trédaniel éditeur)

Le Livre d'Annaëlle, suivi de *Le Livre inachevé*, Annaëlle Chimoni (Terra Nostra)

Les Lumières de l'invisible, Patricia Darré (Michel Lafon)

Les Quatre Accords toltèques, Don Miguel Ruiz (Jouvence)

La Voie du magicien, Deepak Chopra (J'ai lu)

Le Chevalier à l'armure rouillée, Robert Fisher (Ambre)

Jade et les sacrés mystères de la vie, François Garagnon (Monte-Cristo)

Je sais pourquoi chante l'oiseau en cage, Maya Angelou (Le Livre de poche)

Petit Traité de l'abandon, Alexandre Jollien (Le Seuil)

Pouvoir illimité, Anthony Robbins (J'ai lu)

Tout est en vous. Paroles d'Amma, Mata Amritanandamayi, dite Amma et Anne Ducrocq (Points)

L'Alchimiste, Paulo Coelho (Flammarion)

La Sagesse du moine qui vendit sa Ferrari, Robin S. Sharma (J'ai lu)

Vivre, à quoi ça sert ?, sœur Emmanuelle avec Philippe Asso (Flammarion)
Transurfing, Vadim Zeland (Exergue)
Une même âme, de nombreux corps, Brian Weiss (Guy Trédaniel éditeur)
Le Philosophe qui n'était pas sage, Laurent Gounelle (Calmann Lévy)
L'Éveil des sorcières, initiation au féminin des origines, Katia Bougchiche (Leduc)

Les films, séries et documentaires à visionner

2 h 22, Paul Curie
7 ans au Tibet, Jean-Jacques Annaud
À la poursuite de demain, Brad Bird
Always, Steven Spielberg
Au-delà de nos rêves, Vincent Ward
Au-delà du réel, Ken Russell
Augmenter sa vibration, Serge-Reiver Nazare
August Rush, Kirsten Sheridan
Beauté cachée, David Frankel
Ces différences qui nous rapprochent, Michael Carney
Chamane, Bartabas
Confucius, Mei Hu
Conversations avec Dieu, Stephen Simon
Déjà vu, Tony Scott
Devenir, Nadia Hallgren
Doing Good, Margreth Olin
Entre deux rives, Alejandro Agresti
Et après, Gilles Bourdos
Et si c'était vrai…, Mark Waters
Fréquence interdite, Gregory Hoblit
Frequencies, Darren Paul Fisher
Gandhi, Richard Attenborough
Heal, Kelly Noonan
Heaven Only Knows, Albert S. Rogell
Hector et la recherche du bonheur, Peter Chelsom
Il était temps, Richard Curtis

Incassable, M. Night Shyamalan
Inception, Christopher Nolan
Indigo, Stephen Deutsch
Interstellar, Christopher Nolan
Intuitions, Sam Raimi
Jumper, Doug Liman
Jusqu'au bout du rêve, Phil Alden Robinson
Kate & Léopold, James Mangold
Kundun, Martin Scorsese
La machine à explorer le temps, Simon Wells
La Porte de l'au-delà, Stephen Gillenhaal
La Prophétie des Andes, Armand Mastroianni
La Septième Prophétie, Carl Schultz
La vie est belle, Frank Capra
La Vie rêvée de Walter Mitty, Ben Stiller
Le Dernier Jour de ma vie, Ry Russo-Young
Le Dernier Signe, Douglas Law
L'Effet papillon, Eric Bress
Les Ailes du désir, Wim Wenders
L'Expérience interdite, Joel Schumacher
L'Infinie Puissance du cœur, Baptist de Pape
Lion, Garth Davis
Mange, prie, aime, Ryan Murphy
Manika, une vie plus tard, François Villiers
Matrix (I, II, III), Lilly et Lana Wachowski
Meet Joe Black, Martin Brest
Michaël, Nora Ephron
Mondes intérieurs, mondes extérieurs, Daniel Schmidt
Near Death Experience, Gustave Kervern
Outlander, Ronal D. Moore
Ouvre les yeux, Alejandro Amenábar
Predestination, Michael Spierig
Prédictions, Alex Proyas
Prémonitions, Mennan Yapo
Quelque part dans le temps, Richard Matheson

Ram Dass : le pouvoir de l'instant présent, Dereck Peck
Renaissances, Tarsem Singh
Rendez-vous au paradis, Albert Brooks
Retour vers le futur (I, II, III), Robert Zemeckis
Samadhi, Daniel Schmidt
Signs, M. Night Shyamalan
Si je ne t'avais pas rencontrée, Sergi Belbel
Si seulement..., Gil Junger
Sixième Sens, M. Night Shyamalan
Slumdog Millionnaire, Danny Boyle
Small Miracles, Martin Duffy
Survivre à la mort, Ricki Stern et Jesse Sweet
Synchronicity, Jacob Gentry
The Old Guard, Gina Prince-Bythewood
The Signs : les miracles du Coran : https://youtu.be/bPxqtIdOmJY
The Story of God, avec Morgan Freeman
Toni Robbins : I am not your guru, Joe Berlinger
Tyler Henry à l'écoute de l'au-delà, avec Tyler Henry
Une merveilleuse histoire du temps, James Marsh
Un jour sans fin, Harold Ramis
Un raccourci dans le temps, Ava DuVernay
Vanilla Sky, Cameron Crowe
Visions chamaniques, territoires oubliés, David Paquin
Working Miracles, Bradford May

Pour en savoir plus : www.gaia.com, plateforme de minifilms, films, documentaires spirituels et méditations.

Les chaînes YouTube où jeter un œil

Dr Joe Dispenza : https://www.youtube.com/user/drjoedispenza.
Joe Dispenza est un conférencier international, chercheur, consultant en entreprise, auteur et enseignant. Il est motivé par la conviction que chacun de nous a le potentiel de réaliser de grandes choses et a des capacités illimitées.

Allan Watts et Terence McKenna :
https://www.youtube.com/c/TrueMeaning/videos.
True Meaning crée des vidéos dédiées au développement de la conscience.

Eckhart Tolle : https://www.youtube.com/user/EckhartTeachings.
Eckhart Tolle est un enseignant spirituel et auteur, né en Allemagne et formé aux universités de Londres et de Cambridge. À vingt-neuf ans, une profonde transformation intérieure change radicalement le cours de sa vie. Il a consacré les années suivantes à comprendre, intégrer et approfondir cette transformation.

Inrees : https://www.youtube.com/user/inrees.
L'Inrees – Institut de recherche sur les expériences extraordinaires – est né du constat suivant : il est possible de s'intéresser à ces expériences que nous n'arrivons pas à expliquer et que nous qualifions d'extraordinaires, voire de « surnaturelles », tout en conservant les deux pieds sur terre. Pour cela, l'Inrees s'appuie sur un questionnement scientifique rigoureux tout en gardant à l'esprit que les connaissances que nous possédons sur la nature de la réalité sont limitées.

Gregg Braden : https://www.youtube.com/c/GreggBradenOfficial.
Gregg Braden est cinq fois auteur à succès du *New York Times*, chercheur, éducateur, conférencier et reconnu internationalement comme un pionnier reliant la science, la spiritualité et le potentiel humain.

Bruce Lipton : https://www.youtube.com/c/BruceHLiptonPhD.
Des études scientifiques révolutionnaires montrent que les gènes peuvent être activés et désactivés par des signaux environnementaux, notamment des pensées, des sentiments et des émotions provenant de l'extérieur de la cellule. Le biologiste cellulaire Bruce Lipton a été l'un des premiers scientifiques à mettre en exergue un tel contrôle extracellulaire. Il a mené une série d'expériences qui révèlent que la membrane cellulaire, la couche externe d'une cellule, est l'équivalent organique d'une puce informatique et l'équivalent cellulaire d'un cerveau.

Deepak Chopra :
https://www.youtube.com/channel/UCmWHNIsJN6uAzmutdfNManA.
« Vingt et un jours de méditation avec Deepak Chopra » est un projet unique dans son genre dont l'objectif est de permettre au plus de personnes possible de méditer en ligne et en français durant environ quinze minutes par jour pendant vingt et un jours, guidées par la voix bienfaisante de Deepak.

Tistrya : https://www.youtube.com/user/Tistryaprod.
Reportages, documentaires, interviews. Pour en savoir plus :
https://www.tistryaproductions.com.

Nassim Haramein, science et spiritualité « pour les nuls » :
https://youtu.be/qTXNqxLRm0Y.
« Toute la matière que l'on voit dans l'Univers ne fait que 4 %. Et nous sommes fait de 99,999999 % d'espace ! Mais l'espace n'est pas vide, il est plein. Cette énergie du vide est très dense. Avec un peu de cette énergie on peut avoir assez d'énergie pour la planète durant des milliers d'années. Et nous sommes faits de cette énergie et toute la matière en émerge. On a tendance à penser la spiritualité séparée de la matière, mais en fait la spiritualité est dans la matière. La matière, c'est la spiritualité manifestée. » Ce montage a été réalisé à partir d'une conférence de trois heures de la Télé de Lilou.

Momondo – The DNA Journey :
https://www.youtube.com/watch?v=tyaEQEmt5ls.
« Nous avons demandé à 67 personnes du monde entier de faire un test ADN. Il s'avère qu'elles ont beaucoup plus en commun avec d'autres nationalités qu'elles ne le pensaient… Il est facile de penser qu'il y a plus de choses qui nous divisent qu'elles ne nous unissent. Mais nous avons en fait beaucoup plus en commun avec d'autres nationalités que vous ne le pensez. Chez momondo, nous pensons que tout le monde devrait pouvoir parcourir le monde, rencontrer d'autres personnes et découvrir d'autres cultures et religions. Les voyages nous ouvrent l'esprit : lorsque nous vivons quelque chose de différent, nous commençons à voir les choses différemment. »

Conférence du Dr Lallier sur les EMI :
https://www.youtube.com/watch?v=6lUEGR-u4W8.

- Documentaires sur la vie après la mort

La Réincarnation, le cycle de la vie :
https://m.youtube.com/watch?feature=youtu.be&v=cYIBjekRGXU.

Afterlife : La vie après la vie :
https://m.youtube.com/watch?v=6U1d0QxwEsw&feature=youtu.be.

Après la vie :
http://www.dailymotion.com/video/x4jqhvj_apres-la-vie_people.

Augmenter votre taux vibratoire : http://youtu.be/FssiViqRw1M.
Texte issu du livre *Connaissez-vous votre fréquence, votre vibration ?* de Michel Gautier.

Dans *La Révélation des pyramides*, pour la première fois dans l'histoire, le public a directement la primeur d'une découverte scientifique majeure touchant aux origines de notre civilisation : la résolution de l'énigme de la grande pyramide de Gizeh. Au terme d'un périple au cœur des plus anciens sites archéologiques de la planète, une équipe de chercheurs indépendants fait la lumière sur l'un des plus grands mystères de tous les temps, avec à la clé, une prodigieuse découverte liée au mystère de nos origines !

Les lieux spirituels à visiter

Forêt enchantée de Nébias (touchez l'arbre à harpe et les lamas de la montagne noire), France.

Mont Cardou, en occitan « Le cœur de Jésus », France.

Forêt de Brocéliande, France.

Mont-Saint-Michel, France.

Lourdes, France.

Chemin de Compostelle, Espagne.

Angkor, Cambodge.

Auroville, la cité idéale en Inde.

Pétra, Jordanie.

Machu Picchu, Pérou.

Mont Shasta, États-Unis.

Yakushima, la forêt de la princesse Mononoké, Japon.

Ispahan, Iran.

Aurores boréales, Laponie.

Île de Pâques.

Les méditations toutes douces

Fréquence du bonheur:
https://www.youtube.com/watch?v=5Fq1Q-jGw08.

Love is the answer: https://youtu.be/16NhDZdipdg.

Musique du Vanuatu: https://youtu.be/UMFazztdbAI.

Méditation avec des tambours:
https://youtu.be/NpTB0tBLe8U
https://youtu.be/xABhYPhIETg.

Protection énergétique :
https://www.youtube.com/watch?v=Q506i0mOSUg.

Pour renforcer les défenses immunitaires : https://youtu.be/L-UjFPpi-r0.

Libérez votre karma : https://youtu.be/sdOSFqhn4xQ.

Libérez votre karma avec Doreen Virtue :
https://www.youtube.com/watch?v=sdOSFqhn4Q&list=PLEq_01Cyc2_lF0pUb0wD62u1S483npEHS&index=42&app=desktop.

Purification matinale des chakras : https://youtu.be/rCQkS252wI4.

Harmonisation des chakras : https://youtu.be/k7cwTN2D5NA.

Prière à Michaël qui transmute le mal : https://youtu.be/aZerqYm5Yfo.

Pour élever sa vibration : https://youtu.be/qtlZ3BOxL3Q.

Méditation miracle pour lâcher prise et attirer à vous tout ce (et ceux) que vous souhaitez : https://youtu.be/t1tx7g0MgFc?si=vYZMQUjSk9p_ZSh2.

Les mantras à garder en tête

Avant de réciter chaque mantra (de *man* = penser et *trana* = protection), ces phrases sacrées en sanskrit, vous pouvez poser une intention et utiliser un collier mala (qui possède cent huit perles) pour vous aider à vous concentrer : touchez une des perles chaque fois que vous récitez le mantra, le but étant de faire le tour du collier et de réciter cent huit fois votre mantra.

Om Namah Shivaya : https://youtu.be/aQmA5ILqgUc.
La signification du mantra *Om Namah Shivaya* est :
Om : avant il y avait un univers, il y avait un vide d'existence pure sans vibrations. La vibration qui a créé l'univers, connue sous le nom de Om, est sortie de ce vide.

Namah : cela se traduit littéralement par le fait de saluer, de s'incliner.
Shivaya : cela fait référence à Shiva ; mais plus que cela, cela signifie le moi intérieur.
Ainsi, ce mantra signifie « Je m'incline devant le Soi intérieur » et aide à combattre son côté obscur…

Om Mani Padme Hum :
Mantra de la compassion au Tibet qui compile les différents enseignements de Bouddha.
https://www.youtube.com/watch?v=iG_lNuNUVd4.
https://www.youtube.com/watch?v=GTX5rRwX8CU.

Loka Samastah Sukhino Bhavantu :
Mantra d'amour inconditionnel : « Que tous les êtres, dans tous les mondes, soient heureux et libres. »

Om Tare Tuttare Ture Soha :
Mantra pour concentrer sa force et venir à bout des obstacles.
https://www.youtube.com/watch?v=juGIEXAFXsA.

Om Gam Ganapataye Namah :
Mantra qui aide à éliminer les obstacles dans tout ce que l'on commence de nouveau.
https://www.youtube.com/watch?v=287BnMx_mXQ.

Aum Vighna Nashanaya Namah :
Mantra pour faire circuler de façon fluide l'énergie dans son corps physique.
https://www.youtube.com/watch?v=Qa--k5RIgU4.

Aum Ekadantaya Namah :
Mantra de Ganesha pour se mettre dans un sentiment d'unicité.
https://www.youtube.com/watch?v=PeYGaeORoOY.

Sutra : https://youtu.be/nvIGCMhjkvw.
Yogetsu Akasaka est un prêtre bouddhiste zen qui met un sutra sur une musique improvisée.

Les musiques qui font du bien

Sky World – By Bear Fox par Teio Swathe :
https://youtu.be/qwcM9NPWWtc.

A. R. Rahman Meets Berklee – *Bombay Theme* :
https://youtu.be/fgjjJOZkXbQ.

Lakota Lullaby : https://youtu.be/xyBy158OiYY.

New Delhi : *Hum Rahe Ya Na Rahe Kal* :
https://www.youtube.com/watch?v=0GYqDU66LVg.

Musique traditionnelle de Bali, musique relaxante pour le yoga, le massage, la méditation, l'étude : https://youtu.be/K9qo4ARirX8.

Eivør Pálsdóttir : *Tròdlabùndin* : https://youtu.be/wsl-KHGe4Kk.

Dido – *Quiet Times* : https://youtu.be/ttINQvLSLIk.

Soprano – *À nos héros du quotidien* : https://youtu.be/fVuCviFkqNw.

The Alan Parsons Project – *Don't Answer Me* : https://youtu.be/TUD1nBzaSNY.

Xavier Rudd – *Follow The Sun* : https://youtu.be/0E1bNmyPWww.

Jess Glynne – *Hold My Hand* : https://youtu.be/cLyUcAUMmMY.

Musique douce : https://youtu.be/gkJ3bVXEZn8.

Tony Carreira, Daniel Guichard – *A Ternura* (*la tendresse*) : https://youtu.be/UHFvyZBBDtg.

Fréro Delavega – *Le Cœur éléphant* : https://youtu.be/NHhmDhzqzcA.

Claude Barzotti – *Madame* : https://youtu.be/PCp1I_0JWJg.

Ben Harper – *Suzie Blue* : https://youtu.be/CySzeZgaNDs.

Enya – *Only Time* : https://youtu.be/eStCSUBJXAM.

Ayla Schafer – *Vuela con el Viento* : https://youtu.be/pvIHbamz08g.

Mantra Music : *Ong Namo by Snatam Kaur* : https://youtu.be/c1XCS0g6J4A.

Concerto vibratoire – enregistrement binaural – Anthony Doux : https://www.youtube.com/watch?v=imlPzc2NBrM.
Pour en savoir plus : https://desmusiquespourguerir.com/anthony-doux/.

Peia « Machi » des Quatre Grands Vents : https://youtu.be/D7os9V-n7rs. Cette chanson parle du pouvoir de guérison et de la médecine de la femme, de la Lune et de la Terre. *Machi* est un mot qui vient du peuple mapuche du

Chili et de l'Argentine. Une machi est une guérisseuse et fait parfois référence à un guérisseur.

Les podcasts à écouter

- La petite voix

Ce podcast d'Herveline Denis présente des invités exerçant un métier en rapport avec la spiritualité, le développement personnel et le bien-être énergétique…

- Un été avec Matthieu Ricard

Ou comment cultiver son altruisme, cette disposition de l'esprit qui vise à accomplir le bien d'autrui, dans tous les aspects de sa vie, avec Matthieu Ricard et d'autres experts avec Karuna-Shechen.

- Métamorphose

Anne Ghesquière, fondatrice du magazine *FemininBio*, discute avec ses invités inspirants de sujets de spiritualité et de développement personnel.

- L'éveil des consciences

Interviews de professionnels du bien-être mettant en avant des métiers encore peu reconnus, mais passionnants.

- Lunatiq

Lunatiq, une émission de radio holistique sur votre chemin spirituel, à écouter en podcasts, avec des interviews, des conseils spiritualité, des méditations…

- Intuition

Podcast ésotérique dans la vie de Céline dont on suit les expériences spirituelles du quotidien sur un ton humoristique.

- Happy Bulle

Stéphanie, coach spécialisée en Life design, aide à vous libérer de vos peurs et blocages pour vivre la vie qui vous correspond.

- La vie intérieure

Voyage au cœur de vos sens et de vos émotions avec Christophe André pour parvenir à prendre plus de recul sur la vie et les autres.

- Sorcellerie blanche – Podcasts de cheminement spirituel

Gaïa aborde des sujets autour de l'ésotérisme et de la spiritualité au quotidien.

- Spiritualité, es-tu là ?

La spiritualité est sur toutes les lèvres : quête de sens, besoin de s'élever, de prendre de la hauteur, se détourner du corps et de la matière pour gravir les échelons en direction de la sagesse… Mais LA spiritualité en général ne signifie rien. Elle se décline en doctrines, écoles et courants qui tentent de hisser la réalité de l'esprit à son plus haut.

- Apprentie sorcière !

Lancé par Prisma Média avec Katia Bougchiche, il traite de sujets divers comme « Nos dons à cultiver cette année », « Comment devenir une femme solaire ? » ou encore « Médiumnité et pouvoirs psychiques ».

« Christelle
Tu es née dans Le royaume des cieux
Accédant aux secrets de l'univers
Que tu savoures avec les dieux
Élevant ainsi l'esprit de la Terre

Tout en douceur et en légèreté
Tu as revêtu ton sourire, ta gaieté
Ton élégance et ta beauté
Pour délivrer tes messagers

De tes visions jaillissent les vérités
Des dimensions en 5 ou 6 D
Éveillant et surprenant les consciences
Révélant en chacun sa quintessence

Tu évolues et danses comme un enfant
Swinguant dans un palace telle une princesse
T'émerveillant et toujours en riant
Guidant la vie et les cœurs vers la liesse

De ta vie tu balances des étincelles
D'un feu dont même les flammes
Ne rayonnent autant que toi, Christelle
Éblouissant le plus profond de nos âmes »

Poème que m'a offert mon amie Marion un jour d'été

Remerciements

À la vie, à ses épreuves, ses douleurs et ses douceurs. Merci pour le chemin.

À tous ceux et celles qui m'ont aidée à ouvrir mes ailes.

À Kim, au Club des Cinq et à toutes mes amies balinaises, qui ont su m'apporter les rires nécessaires pour accompagner nos expériences.

À Valérie, Axelle, Marion et Anne, mes amies relectrices-correctrices éveillées.

À la merveilleuse équipe Trédaniel : Marie, Hélène, Cassandre, Guy, Claudia et tous les autres, que mon âme a choisie comme famille.

À mes enfants, ces héros.

Je vous aime.

À propos de l'auteur

Christelle Crosnier est une journaliste, conférencière et une femme de télévision spécialisée dans les sujets de société, la culture, le *lifestyle*, le développement personnel, les interviews de leaders inspirants et les portraits de personnalités sur tous les supports médias (télévision, radio, presse écrite). Elle a été directrice des magazines et divertissements pour la chaîne de télévision française TPS, conseillère programmes pour le groupe Canal + et rédactrice en chef chez Fremantle Media. Elle a collaboré notamment à TF1, M6, TV5 Monde, BFMTV, *TV Magazine*, *Paris Match*, *Gala*, *Nous Deux*, la PQR, lepoint.fr, Satellifax et Satellimag. Elle a réalisé de nombreux reportages et documentaires et a présenté les émissions *Business Club* et *Very Good Vibes* sur Men's up TV où elle recevait en plateau des décideurs du monde du business et des médias (chefs d'entreprise, animateurs, journalistes) pour évoquer avec eux leur parcours ainsi que les secrets de leur réussite. Elle a également animé l'émission *Mieux demain* pour Locales (réseau de 48 chaînes locales en France) et TNT Africa. Elle a été rédactrice en chef des chaînes *lifestyle* du groupe Altice Media (MCS Bien-être,

MCS Maison, MCS Lifestyle). Elle a cofondé les magazines *Liberty Mag* et *Rise*. Elle est CEO de la société de production CF Media Groupe. Depuis plusieurs années, elle est également experte sur l'optimisme et les mécanismes de réussite et donne des conférences dans les entreprises, en France comme à l'international, sur la motivation et la cohésion des équipes. Elle est auteure de plusieurs livres parmi lesquels *Le Pouvoir de l'optimisme* (City Éditions, coll. Idéo), *Power Attitude* (City Éditions), *Les Lois du succès et de la richesse* (City Éditions), *Qu'est-ce que réussir sa vie ?* (Éditions Gawsevich), *Le Paris secret des stars de la télé* (Hachette), *Des journées pas comme les autres* (Hachette), *La Jumelle* (Ilion Éditions).

Suivez l'actualité de Christelle Crosnier,
et abonnez-vous sur les réseaux sociaux

YouTube :
@christellecrosniertv / https://www.youtube.com/channel/UCMbFLYbvp4C2S1qrIsx9OZw.
@karmatvofficiel / https://www.youtube.com/channel/UCd_GeST3eMyoaB0rIAp849A.

LinkedIn :
https://www.linkedin.com/in/christelle-crosnier-ab648b34/.

Twitter :
@chriscrosnier / https://twitter.com/ChristelleCrosnier.

Instagram :
@christellecrosnier / https://www.instagram.com/christellecrosnier/.

Facebook :
Christelle Crosnier / https://fr-fr.facebook.com/christelle.crosnier.1.

numérique

Impression & brochage - France

Numéro d'impression : N27315231011 - Achevé d'imprimer : octobre 2023

Dépôt légal : octobre 2023

IMPRIM'VERT®

PEFC 10-31-3532

Conception graphique et mise en pages : Soft Office